产业集群学术译丛

总主编：马璐

本土产业集群
存在、出现与演进

LOCAL INDUSTRIAL CLUSTERS
EXISTENCE, EMERGENCE AND EVOLUTION

谢名一　译
【德】托马斯·布伦纳　著

Routledge
Taylor & Francis Group

经济管理出版社
ECONOMY & MANAGEMENT PUBLISHING HOUSE

北京市版权局著作权合同登记：图字：**01-2018-6857**

Local Industrial Clusters：Existence，Emergence and Evolution

Copyright © 2004 by T. Brenner

Authorised translation from the English language edition published by Routledge，a member of the Taylor & Francis Group.

Copies of this book sold without a Taylor & Francis sticker on the cover are unauthorized and illegal. All rights reserved.

版权所有。本书中文简体版由 Taylor & Francis Group 授权经济管理出版社在中国大陆范围内独家出版发行。未经出版者许可，不得以任何方式抄袭、复制或节录本书中的任何部分。本书封底贴有 Taylor & Francis 激光防伪标签，无标签者不得销售。

图书在版编目（CIP）数据

本土产业集群：存在、出现与演进/［德］托马斯·布伦纳著，谢名一译. —北京：经济管理出版社，2021.3

ISBN 978-7-5096-5333-3

Ⅰ.①本… Ⅱ.①托… ②谢… Ⅲ.①产业集群—研究 Ⅳ.①F263

中国版本图书馆 CIP 数据核字（2017）第 220405 号

责任编辑：王格格
责任印制：黄章平
责任校对：董杉珊

出版发行：经济管理出版社
　　　　　（北京市海淀区北蜂窝 8 号中雅大厦 A 座 11 层　100038）
网　　址：www. E-mp. com. cn
电　　话：(010) 51915602
印　　刷：唐山昊达印刷有限公司
经　　销：新华书店
开　　本：720mm×1000mm/16
印　　张：14.5
字　　数：235 千字
版　　次：2021 年 3 月第 1 版　　2021 年 3 月第 1 次印刷
书　　号：ISBN 978-7-5096-5333-3
定　　价：88.00 元

　　产业集群的理论研究广泛地应用于经济学、管理学等专业领域。企业战略管理领域对集群现象的研究最早可以追溯到 1820 年 Weber 的《工业区位论》和 1890 年 Marshal 的《经济学原理》。20 世纪 90 年代以来，以波特和克鲁格曼等为代表的学者关于产业集群的研究逐渐在国际学术界产生重要影响。波特 1990 年在《国家竞争优势》一书中最早明确提出"产业集群"（industrial cluster）这一概念；2003 年波特进行修正后更注重描述构成产业集群中各主体之间的内在关系，他认为"产业集群是指某一领域内的企业或机构，在地理上相邻、互相连接、彼此共通"，这一概念随后在学术界被广泛使用。随着科学技术革命的不断推进以及全球经济化的快速发展，国际之间的竞争和国内地区之间的竞争越来越激烈，信息、知识、科技等重要因素在企业生产运行中的作用占据重要地位，不同技术产业在地理上越来越呈现集中趋势。研究发现，在科学技术飞快发展的今天，区域的地理位置在经济发展中的作用不仅没有减弱，反之，地理位置的优势显得尤为重要，产业集群已经变为现代各国竞争中创新产业的一个相同的特点，已经成为世界上引人瞩目的区域经济发展模式和产业发展的重要组织形式，越来越引起国内外学界、商界和政界的广泛重视。

　　产业集群实质上是一种生产组织方式，区域可以对产业集群进行培养和发展来达成区域的经济目标，因此产业集群也是区域经济发展的战略方向。它是现代产业在区域经济发展活动中呈现出的一种新的发展方向，它不仅仅出现在大量的传统工业、制造业中，也逐渐渗透在电子信息、金融、生物制药等高新技术行业领域中。作为一种产业组织形式，产业集群可以发挥规模经济和范围经济效益，不仅能够降低企业的生产、运输、交易、营销等成本，而且有利于企业间共享资源，进而有利于提高企业的技术创新能力，提高生产效率和产品质量，增强产业核心竞争能力。虽然产业集群对经济增长有着重要的作用，但是系统归纳总结产业集群演化规律的研究近几年才引起学者们的关注。中国产业集群起步于改革开放之初，于20世纪90年代中期得到快速发展，已成为促进区域经济发展、提升我国产业国际竞争力的有效驱动。然而，产业集群至今仍没有一个公认的定义，存在许多相似的概念如企业集群（中小企业集群）、区域集群、产业集聚、产业区、新产业区、块状经济等。尽管学术研究中产业集群存在不同的称谓，但研究对象是相同的，即以业缘关系为纽带、具有产业关联性的企业及相关机构在特定地域集聚的现象。

产业集群的研究内容既丰富又复杂，很难用一本著作对其包括的所有议题进行深入的论述。从微观到宏观，从理论到政策，从技术到环境，其所关注的视角既存在差别，又有着密切的内在联系。因此，为更好地指导企业进行相关实践活动，这套丛书主要从国外优秀的产业集群著作中筛选出一小部分，从产业集群的动态发展模型、创新集群以及边远产业集群的营销管理等方面对产业集群的相关问题进行探索式研究。本套丛书主要包括：

《复杂性和产业集群：理论与实践中的动态模型》，从复杂性的一般理论入手，讨论复杂性与动态经济及工业区间的关系以及区域动力学的一般模型，进而用复杂性理论讨论产业集群问题，构建起产业集群复杂动态性的通用模型，并结合全球层面具有标志意义的案例对产业集群的形成和发展进行分析，以期能够为今后研究打开一个新的研究领域。《高技术产业集群增长机制：发达国家与发展中国家的集群企业比较》，通过将集群与集群相关的政策、技术和自然资源、创新区域和创新企业、技术政策和技术管理相结合，基于对发达国家和发展中国家集群中的高技术企业不同增长率的观察，分析了技术政策的有效性和效率，并探讨了解释高技术企业卓越业绩的因素，这将有助于发达国家和发展中国家的技术政策的改进。《从集聚到创新：新兴经济体的产业集群升级》，将研究主题聚焦于在产业集群形成的不同阶段，影响产业集群包括创新过程的制度和经济因素，并对公共干预的可能性以及如何促进产业集群的研发与创新活动加以考虑，旨在更好

本土产业集群

地理解本地创新体系，从而提出相应的政策建议。《本土产业集群：存在、出现与演进》，从理论与实证层面捕捉本土产业集群的一般性特征和先决条件，通过构建一个数学模型，对集群现象的动态性和本土集群演进需要满足的条件进行分析，并结合德国本土产业集群，对集群的存在、稳定性以及对集群存在有影响力的产业特征进行案例研究。《服务化、信息化和创新模型：两阶段产业集群理论》，聚焦于在产品 IT 化和服务化方面的二阶段产业集群理论及其创新模型，通过提出二阶段集群的形成构想，对中国大陆和中国台湾地区公司的消费电子产品和移动手机这两个产业部门进行实证分析，并着眼于东南亚国家和地区的工业产品服务化领域，分析和探讨了一种存在于新的商业环境中的公司战略行为。《汽车与信息通信技术产业集群：创新、跨国化和动态网络》，将产业集群的研究主题聚焦于欧洲和美国的信息通信技术和自动化产业，通过对具体国家和地区区域创新系统以及集群政策的实证研究，得出一些新的分析结果，并对区域政策制定者提出相关政策意见。《集群与产业集群中的商业网络：全球价值链的管理》，从全球价值链与产业区和集群的知识与创新产生过程两个概念性的方向，分析知识扩散的内外部机制，通过收集在全球化背景下一些产业区和集群通过远程外包链、FDI、远程研发合作等方式重新定义其在企业网络不同的和互补的观点，揭示了在产业区和集群的背景下外部知识获取的过程，为知识扩散的内外部机制及"在边界"学习提供了一些新视角。《边远集群中的市场营销管理：对 B2C 营销的影响》，将研究主题聚焦于边远产业集群中的营销管理问题，通过案例分析方法来研究市场营销管理根植于边远产业集群的运营和策略的原因，对边远产业集群的形成、内部和外部信息需求、市场营销管理业务和策略以及信息科技问题进行了相关分析，以期深化对边远产业集群形成和市场营销嵌入其运营和策略过程的复杂性的理解。

总之，在经济全球化趋势下，产业集群对区域经济发展的地位不仅没有被削弱，反而成为区域和产业发展获取持久竞争优势的重要来源。中国当前面临着经济转型的压力，迫切需要理论界和实践界对存在的问题进行理论上的解释和分析，提出合乎产业发展规律的政策措施。国内的一些学者对于产业集群的研究同样进行了有益的努力和探索。但是中国在产业集群方面的研究起步较晚，国内学者们大多数是在国外研究的基础上继续延伸与拓展。翻译并非是一件容易的事，而且是极具责任的一件事，从某种意义上讲，翻译人员所翻译的国外著作能够产生的社会收益要远远大于其个人收益。我们一方面希望这套产业集群译丛能够为中国产业的优化升级提供直接借鉴和比较；另一方面也希望国内的研究人员和政府部门的决策人员都能在这套译丛中得到启迪，以期能够为相关经济政策的制定提供一定的帮助。若读者能从中有所收获，本套丛书的译者和出版社都将深受鼓舞，我们将会对国内外产业集群研究领域的最新动态进行持续追踪，将国外最前沿、最优秀的成果不断地引入国内，进一步促进国内产业集群的相关研究的发展和繁荣，为协调和促进区域经济的发展提供参考价值。

本土产业集群

　　本土产业集群，如美国的硅谷，近年来已经成为学者不断探讨的研究论题。本书从理论与实证层面捕捉本土产业集群的一般性特征和先决条件，为研究本土产业集群提供了一个整合性的视角。

　　本书构建了一个数学模型，用来分析集群现象的动态性和本土集群演进需要满足的条件。该模型可以预测企业的空间分布，在书中，我们还对该模型进行了实证检验。这样一个完整的方法使作者可以研究德国本土产业集群的存在、集群的稳定性以及对集群的存在有影响力的产业特征。

　　本书除了在学术上进行深入探讨外，对政策制定也有一定的意义。因此，《本土产业集群》这本书，对于政策制定者和学者都不失为一本有价值的书籍。

　　托马斯·布伦纳（Thomas Brenner）为德国马克斯·普朗克经济体制研究所（Max Planck Institute for Research into Economic Systems）助理研究员，也是德国耶拿大学（University of Jena）的讲师。

a_{ff}, a_{fc}, …	变量 $f(t)$、$c(t)$ 与 $s(t)$ 相互间影响的强度
$CL(f)$	描述集群现象的部分空间分布
c, $c(t)$	本土条件优势（第二章）
$\check{c}$	$c(t)$ 的稳定状态
c	表示消费者的指数（第三章）
$D(t)$	在时间 t 的总需求
$\hat{D}$	最大及最终需求
$d(n, t)$	对企业 n 的产品在时间 t 时的需求
$d(i)$	产业 i 在 K-S 检验时理论与实证分布的差距
e, $e(t)$	外生条件
e_1, e_2	外生条件的临界值
$F_t(i, f)$	某区域产业 i 中包含企业 f 的理论频次
$F_e(i, f)$	某区域产业 i 中包含企业 f 的实证频次
f, $f(t)$	某一区域和产业中企业数量规模
$\check{f}$	$f(t)$ 的稳定状态
$\hat{f}(e)$	某一区域承载外生条件的能力
$f(i, r)$, $f(i, r, t)$	区域 r 产业 i 在时间 t 时的企业数

$\bar{f}(i)$	产业 i 中总企业数
$g(n)$	企业 n 生产的商品类型
$g(c)$	消费者 c 喜爱的商品的类型
i	表示产业的指数
i_n	企业 n 所属的产业
$K_k(r, t)$	区域 r 在时间 t 时，可以获得的以知识形式存在的人力资本
$K_s(r, t)$	区域 r 在时间 t 时，可以获得的以技能形式存在的人力资本
$k_k(r, t)$	区域 r 在时间 t 时，以知识形式创造的人力资本
$k_l(r, t)$	区域 r 在时间 t 时，以当地学校形式创造的人力资本
$k_s(r, t)$	区域 r 在时间 t 时，以技能形式创造的人力资本
$k_u(t)$	在时间 t 时，大学总数
$L(n, t)$	企业 n 在时间 t 时的劳动力
$\bar{L}(r, t)$	区域 r 在时间 t 时，雇用人员总数
$L_c(i)$	产业 i 集群分布的似然值
$L_m(i)$	产业 i 混合分布的似然值
$\hat{L}_c(i)$	产业 i 集群分布的最大似然值
$\hat{L}_m(i)$	产业 i 混合分布的最大似然值
$m(i, r, t)$	区域 r 在时间 t 时，产业 i 雇用员工数
$N(t)$	在时间 t 时，企业数
$N_r(t)$	在时间 t 时，区域数
n	表示企业的指数
$n(c, t)$	在时间 t 时，消费者 c 购买其一件商品的企业
$n_{cl}(i)$	在产业 i 中，由集群 CL(f) 项描述的本土集群的数量
$N(t)$	在时间 t 时，所有指数集
$p(n, t)$	在时间 t 时，企业 n 生产的商品的价格
$P(i, f)$	在产业 i 中，所选择区域包含企业 f 的随机概率
$P_m(i, r, f)$	根据混合分布，产业 i 中，所选择区域包含企业 f 的随机概率

$P_c(i, r, f)$	根据集群分布，产业 i 中，所选择区域包含企业 f 的随机概率
$P(n, t)$	在时间 t 时，企业 n 创新的概率
R	区域数
r	表示区域的指数
r_n	企业 n 所在的区域
$s, s(t)$	某一区域服务业企业的数量规模
$š$	$s(t)$ 的稳定状态
$s(r), s(r, t)$	区域 r 在时间 t 时，占就业总数的比重
$T(n, t)$	企业 n 在时间 t 时的技术进步
$T_{max}(t)$	在时间 t 时，在产业 i 中，任何企业采用的最先进的技术
$T_{min}(t)$	在时间 t 时，在产业 i 中，任何企业采用的最落后的技术
t	表示时间的指数
$u(r)$	位于区域 r 的大学占比
$w(r, t)$	区域 r 在时间 t 时的劳动力成本
$w_g(r, t)$	区域 r 在时间 t 时，一般工人的工资
$w_k(r, t)$	区域 r 在时间 t 时，知识形式人力资本的工资
$w_s(r, t)$	区域 r 在时间 t 时，技能形式人力资本的工资
$x(r)$	表示区域 r 在东西走向上的位置的坐标
$y(r)$	表示区域 r 在南北走向上的位置的坐标
$z(\bar{r}, \underline{r})$	区域 $\bar{r}$ 与区域 $\underline{r}$ 在地理位置上的距离
$\alpha_{ff}, \alpha_{fc}, \cdots$	变量 $f(t)$、$c(t)$ 与 $s(t)$ 之间相互影响的指数
α_0 to α_3	回归参数
$\beta_\uparrow, \beta_\downarrow$	决定经济规模的参数
$\Delta(n, t)$	企业 n 在时间 t 时的生产能力
$\square_0$	初创企业出现的基本概率
η	消费者每天收集信息的企业占比
κ_a	企业技能创造与需求之间相适应的速度

κ_b	拥有技能/知识的工人基本占比
κ_d	在每次时间间隔中人力资本退化占比
κ_e	企业需要的技能型人员与在企业接受教育的人员数量比
$\kappa_{mobil,k}$	知识型员工迁移去其他区域的最大占比
$\kappa_{mobil,s}$	技术型员工迁移去其他区域的最大占比
κ_s	教育系统与优质劳动力需求的匹配速度
κ_u	大学教育占比
κ_+	获得公共教育的人员数量与具有相关知识的人员数量比
Λ	新企业的最大规模
λ	企业规模可以扩大的最大值
$\lambda(i)$	产业 i 的似然率
μ_0	每个企业每天创新的基本固定比率
μ_L	影响与企业规模成比例的每日创新率的因素
ϕ_f, ϕ_c, ϕ_s	$f(t)$、$c(t)$ 与 $s(t)$ 自身负反馈的强度
π	消费者对其偏好商品类型的偏好强度
$\Phi(r)$	区域 r 潜在员工数量
ϕ	其他区域雇用的一般工人占比
ρ_f, ρ_c, ρ_s	$f(t)$、$c(t)$ 与 $s(t)$ 自身负反馈的指数
σ	某一产业内溢出量
τ	由某一创新带来的生产成本的成比例下降
τ_c	创新步骤对其与技术前沿距离之间的依赖性
ω_k	具有生产某种商品所需要的知识的工人数量
ω_s	具有生产某种商品所需要技能的工人数量
ω_e	失业工资弹性
ξ_1 to ξ_6	区域产业规模分布参数
ζ_{mobil}	决定劳动力在地理距离间迁移数量减少的参数
ζ_{spill}	决定溢出效应在地理距离间减弱的参数
ζ_{spin}	决定衍生企业选址比邻孵化企业可能性参数

本土产业集群

致谢

1999~2001 年，我与德国教育与研究部签订了协议，对如何运行"区域创新项目"给出建议，也正是受这一项目的启发，我着手进行本土产业集群的研究。尽管真正的研究是在与德国教育与研究部的协议结束后才开始的，但是为德国部委所做的研究构成了我整个研究计划日程的大部分。该研究使我更加关注那些在政策建议方面相关的课题，而不是迷失在学术问题中。因此，我要在此感谢德国教育与研究部，不仅要感谢他们为我提供的财务与数据的支持，还要感谢他们提供的指导原则以及与他们之间颇具成效的沟通。

这本书的全部研究及写作工作都是在耶拿的马克斯·普朗克经济体制研究所（Max Planck Institute for Research into Economic Systems）完成的，这对我来说是一次难得的研究机遇。在此期间，我从乌利齐·威特那里受益良多，不仅受益于他丰富的知识与经历，也感谢他给出的评论。同时，马克斯·普朗克研究所自由的研究氛围以及他们对各种科学活动的财务支持都对我大有裨益。

此外，我还要感谢在马克斯·普朗克研究所的演化经济学团队的同事们，感谢他们构建的良好研究氛围，这对我个人的健康和我工作的成效都有巨大帮助。我和其他几位研究合作者，特别是迪尔克·弗纳尔、黛博拉·塔皮、保罗·塞里在本土产业集群方面的研究对开发我自己的研究方法提供了重要帮助。我在研究所所做的展示和本书的初稿都收到了研究所同事有价值的评论，这进一步帮助我完善了这本书，所以我要特别感谢迪尔克·弗纳尔、彼得·莫曼恩、吉多·邦斯道夫和黛博拉·塔皮。本书也受益于乌利齐·威特、乌维·肯特内、哈利奥夫·格拉普以及其他匿名编审对本书的评论。

除了德国教育与研究部，在此还要感谢巴特·维斯佩根和欧洲经济研究中心（ZEW）为我提供研究数据。此外，还要感谢桑德拉·戈特沙尔克，感谢她在使用曼海姆创新研究小组数据方面所给予的帮助。马克斯普朗克研究所的研究助理们在使用不同数据来源时都给了我很大帮助，他们是克里斯汀·乔尔、彼得·斯坦格内和海科·巴布豪兹。

最后，我要感谢我的家人、朋友和我的妻子萨宾（Sabine）。在我看来，娱乐是科学研究的关键要素。我的朋友们不仅给我提供了娱乐的机会，还增强了我对事物的理解，同时给我提供了与科学界之外的人交流的机会，使我没有迷失在科学中，与现实脱节。

近年来，本土化过程在经济研究领域备受关注。尽管全球化是不争的事实，本土条件仍然在企业、产业及国家经济发展中起到重要作用。一些经济活动的去本土化和另一些经济活动本土环境持续的重要性的同时出现似乎是矛盾的。无论从交通运输的直接成本方面，还是税收、法律和制度差异的间接成本方面，将商品或金钱从一个地区转送到另一个地区的成本已经有了大幅下降。这些条件使企业更易于开展全球化活动。

全球化并未削弱本土化的作用。大量的研究表明，区域和国家专业化在过去20 年或 30 年中仍是相当普遍的现象（Dalum & Villumsen，1996；Fagerberg & Verspagen，1996；Amiti，1999）。因此，产业特定经济活动在空间上的分布仍然很稳定。尽管在 20 世纪 80 年代出现大量的关于将生产工厂转移到劳动力成本更低廉的国家的讨论，许多劳动密集型产业仍然保留在高劳动力成本的国家，如德国的汽车工业。举一个更有地方性的例子，德国的高劳动密集型陶瓷制造业仍在麦森县（Meissen）。一些新兴产业也多集中在少数高劳动力成本地区，斯堪的纳维亚的电信产业就是个明显的例子。

上述例子和文献中的许多案例表明：尽管全球和本土条件在不断变化，同一产业的企业仍然趋向于在地域上集中在几个区域，这种地理位置上的相对集中是比较稳定的规律。这一规律虽然不能解释所有产业在地理位置上集中的成因，至少是提出了一种解释。在本书中，我们研究了以产业园区形式存在的地理位置的集中。

实际上，我们可以看到（见第三章），在德国几乎一半的制造业（德国的三位数产业）表现出地理位置上的集中，这一点符合马歇尔（Marshall，1920）关于产业园区的定义。因此，产业园区或本书中所说的本土产业集群并不是孤立的，而是产业组织的一般现象，但并不是普遍现象。也就是说，一定存在某些深层次的原因可以解释，为什么只有一些行业出现这种现象。

第一节　开放式问题及本书写作目的

上文中所观察到的现象涵盖三大类问题：为什么本土产业集群会存在；它们是何时何地出现的；它们是如何发展和分类的。后一个问题在文献中被广泛研究，因为本土产业集群的成功发展使之成为学术研究的重点（Becattini，1990；Camagni，1991b；Paniccia，1998；Braunerhjelm & Carlsson，1999；Keeble & Wikinson，1999；Maggioni，2002）。许多科学家因为集群的成功而研究其背后的原因。通过研究，他们已经发现本土产业集群的独特特征，因此对于本土产业集群提出了多种定义和分类。本书关注的重点是本土产业集群为何存在，以及在何时何地出现。当然在探讨上述问题的过程中，也会讨论本土产业集群的特征与发展，但是关于特征与发展的讨论只是本书探讨问题的手段而不是目的。

以这样的方式开始讨论是有益的。先找出文献中对本土产业集群特征的概括，可以让我们清楚地了解：本土产业集群在很多方面存在差异，少有共性。本土系统曾被不同学者称为产业园区、创新环境、本土集群来进行研究并解释（Scott，1992；Paniccia，1998；Longhi & Keeble，2000）。

这些差异意味着很难在一般性层面上回答上文所提出的问题，这也可能是大部分文献只是关注对具体案例的理解的原因。也有一些学者试图对本土产业集群的部分研究进行总结。由此，也导致在该领域的文献中出现大量截然不同的定义［例如，Aydalot（1988）、Becattini（1990）、Camagni（1995）、Cooke（1998）、Braunerhjelm 和 Carlsson（1999）、Keeble 和 Wilkinson（1999）的研究对上述概念的发展都有概述］。然而，我们同样可以发现，大量的研究提出，上述概念是不

本土产业集群

充分的，因此很难找到一个一般性的定义。

而那些本土系统似乎是存在共性的。本书中反复探讨的一个论题就是本土产业集群的一般特征和独特特征的区别。本书的目的是让读者更加了解哪些本土集群的特征是一般性的，而哪些是独特性的。

因此，本书的内容可以分为两个层面。第一，回答本土产业集群为何存在及何时何地出现的问题，这类问题在已有文献中并没有在一般性层面上给予关注。尽管有大量的相关案例研究针对具体案例给出了相应的答案，但是只有少数研究试图对已有发现进行总结概括［例如 Porter（1990）、Paniccia（1998）、Pietrobelli（1998）、Maggioni（2002）的研究］。

第二，本书用一种全新的方法来回答所研究的问题。本书将从一般性层面来回答上述研究问题，但是不会通过总结实证案例的方式来完成，而是先提出一般性理论，当然，理论也是在大量文献中的实证知识基础之上提出来的。本书将探索运用一般性方法可以从多大程度上从理论角度理解本土产业集群现象，同时对该现象进行实证分析并提出政策性建议。本书既会考察从一般层面可以解释的内容，也会研究那些具有历史性、产业性和本土性的特殊问题。

第二节　本书研究的问题

"本土产业集群为何存在？"这个问题引起研究人员广泛的研究兴趣。究其原因主要是我们反复在不同地区、不同时间和具有不同特点的产业中观察到本土产业集群现象。然而，在找到对本土产业集群现象的解释之前，我们必须弄清楚这一现象是否"真实"存在，以及在哪里存在的问题。要回答本土产业集群为何存在这个问题，就不仅需要找到促使其存在的原因。首先，我们必须能够证明本土产业集群与企业人口和其他的区域情况是有区别的。如果本土产业集群是"真实"存在的现象，就可能存在清晰的差别。这一问题在之前的文献中都没有涉及，在本书中首次提出。其次，我们需要研究这一现象是否只是局限在某些国家、某些时段或某些产业。案例分析表明，本土产业集群出现在所有工业化国家中，并至少存在 100~150 年。但是，它们并非存在于所有产业中。这一反常现象在文献中并没有得到进一步分析。因此，在本次研究中我们进行了实证分析，将产业分类为有本土产业集群存在的产业和无本土产业集群存在的产业。在这样的背景下，我们才能研究哪些机制导致了本土产业集群存在的问题。

究竟是哪些机制导致本土产业集群存在的问题不可以与产业集群为何在经济上取得成功的问题混在一起研究。这两个问题在一定程度上是相互交织的，却并不相同。当然，如果本土产业集群对该地区来说意味着经济灾难，那集群也不会存在，或者只会迅速消失。因此，本土产业集群存在的条件之一就是集群在经济上不存在弱势。除此之外，在理论层面上，关于集群没有更具有一般性的论断。这就意味着导致本土产业集群产生的机制和促使集群稳定的机制应该与集群为何成功的问题分开来研究。

《新经济地理》[Fornahl 和 Jasper（2002）的论文中有对该研究的概述] 对上述问题进行了回答，阐述本土积极外部性可以带来地理上的集群现象。这是首次从抽象层面对该问题做出回答。案例分析表明，《新经济地理》模型所假设的积极外部性背后存在多个不同的机制。尽管每个现存的本土产业集群都有其独特的历史，在工业化生产的历史中，形成集群是许多产业在不同时期出现的普遍现象。因此，一定存在一种潜在的普遍的基本机制。本书的目的是消除本土产业集群现象所具有的独特性和一般性之间的明显矛盾。本书以构成本土产业集群一般性机制为基础，构建了一个理论框架。在这个理论框架中，不同过程在本土系统发展过程中具有同样重要的意义。通过这样的方式，我们可以对文献中所提出的不同方面与过程的互补性与替代性进行分析。相应地，本书将用一般性方法研究并回答本土产业集群为什么存在、如何存在，以及在多大程度上存在的问题。本书的目的之一是，提出一个能让我们将案例分析中的发现进行结构性分析的理论。

关于本土产业集群何时何地出现的问题具有政治意义。近年来，政策制定者不断设计可以促使本土产业集群出现的项目。设计这些项目需要详细了解影响集群出现时间和地点的因素，以及如何对这些因素施加影响。

大量文献都对上述问题给出了观点。在过去 20 年间，针对该问题进行了大量的案例分析，其中许多案例详细分析了促使某地区出现产业集群的独特机制与环境。但是，目前仍缺乏一种一般性的研究方法，可以对目前的研究发现进行结构性分析，以及找出具有互补性和替代性的成因。这里提出的理论框架代表了这样的一个结构性工具，这一分析工具不仅可以将本土产业集群为何出现与何时何地出现的问题分开研究，还可以将后一个问题所包含的两部分分开来研究。

本书同时研究了在何种程度上，上述三个问题可以被分开并在一般性层面上给出答案。本书的基本目的是，将影响本土产业集群出现的时间与地点的不同机制与特点进行分类。目前，研究已经发现几种不同的影响因素，如全球发展、本土先决条件和本土历史性发展。这些影响因素彼此之间并不相互依赖。这就意味着可以对这些影响因素分开研究，而且可以针对每种不同的因素构建影响本土产业集群出现的独特条件。我们是在抽象层面上进行研究，其目的是为了说明集群产生的一般性条件，以及条件之间的相互关系。由这种方式推导出的框架，可以使我们对每种条件组合在满足一般性条件方面进行检测。

在这一背景下，有一个问题需要详细研究，那就是对不同条件的影响力的比较。在近期所做的案例分析中，开始出现对影响产业集群出现的优先条件的怀疑。这样就引发了另一个问题，即对本土过程的随机性以及某些条件的刚性的质疑。上述问题在文中将通过模拟的方式给予回答。

第三节　研究方法与内容

至此，我们可以了解，本书的内容将按照本书所研究的问题进行分类。此外，本书也可以按照所使用的不同方法进行分类。根据分类，本书将实现三个研究目标。第一，提出一般性框架，用于对文献中具体研究发现进行结构性分析，同时该框架将有助于理解本土产业集群现象中，哪些因素是一般性的，哪些是独特性的。这一分析具有科学意义和政策意义。在科学层面上，本书将提出一般性的研究方法（部分内容将在本章中涉及），也将提及在独特背景下需要分开理解的相关方面。本书也为政策制定者提供关于一般性方法具有的作用，以及在多大程度上需要考虑独特知识等信息。第二，一般性理论将被应用在针对德国的实证研究中，去检验一般性理论以及该理论适用的范围。实证研究也为我们提供了真实集群现象产生的结果，以及德国产业集群现象的成因。第三，通过模拟，本书还研究了本土产业集群出现的随机特征。其目的在于，理解随机事件的影响力，以及历史在多大程度上发挥作用。

因此，本书包含三大主要部分，在这三个部分中，我们运用了三种不同的方法研究本土产业集群的出现及发展。在第二章中，本书采用了理论研究的方法。该方法包括三个步骤，首先对本土产业集群的概念进行界定；然后提出抽象的集群演进模型。模型的构建是以概念为基础的，体现了本土产业集群的基本特征，同时可以推导出集群演进的过程。模型尤其可以将集群出现的原因、时间及地点三个问题分开来研究。当然，这些特征与动态机制是以抽象方式组合在一起的。因此，最后一步是找出抽象动态机制背后的真实过程。这一步骤主要是通过文献研究来完成的。我们构建的抽象模型可以用来筛选文献，并根据文献所解答的问题对文献进行分类。在这一部分中，我们将对促使集群在特定时间出现于特定区域的因素，与促使集群存在及保持集群相对稳定性的因素进行区分。这样，我们可以提出关于本土特征与机制的第一个理论架构。在接下来的第三章中，我们将以实证数据为基础对本土特征及机制做进一步分析。

在第三章中，我们运用实证分析方法检验第二章提出的理论框架，同时，进一步深入探讨与本土产业集群出现相关的机制与条件。本章中数据主要有两个来源：第一个是在德国具有产业独特性的企业在空间上的分布数据；第二个是反映产业独特特征的数据，如创新相关性、溢出效应、人力资本与合作重要性等方面的数据。德国企业在空间上的分布被用来检验第二章构建的抽象模型静态和动态的预测效果；同时，也被用来研究产生集群现象的不同产业之间的差异。一些产业易于在空间上形成集群，另一些却不具备这样的特点。我们将找出那些具有集群现象的产业，并针对每个产业，我们会从实证的角度推导出用以鉴别本土集群的条件。因此，我们将找出德国产业中的所有本土产业集群，并依据现有案例研究，对上述产业集群的列表进行讨论。最后，本书将运用相关产业的实证数据进一步探讨不同产业之间的差异问题。这可以使我们从一般性的角度对案例分析中认为重要的机制进行检验。

在第四章中，本书将采用模拟的方式进行研究。前文理论研究中所确定的所有本土机制，在这一章中将被应用在空间模拟模型中。该模型从一般性层面研究产业集群现象的特征。至此，产业聚集过程所具有的特点以及所产生的经济活动在空间上的分布都得到了研究。这部分的分析主要关注过程的路径依赖。第四章还分析了产业特征是否决定产业集群的存在、数量、位置以及出现集群的区域与其他区域在哪个时间段上存在发展方面的差异。

第五章是本书的最后一章，包括三个部分。第一部分总结了本书的主要研究发现，并说明了本书所讨论的主要问题在文献中的相关论述，具体问题包括本土产业集群为何存在，以及何时何地出现。第二部分讨论了研究发展的政策性意义。该部分主要关注了政策在何时何地应该并可能可以影响本土过程的问题。最后一部分讨论了其他与本课题相关的开放性问题，并对未来的研究给出建议。

第一节 概念与定义

在构建本土产业集群演进理论模型前，我们需要对这种被称为本土产业集群的经济现象进行定义。只有将研究对象进行准确定义，才可以构建结构完善的理论。文献中的大部分概念，如工业园区、创新环境与集群都是从实证研究中总结出来的。仅工业园区与集群这两个概念就可以找到各种不同的定义［关于工业园区的定义最早是米歇尔在 1920 年的著作中提出的，1997 年 Rabellotti 对工业园区概念进行了概括，在 Braunerhjelm 和 Carlsson（1999）的论文中提出了集群的概念］，对创新环境这个概念的定义更具有同质性［其中最著名的定义见 Cam-agni（1995）］。在与工业园区相关的文献中，关于这一概念的定义存在一定分歧，一些作者认为工业园区的概念界定太狭窄［例如 Schmitz（1992）］，另一些作者却认为该概念被定义得太宽泛［例如 Dijk（1995）］。

本书所给出的定义与文献中的定义有所不同。本书首先采用一般性理论视角，然后分析一般性视角所带来的启示，其目的在于对工业园区、集群以及类似现象的产生原因，以及在何时何地产生等问题给出答案，而且本书的目的是从一般性层面对上述问题进行回答。这就意味着我们需要考察和上述现象相关联的共性的内容。所以我们需要对以不同方式命名的产业集群给出一个一般性的概念。本书将这一概念称为"本土产业集群"。它的定义完全以几个基本假设为前提。在这一部分的最后，我们将讨论这一定义是否符合文献中常用的一些概念。因此，本书将首先讨论常用的一些概念。

一、文献中的概念

（一）工业园区

在文献中和本土产业集群类似的概念中，工业园区的概念是最先被提出的。A. 米歇尔（1920）提出该概念，并将其表述为企业可以通过与其他企业在位置上相近（co-location）的方式获得收益。他提出大型企业不是唯一获得规模经济效应的方式。经济外部性也可以使位于同一地区的小型企业获得同样效应。他给出几种经济外部性的例子：信息溢出效应、本土非可贸易因素（non-traded inputs）以及本土的熟练劳动力人才库。这些经济外部性在米歇尔看来是可以与大型企业的规模经济效应相抗衡的。

米歇尔关于工业园区的基本观点在20世纪70年代意大利的文献中再次被提及，但是在文献中米歇尔提出的概念被修改了。因此，今天我们使用"米歇尔工业园区"和"意大利工业园区"这两个概念，其中意大利工业园区的概念更多关注园区中的社会要素部分。巴卡提尼（Bacattini）首先讨论了社会经济结构及其相互作用的重要性（他的第一部与这一主题相关的作品发表于20世纪70年代后期，但是他在1990年的作品中对其观点进行了较好的概述）。巴卡提尼对大部分早期与工业园区相关的意大利文献产生了深远影响。对意大利北部和东部工业园区的案例研究是另一个重要的影响案例研究〔尤其是 Pyke、Becattini 和 Sengenberger（1990），以及 Pyke 和 Sengenberger（1992）所做的系列研究〕。在上述研究中，诸如"具有强大手工业与贸易传统的中小型城市中心网络"、"以家庭为基础的小型农场的遍布"以及"由天主教传统和社会主义及共产主义运动连接的当地政治传统与制度的出现"都被作为意大利工业园区出现的前提条件〔见 Trigilia（1992）〕。

随着时间的推移和关于这一论题的研究方法的不断增多，工业园区的概念越来越多样化。20世纪90年代，出现了有关产业园区内最重要的先决条件和机制

本土产业集群

是什么的激烈讨论。这一讨论主要是由意大利工业园区的新发展引发的，这一新发展也使越来越多的科学家对这一课题产生兴趣，但是，在科学家们试图将这一概念转移应用到意大利以外的区域时，问题就出现了［例如 Schmitz（1992）］。因此，在文献中也无法找到一个充分界定的关于意大利产业园区的普遍性概念。然而在科学界，大部分学者对于产业园区具备的共同特点还是能达成一致的，这些共同特点也被认为是产业园区的基本特征。具体内容包括：数量众多的专业化的小企业在位置上比邻、企业间强大的劳动力分工和由共同文化背景促成的本土相关经济要素组成的社会网络（Dijk，1995）。

以案例分析为主的实证研究对工业园区概念有着重要影响。然而，近些年也出现了一些研究方法，试图找出一个有助于在实证研究中鉴别产业园区的定义。这类研究主要还是出现在意大利的文献中，因为意大利政府实施了产业园区识别项目［见 Tappi（2003）的论文，该论文对相关项目开展进行了概述与讨论］。在上述研究方法中，产业园区被定义为本土劳动力市场区域，在该区域内，产业中就业率远远高于全国平均水平。除此之外，区域中以中小型企业人口（firm population）占主导，当然还需要满足一些其他条件（Sforzi，1990）。在这些研究方法中，产业园区的社会要素往往被忽略，因为社会方面的要素很难测量。

然而，所有定义已经远不是米歇尔在讨论产业园区时所提出的概念了。他当时关注的是由经济外部性导致的小型企业在地理位置上的相互临近及相互受益。他的研究的主要目的是说明尽管小企业不具备内部的规模经济，但是外部原因也可以促使它们成功。他所讨论的带来经济外部性的不同原因应该可以被看作是外部效应的例子。

（二）创新环境

"创新环境"这个概念是由法国的研究项目 GREMI—研究（区域创新环境研究小组）提出的［研究的主要结果在 Camagni（1995）的论文中有所提及］。在这个研究项目中，研究人员对法国大城市周边地区进行了分析，主要分析了周边企业的创新性和协同效应。在这次研究中，研究人员第一次尝试根据该地区是否在向着"成功的区域"发展的情况进行排名，排名的依据是区域内创新性和协同性两个层面的量表，这一文献中还讨论了区域的发展潜力。通过对所有区域的研究，创新环境这个概念还可以用于找出成功的和不太成功的区域之间的差异。

除此之外，创新环境这个概念的理论前提是：区域的成功取决于"区域经济"和"比邻经济"的存在。上述条件是由当地教育及培训活动形成的人力资本、企业间非正式沟通、区域中信息流动以及共同的文化、心理和政治背景促进形成的。因此，创新环境这个概念背后的理论假设与工业园区的假设是相似的。但是，创新环境这个概念并不局限于一个或几个产业，而是更多关注信息交换而非企业间的相互商业联系。

而且，文献中的这条线索有助于我们找出对一个区域优势有重要影响力的两个要素：累积的人力资本和本土企业间的协同效应。可以根据上述两种要素对区域进行排名，政策制定者为了区域的繁荣也必须支持这两种要素（Camagni，1995）。在其他的文献中再没有看到如此清晰地将重要因素仅仅概括为几个（在这个研究中是两个）可测度的要素。

（三）集群

"集群"这个概念既没有限定所涉及产业的数量，也没有在空间上进行限定。然而，与集群相关联的概念"区域集群"和"产业集群"对集群这个最先创设的概念进行了限定。

集群这个概念关注企业之间的相互关联，主要是通过供需联系相互关联，这种关联会带来溢出效应［在 Braunerhjelm 和 Carlsson（1999）的研究中对此问题进行了概述］。对产业园区和创新环境的描述中所提到的相关标准在此处不予以考虑。集群的概念主要关注企业因为与其他企业的关联和位置上临近可以获得的收益，这些收益来源于合作、市场关系、溢出效应，以及在有些情况下更多初创企业的出现。上述的大部分过程（process），尤其溢出效应和初创企业的出现在区域内表现出更显著的效果。因此，集群往往具有本土性意义。然而，它们是否受本土系统（local systems）的限制因研究方法不同有不同解释。

与产业园区的概念相似，不同的学者对集群概念以不同的方式加以使用。一些工业园区或创新环境所具备的共同要素也被涵盖在集群的概念中，但是集群概念的核心仍然是企业间的相互关联以及由关联带来的效应。

近些年，也有学者提出了一些可以在实证研究中用来鉴别集群的定义。具体条件包括相对高的就业率，一些产业的本土远高于国家平均水平的就业率，还有根据投入—产出表确定的、在本地区占主导的产业之间的强大关联［这种研究方法详见 Braunerhjelm 和 Carlsson（1999）]。

（四）新增概念（further concept）

近年来不同类型的和本土系统相关的概念被进一步提出来，主要是因为前面部分讨论的概念局限性太强，并不适用于一般性的研究，尤其是针对不同国家的不同产业进行的研究。还有一些学者对已有概念进行了修正，结果导致以同样名字出现的不同概念层出不穷。另外一些学者则直接创建了新的词条。因此，大量的新增概念出现，此处不再一一赘述，如"区域创新系统""灵活的专业化区域经济""部门集聚"和"本土系统"。

造成现在如此多的不同概念出现的另一个原因是经济学和地理学领域内不同学派的存在，每个不同学派都关注促使集群和产业园区产生的不同方面的内容和机制。与此同时，学者们也一直试图构建一个更具一般性意义的概念，或将概念的不同方面进行整合。还有学者争辩：真正的集群与园区是不同的，整合理论在这里不适用。一些学者试图对已经观察到的现象进行分类，将其分为一些一般性类型 [例子详见 Scott（1992）、Markusen（1996）、Dijk（1999）]。

目前看来，关于这个问题的讨论并未结束，其中部分原因是不同的科学研究有不同的目的，不同的研究目的需要对概念进行不同的定义。对于本书中提出的研究方法来说也是一样。本书的研究方法主要关注对本土产业集群存在原因，以及何时、何地出现等问题的理解。本书将重点研究本土产业集群存在的原因，在进行实证研究时至少需要对现有文献中的概念进行必要修正。因此，我们选择一个新的概念，即"本土产业集群"。

二、本土产业集群

（一）研究的现象

下文中，作者将针对某种本土系统提出一个一般性理论。为此，我们首先要清晰界定此处我们所研究的系统。除此之外，我们需要选择一个定义，这个定义所涵盖的所有系统都具有共同特征，而这些共同特征是理论构建的基础。

所有案例研究中的一般性发现是：在某些地区存在着大量的属于同一产业或相关产业的企业。这些区域在两个方面具有特殊性。一方面，该国或全球大部分该行业的企业或雇用劳动力（employment）都位于该区域。另一方面，该地区大部分企业或雇用劳动力都属于该行业。伊萨克森（Isaksen，1996）把这一现象称为部门集聚（sectorial agglomeration），并提出可以被实证检验的概念。这一概念主要以某行业相对就业数量为基础，如果该地区的劳动力就业率是全国就业率的三倍以上，就可以认为存在部门集聚。

因为这个条件在文献中是所有"本土系统"概念中都需要具有的共同特色，我们可以以此作为提出一个一般性研究方法的合理出发点。然而，这里我们也需要提到一些问题。企业在地域上偶然的选址并不能带来统一的空间分布，艾利森（Ellison）与格莱赛（Glaeser，1997）曾详细探讨过这个事实。尤其是当大型企业在某地区存在时，一些地区就会出现就业相对集中，但是这并不意味着某种本土机制的存在。因此艾利森与格莱赛提出，应该考虑的是企业的数量而不是劳动力的数量。另外，在一个更加充分的定义中，应该给出可以称为集聚需要包含的经济活动的最低数量。概念界定时，还应该考虑与企业在空间的"自然"分布进行比较。在此，作者选用了一个模糊的定义，但是在本章第五节所提出的理论模型中会给出更精准的界定。最后，由于实证原因，本书的研究仅限于对单一产业的单独分析。因此，我们使用"产业集聚"这个概念，并给出如下定义。

定义 1： 产业集聚当且仅当某一区域与其他区域相比，区域中的某个产业中的企业数量远远高出其他区域产业中企业平均数量时才存在。

所有用于鉴别本土产业集群的方法及类似方式都需要满足上文所提到的类似条件（Sforzi，1990；Isaksen，1996；Paniccia，1998；Braunerhjelm & Carlsson，1999）。另外，文献中的定义包含额外条件，而且作者也不以解释所有产业集聚为研究目的，只是关注某种类型的集聚，此书中提出的研究方法也是如此。然而，文献中所补充的条件主要是受案例分析的启发，在本书中，补充条件的构建主要是出于理论研究的考虑，其目的是将这些产业集聚包含在研究中，并可以用相似的一般性原因对它们的存在进行解释。

产业集聚的存在可以用几种原因来解释。第一，传统的观点认为，产业集聚出现在自然资源丰富的地区，或获取自然资源成本较低的地区。这种观点可以解释在工业化及之后一段时期的产业集聚的产生。然而，伴随着交通运输成本的下降和全球化的出现，这种传统观点虽然依然存在，但是说服力已经大大减弱。第二，与客户在地理位置上的临近也可以导致产业集聚的产生。但是这意味着，某

本土产业集群

地区居住的人口有共同的偏好，或者由于有另一个产业集聚的存在，该产业集聚购买另一产业集聚生产的产品。在后一种情况中，一个集聚的存在可以由另一个集聚的存在来解释，但是我们仍需要解释所有集聚中的第一个集聚产生的原因。第三，一些集聚是基于统计的原因产生的。如果企业是随机选址的，一些地区自然会比其他地区拥有更多的企业。从实证角度来看，这些区域可以被看作产业集聚，尽管并没有什么具体条件导致它们的出现。第四，如果某产业在选址上相对聚集在某一区域，就会形成一种力量，促使其他企业也在此地区选址，这种动力使企业选址出现路径依赖。尽管所有地区最初都不具备优势，但是最初被企业选为厂址的地区相比较而言对其他企业也会更有吸引力，一个自我扩张的过程就这样形成了。引起这种自我扩张过程可能是各种不同的机制，详细内容将在本章第三节中讨论。

上述四种原因揭示了现存产业集聚产生的原因，一些集聚的产生也可以用其中两个或三个原因共同解释，但是大部分现存的产业集聚可以用第四种原因来解释。这就意味着：第一，对于集聚的研究就可以限定为对由企业选址的自我扩张过程机制导致的集聚的研究；第二，由这一机制引起的产业集聚包含了目前文献中涉及的几乎所有和产业园区、集群及创新环境相关的案例，构成了对产业集聚研究的一般性方法。本书所采用的方法就是基于上述理论考虑提出的。

（二）定义

既然本书中的研究对象不能与现有文献中的概念精确匹配，就需要确定一个新的名词来表示相关的概念，此书中，我们使用"本土产业集群"（LICs）这一概念。正如产业园区与集群的概念一样，本土产业集群仅限于对某一产业或某几个相关产业的研究，在第三章的实证分析中，甚至局限于一个产业。然而，精确选择聚合水平和对产业进行分类使对集聚的研究中也会包含多个产业。此外，该研究方法局限于某个地理区域，此处称为"区域"。就限定于某一个或某几个产业以及限定于以区域为形式的地区等问题，我们都会在下文中给出进一步的讨论。在这里，让我们先假设所有区域和产业从某种程度上都是被充分界定的。那么，本土产业集群可以被定义为：

定义 2：一个本土产业集群是由本地自我扩张过程形成的产业集聚。

这意味着，根据集聚的定义（见定义 1），就某一个产业而言，该产业中企业在某一地域的数量要大大超过与之可比的其他地区的企业数量。但是，只有当这种相对高的企业数量现象是由本土自我扩张过程引起的，而不是由自然资源、临近客户和偶然因素引起的时，我们才称之为本土产业集群。导致集聚的其他原因也可能会有额外影响力，但是集聚中企业数量高于平均数的原因必须主要是由于自我扩张过程导致的。这样的定义也存在缺陷。在实证层面很难考察每个产业集聚产生的准确原因。这个问题在第三章中会继续讨论。无论如何，定义2是本章所采用的理论方法的指导原则。

不同的机制都可能引起本土自我扩张过程，我们至少可以找到两种对这些机制的分类方法。第一，区域内现有企业可以引起高比率的初创企业在本地区产生。初创企业产生的原因包括衍生企业（spin-offs）的出现、区域内可供利用的风险投资和由现有企业带来的地区吸引力的提升。第二，区位经济也有助于产业集聚内企业更加成功，在这里，企业会比在其他地区发展更快，失败率更低。与此同时，也存在其他可能引起区位经济的不同机制，如溢出效应、企业间合作和对成熟劳动力的共同开发〔见 McCann（2001）研究中关于区位经济及相关概念的讨论〕。

在接下来的部分中，我们将对上述所有问题进行详细讨论。本章第二节中所提出的一般性理论主要是以本土自我扩张过程的抽象概念及该过程导致产业集聚形成这一事实为基础的。因此我们所讨论的本土系统仅限于满足定义2的本土系统。这一定义包含了文献中的大部分概念，因为这些概念只是在针对引起本土自我扩张过程的最重要原因方面有不同观点。

（三）产业与区域

如果从实证角度对产业集聚进行研究，其结果将从很大程度上取决于对产业的分类和对区域在空间上的划分。因此，我们有必要讨论应该如何定义产业和区域。在近期关于产业园区研究的文献中，区域的定义备受关注（Tappi，2003），在文献中，关于产业的划分也反复被讨论，但主要是在不同国家中对产业进行划分的学者在对这一问题进行讨论。在本土产业集群的研究文献中，类似讨论少之又少。

对产业集聚的实证研究，主要是以各国统计数据中对现有产业的分类方式为基础的。这样做主要是出于现实原因，毕竟采用其他对产业的分类方法意味着要

本土产业集群

额外采集数据，而这可行性很小。在对本土集群的案例研究中，学者们可以自主决定将集群内所有企业和集群相关的经济活动都包括在内。这样的研究方式通常会导致分析并不是针对某一产业的。我们甚至可以看到有一些本土产业集群的例子是在不同时间段由不同相关产业组合而成的〔具体例子见 Lissoni 和 Pagani (2003)、Tappi (2002)〕。

定义 2 根据本土产业集群是由本土自我扩张过程导致的这一事实，作为本土产业集群的特征。这些过程并不产生于所有类型的企业之间，只有当企业间构建了独特的关系，并以自我扩张的方式相互作用，本土产业集群才能产生。这种相互作用关系具体包括：使用相同的技术、溢出效应或购买商—供应商关系。因此，对于产业在本土产业集群方面的准确分类，应当以表现出充分相互作用的所有企业都是属于同一产业为基础的。这意味着，只有自我扩张过程导致本土产业集群这一现象被充分理解，我们才能做出对产业的准确分类。在本章第三节中，我们将对上述相互作用关系进行详细研究。

（四）和其他本土系统概念的关系

尽管文献中大部分以工业园区和集群形式存在的区域都满足上文中提出的本土产业集群的定义，但是，还是有和本书中使用的概念有根本不同的其他概念。工业园区与集群的定义是以本土系统特征为基础的，而定义 2 是以不同本土系统产生的原因为基础的。在这里，我们假设在抽象层面上，这些机制是所谓的本土系统中有共性的那些方面，如产业园区或集群概念中有共性的部分。各种现存的本土产业集群的特征之间存在巨大差异。

除了这种基本差异，本土产业集群和工业园区与区域集群概念相比更具有一般性。工业园区与区域集群都需要部门或产业集聚的广泛存在。然而，它们对本土自我扩张过程也有更高要求。这样看来，它们属于本土产业集群的子分类。

创新环境，相比而言，并不需要产业集聚的普遍存在。这个概念更多强调创新的数量，尽管创新数量通常意味着高数量的企业与员工，但也不是必要条件。另外，创新环境的概念要求企业之间具有强大的协同作用。这与"一定有一部分本土自我扩张过程可能是由区位经济引起的"这一观点具有相似性。从这个角度来说，创新环境与本土产业集群概念是相匹配的。但是，有些本土产业集群产生的基础并不是高创性，因此，也可能存在并没有产业集聚的创新区域。后者意味着创新环境的概念不能被归结为本土产业集群的子分类。但是，上述两个概念之间的关系似乎是非常牢固的。

总而言之，本土产业集群的概念中融入了文献中其他相关概念的限制条件。但是这个概念比其他概念要更具有一般性，并包含其他概念。它与其他概念的差异在于这一概念更加关注造成这些本土系统产生的原因，而不是已经存在的系统的特征。本土产业集群这个概念是在抽象层面上进行界定的，而不是对背后各种机制的简单整合。本书将表明，从这样一个一般性的方法出发，我们可以做出能够在一般性实证层面进行检验的推断。在不将隐藏的机制具体化的情况下，也可以找出德国的本土产业集群。这就意味着，可以构建一个关于本土集群的统一理论，并在实证中加以应用，这也是本书的重要目标之一。

（五）不属于产业集群的本土系统

上文中我们曾讨论到，在本土产业集群的概念中包含了近期文献中探讨的大部分有关本土系统的内容。然而，并不是所有本土系统都是本土产业集群。因此，探讨定义 2 中未包含的本土系统有助于我们更深刻地理解本土产业集群的概念。

如果在某区域中并未观察到大量的经济活动，这样的区域在文献中往往是被忽略的。本土产业集群的定义中也不包含这样的区域。然而，对于这些本土系统的分析对于理解本土产业集群具有重要意义。在文献中很难找到针对这类落后区域的研究〔除了 Seri（2003）〕。本书中所提出的理论方法将包含这些区域。运用这一理论方法，只要本土自我扩张过程力量足够强，相关产业就会出现高经济活动的区域，也会出现并没有显著经济活动的区域。因此，本书提出的理论将解释不同区域的不同发展情况，而不是仅仅关注成功区域所具备的特征。

目前，在文献中被频繁讨论的科学或技术园区中许多内容都不在此书中进行讨论（Garnsey，1998；Quéré，2002）。这些园区往往是由政府支持将企业吸引到某一特定区域。其中一些园区主要针对某一产业，但是大部分园区并不局限于特定产业。如果园区的发展只是政策支持的结果，那么这样的园区不在上述定义涵盖的范围内。然而，通常政府行为会成为进一步发展的促进力量，结果带来园区内某些产业的集中，最终产生区位经济效应〔具体例子见 Quéré（2002）〕。在上述情况中，园区变成本土产业集群。因此，科学园区有时可以作为本土产业集群

本土产业集群

的滋生地，但是它们不属于本土产业集群的子分类。

近年来，文献中还越来越多地讨论本土网络问题（Camagni，1991b；Storper，1992；Camagni，1993；Malmberg，1996；Walker，Kogut & Shan，1997）。在上述文献中，本土网络被作为一个单独现象来讨论。在此处构建本土产业集群定义时，本土网络既没有被清楚地排除在外，也没有清楚地包含在内。它们在本土产业集群中究竟是否起到作用要取决于它们是否能带来本土自我扩张过程。在目前的文献中，尚未对此问题给出答案。因此，不可能确切说明所有的本土网络是否构成了本土产业集群。但是至少可以说明，没有明显的原因可以验证相反的观点。在案例研究中，并没有证据表明在所有本土产业集群中网络可以自主发展起来。因此，本土网络与本土产业集群之间的关系从某种程度上来说是不清晰的。

中心辐射式园区的案例［见 Markusen（1996）对这种本土系统的定义］要复杂得多。这些园区由一个或几个大型企业主导。其他企业被吸引到这一区域主要是为这些大企业提供产品。我们假设只有一家大型企业首先选址在这一区域，因此，这家企业在此处选址的事实实际上是偶然事件，是受该区域环境的影响而不是受其他企业影响。如果所有其他小型企业将厂址转移到这里，是因为它们是这家大企业的供应商，在企业为获得临近客户优势的作用下，产业集聚就会出现。因此，这样的本体系统也不是本土产业集群。但是，也可能会有一种情况，该区域存在几家相互作用的大型企业，或者因为有一些小型企业已经在这里，导致大型企业在此选址。那么，上面所说的一家大企业带动许多供应商的情况，可以进一步促进该地区的发展并吸引非大企业供应商企业出现。在上面的所有案例中，如果相应的效应足够强，就可以满足本土产业集群的条件。但是也说明很难将本土产业集群与相似的本土系统区分清楚。

在定义 2 中，提出了应用本土产业集群产生原因的前提条件，这一事实使情况变得更加复杂。直接导致的结果是，我们无法单纯根据产业集群的实际特征对它们进行鉴别。我们可能对现有本土产业集群的特征进行预测。这些预测中应该包含可以被用来鉴别现有本土产业集群的必要条件。然而，导致产业集聚的原因才构成了所有充分条件。因此，我们还需要历史知识，使我们能最终鉴别本土产业集群。这部分内容将在第三章中详细讨论。

第二节　抽象理论

本土产业集群的定义的基础是引起其产生和存在的机制。满足这些机制的条件已经被清晰界定，以此为基础我们可以构建一个数学模型。该模型将受限于这些基础性机制从而可以获得一个一般性的模型。

这样的模型可以提供下列机遇。第一，模型可以描述符合定义2的所有本土系统的演进。这样，我们可以从抽象层面描述这些系统并找出它们的动态特征（dynamics）。以模型为基础还可以找出这些系统的共同特征。这些特征可以用在实证研究方法中（第三章），用以鉴别那些表现出集群现象的产业和现有的本土产业集群。第二，我们还可以确定本土产业集群发展的不同阶段及特征。由此，还可以推断并说明在不同时间段不同机制的动态特征（dynamics）。第三，我们可以找出集群在不同阶段的活跃机制的特征。这样，我们就可以将文献中讨论的不同机制分别归属到本土产业集群演进的不同阶段。相应的，文献中的发现可以被结构化，也可以探讨各种机制的互补性和可持续性。由此可见，理论模型的提出以及对模型的分析可以达到下面两个目的：为第三章中针对德国所做的一般性实证研究提供基础，也提供了将文献中的发现结构化的工具，这也是第四章中模拟模型构建的基础。

至此，我们将在抽象层面对本土产业集群演进中所涉及的机制与过程进行模型构建，这种方法与新经济地理所采用的方法是相似的（Krugman，1991；Allen，1997）。除了模型要受限于其涉及的机制所具有的基本特征外，此处提出的研究方法与《新经济地理》所采用的研究方法是有明显不同的。《新经济地理》的研究方法将经济活动的空间分布构建成模型。而在本书的研究中，我们只具体考虑一个单一的区域［类似的方法在Maggioni（2002）也采用过］。其他区域只是作为外在环境被暗含进去。这样设定的目的是为了理解某一个本土产业集群的演进，以及确定这样的本土系统出现和存在所应具备的抽象特征。

本土产业集群

一、基本思路（basic considerations）

（一）本土产业集群定义的引申意义

本土产业集群的定义包含了两层含义。首先，本土产业集群的存在意味着产业集聚的存在。在定义 1 中，一个产业集聚被定义为某一特定产业拥有相对高数量的企业。因此，在理论模型中的第一个变量我们将其定义为某区域内属于某一产业的企业的数量，称为企业数量（firm population），用 f 来表示。

其次，现存的产业集聚可能由不同因素引起。定义 2 中将"本土产业集群"这个概念用以特指由某一种特殊因素导致的产业集聚：它需要包含本土自我扩张过程。在前文中，我们列举了四种导致产业集聚产生的原因，包括自然资源、临近客户、统计原因和本土自我扩张过程。这四种原因可以被分为两类。前三个原因可以归类为企业数量 f 的外生条件，也就是说构成产业集聚的企业并不影响集聚的形成。第四个原因来源于本土动态特征（dynamics），也就是说组成产业集聚的企业直接或间接促成了集群形成。

这种划分对于本书要构建的模型至关重要。因此，我们需要清楚区分哪些环境要素是外生要素，哪些是内生要素。企业数量，也就是我们所研究的区域中属于所研究产业的企业总数，是我们研究的核心。任何不在系统层面受企业数量显著影响的因素都被视为外生要素。"系统层面"的含义一般来说是指，企业数量的增加和降低一定会对环境条件产生具体影响。如果历史上有一两个案例中出现企业对某一具体环境条件产生影响，但是其他案例并没有此类发现，这个环境条件就被称为外生要素。企业数量和环境条件之间必须存在一般性的关联，我们才能将这一环境条件称为内生要素。"显著"意味着企业数量产生的影响是可以通过统计方法明确确定的。

有两类外生要素，一类是本土条件，另一类是全球条件。本土条件的具体例子包括自然资源的可获得性和与客户的邻近。全球条件中最重要的因素是需求市场的规模。为了简化，营销和其他对需求产生影响的因素在此处不予以考虑。其他属于全球和国家层面的外生条件还包括法律制度和全球性机构。

总而言之，对于企业数量 f 的所有外生条件，我们用变量 e 来表示这些条件所具备的特征。尽管这些特征并不受企业数量状态的影响，但是它们会对企业产生影响。因此，企业数量会根据两个过程发生变化：企业数量的动态特征（dynamics）和企业数量对企业外生条件变化所做出的反应。大部分的外生条件，如自然资源的可获得性和法律制度变化都比较缓慢。因此，我们可以做如下假设：外生要素要比内生要素以及企业数量本身变化缓慢。我们可以将由外生要素引起的动态特征（dynamics）与内生要素分开进行分析。首先，我们假设外生要素是不变的，在这种条件下对内生动态特征进行研究。然后，我们再考察外生要素变化产生的影响力（见本章第三节部分）。

在这部分中，我们将对外生动态特征进行考察。因此，在此处假设外生条件 e 是不变的。我们假定，如果外生条件对所考察的企业越有利，e 值就越大。这意味着，e 值越大，就会有越多的企业存在。在前文中曾说明，本土环境产生的外生条件不受企业数量（此处我们将其称为地区吸引力）和全球情况的影响。让我们暂时先忽略所有的内生影响因素和动态特征。那么，外生条件将决定企业数量 f 的规模。最终产生的企业数量我们用符号 $\hat{f}(e)$ 来表示，它被称为"自然"企业数量，因为这个概念表示在没有任何本土自我扩张过程作用的情况下的企业数量。自然企业数量会因区域而有所不同。

现在我们可以将本土动态特征（dynamics）进行建模。建模的基本假设是有本土自我扩张过程存在。这些过程可能来源于各种不同的过程。首先，企业间可能存在直接的接触。在形式上，可以是企业间合作、本土信息流通、共享设备或已创企业提供的风险投资。除此之外，还可能存在有利于企业的本土外部性。我们至少可以确定有两种此类外部性存在：以独特本土产业条件形式存在的本土外部性，和为该产业提供某种服务的企业的存在带来的外部性。因此，在企业数量中存在第二种形式的自我扩张过程，f 是本土优势条件产生的结果，如区域中人力资本的聚集、产业独特基础设施的发展或公共舆论的支持。第三种形式是刺激在该区域为现有企业数量 f 提供产业独特性服务、产品或需求的其他企业的建立。最后一种自我扩张过程可以导致两种企业数量的共同演进。

（二）变量及其相互作用

我们需要在模型中引入不同的变量表示企业数量，f 中包含的三种不同形式的自我扩张过程，每个过程都可能需要单独建模。但是，在现实中，它们可能同时出现，因此，此处我们创建一个一般性模型，模型中包含上述三种形式。为此，每一种形式的效果就必须用 f 值的增减来反映。

企业间的直接接触越多，如合作、信息流通和共同活动，就会有越多的企业在此区域建厂。区域内属于同一产业的企业数量越多，受益于这种直接接触的企业也就更可能得到发展，而不太可能倒闭。此外，企业通常会为同一区域同一产业的初创企业提供风险基金和建议。当然，属于同一产业的企业在同一区域的相对集中也会带来负面效应：如果企业都是为本土市场提供产品，聚集的企业数量越多，竞争就会越激烈。这些负面效应有时会超过共同选址带来的好处，在这种情况下就不会有本土自我扩张过程存在。在我们下面构建的模型中，假定大企业数量 f，会对 f 的进一步发展产生正效应。负效应可以通过将相关参数变成负数建模来获得。

第二种形式的本土自我扩张过程的前提假设是，企业会因其所处的位置而产生本土外部性。一个区域内企业数量的规模 f 影响区域内一些独特条件的发展，如具有产业独特性的人力资本、基础设施或公众支持。这些本土条件，反过来还会对企业数量产生积极影响。我们需要界定第二种本土变量来表示这些条件。该变量用符号 c 来描述，描述了从抽象层面上，所有的本土条件对企业数量产生的影响。c 值越高，对 f 值增加的支持度越高，同时 f 值将决定 c 的动态性。

最后，企业需要某种服务和产品。当一个或多个需要该产品或服务的企业出现在这一区域时，提供该产品和服务的供应商也会在此出现。因此，企业会对提供产品或服务的供应商的数量产生积极的动态性。

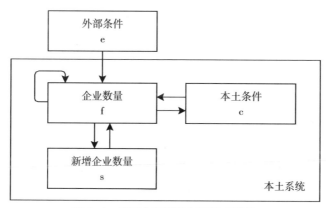

图 2-1　模型中变量的相互关系结构

为使模型简洁，在这里我们并没有将服务与供应商企业分开表示，只引入新增企业数量（further population of firms）这个概念来表示服务与供应商企业。新增二级企业数量规模在此处用符号 s 来表示。这一数量 s 的动态性受到企业数量规模 f 的正面影响，同时 s 的数量规模也会对 f 产生正面影响。就企业数量 s 而言，有两种情况必须在此处说明。第一，这一数量中的企业可能只是为企业数量 f 提供商品或服务。在这种情况下，s 的大小主要由 f 的大小决定（这一情况将在图 2-1 中具体描述）。第二，企业数量 s 也可能是供应全球市场，这个市场和企业数量 f 是无关的。这就意味着，对于企业数量 s 来说，与企业数量 f 建模时相似的动态性需要被考虑进去。为了使模型易于理解与应用，两种企业数量共同演进的情况在这里忽略不计。

上文所讨论的三种机制在其影响力和相关性方面会因产业不同而有所差异。然而，在一个一般性模型中，所有三个机制都要包含其中。参数将决定在下面模型中每种机制的强度，这样就我们可以根据不同的强度研究它们表示的不同意义。

二、数学建模

图 2-1 描述的模型中包含四个变量：$f\square IR_+$，$e\square IR_+$，$s\square IR_+$ 与 $c\square IR_+$。然而，对这四个变量却不能以相同的方式处理。在上文我们已经讨论过，e 变化缓慢。因此，我们假设 e 是恒定不变的，它代表第一个分析中的参数。然后我们将讨论变化的外生条件的影响力。

变量 f、e、s 和 c 的结构关系在上文中已经描述。图 2-1 表明在变量 f 和 c 以及变量 f 和 s 之间是以相互支持的关系为特征的。在生物学中，我们称其为共生，共生是广为人知的现象，是指两种彼此依赖共存的物种通过将栖息地选在一处来相互受益。在生物学文献中有专门的数学模型来描述物种之间的共生互动（Murray，1993）。这些模型可以作为构建企业间本土互动的基础（在 Brenner（2001a）中曾讨论了模型间的相似与差异）。但是，我们此处应用的模型只是以经济学的思路为基础构建的。到这里，我们先后讨论了变量 f、c 和 s 的动态性。

（一）企业数量的动态性

排除区域内企业之间直接和间接的相互作用，企业数量规模 f 将由外生条件 e 来决定，如市场情况、自然资源和与客户的距离。在上文中我们已经界定，自然的企业数量$\hat{f}(e)$代表企业数量受外生条件影响所处于的状态。排除所有的内生动态性，我们可以假设，企业数量 f，会从任何起点向$\hat{f}(e)$聚合。

然而，即使是没有内生动态性存在，这种聚合也未必是给定的。对于这种聚合的假设是不自然的，然而，这一假设贯穿本章的内容，因此，我们有必要在此进行讨论。在现实中，会出现路径依赖，存在一些要素会导致系统对外生条件变化的反应能力减弱。具体例子包括厂址的不可移动性、人们对变革的反抗以及进入壁垒。因此，当外生条件 e 发生变化，企业数量 f 未必能够适应$\hat{f}(e)$的新值。关于这个问题，我们在本章第三节将再次讨论。在此处的模型中，为了使模型尽可能简单，这些条件将不被考虑在内。这部分的主要目的是表明在本土产业集群的出现和存在中所包含的最基本的过程。因此，我们假设向自然企业数量的动态趋势总是给定的。

用数学方式表述这种动态性，可以得到下面的公式：

$$\frac{df(t)}{dt} = a_{df} \cdot \left[\hat{f}(e) - f(t) \right] \tag{2-1}$$

其中 a_{df} 决定聚合过程的速度。为简便，此处选用线性相关性，同时不限定一般性，因为变量间相互关系的数学形态是可以任意选择的。然而，下面的论证可以用来支持线性相关性。如果企业数量受到进入和退出过程的影响，假设，企业的成功与$\hat{f}(e)$是成一定比例的，这样就会得到一个线性相关的结果。其他的相互关系将不得不而且也会以一种更具有一般性的方式来构建。

接下来，所有对企业数量的增长 f(t)产生积极影响的变量将被以带有两个参数的一般指数函数的形式加在式（2-1）的后面，其中一个参数界定影响强度，另外一个参数界定指数也就是影响的形式。根据图 2-1，会产生这样积极影响的变量包括企业数量的规模 f(t)本身、本土条件 c(t)，和由提供服务的企业及供应商组成的数量 s(t)。这些影响力的强度分别用参数 a_{ff}、a_{cf} 和 a_{sf} 来表示，指数分别是 α_{ff}、α_{cf} 和 α_{sf}。

另外，企业数量 f(t)不能无限增长。某一区域内企业数量越多，对空间和劳动力的竞争就会越激烈。这对企业数量 f(t)的进一步增长会产生负面影响。这样，在式（2-1）的右边就需要加入一个负项。除了使用负号以外，负向影响力的建模方式和正向影响力的建模方式相同。因此，参数 ϕ_f 被用来表示影响力强度，参数 ρ_f 决定影响力的形态（shape）。很显然，这种负向影响只有在企业数量 $f(t)$ 规模大的时候才有相关性。对于较小的企业数量，上面所说的影响力应该占主导地位。从数学的角度讲，这意味着指数 ρ_f 要比指数 α_{ff}、α_{cf} 和 α_{sf} 的值都大。

包含了上述所有影响力后，企业数量 $f(t)$ 的动态性可以用下面的公式表示。

$$\frac{df(t)}{dt} = a_{ff} \cdot f(t)^{\alpha_{ff}} + a_{cf} \cdot (\hat{f}(e) - f(t)) + a_{cf} \cdot c(t)^{\alpha_{cf}} + a_{sf} \cdot s(t)^{\alpha_{sf}} - \phi_f \cdot f(t)^{\rho_f} \tag{2-2}$$

（二）本土条件的动态性

本土条件动态性 $c(t)$ 的建模过程与 $f(t)$ 动态性的建模过程类似。唯一会对 $c(t)$ 的动态性产生正向影响的变量是企业数量规模 $f(t)$。参数分别用 a_{fc} 和 α_{fc} 表示。而且，我们假设有利的本土条件还受到消极反馈（negative feedback）的限制。对本土条件中所包含的不同要素的限制是由不同原因引起的。以区域内可获得的人力资本为例，区域内有限的人口数量会限制人力资本的增加。就本土政策而言，对企业数量的支持政策可能会因政策是否可行以及预算而受到限制。针对其他的本土条件也可以做类似的论证。由此，导致的负面反馈的建模方式与企业数量 $f(t)$ 的建模方式相同，参数分别用 ϕ_c 和 ρ_c 来表示。根据上面所提出的论证，$\rho_c > \alpha_{fc}$ 成立。本土条件的动态性可以由下面的公式给定：

$$\frac{dc(t)}{dt} = a_{fc} \cdot f(t)^{\alpha_{fc}} - \phi_c \cdot c(t)^{\rho_c} \tag{2-3}$$

（三）服务企业与供应商企业数量的动态性

在此处，我们也选择同样的建模方式。企业数量 $s(t)$ 受到企业人口 $f(t)$ 的影响，其影响方式与 $f(t)$ 影响 $c(t)$ 的方式相同。因此，我们可以使用相同的数学公式，参数用 a_{fs} 和 a_{fs} 来表示。$s(t)$ 增长的受限方式与 $f(t)$ 增长的受限方式相同，参数分别用 ϕ_s 和 ρ_s 来表示。同样，$\rho_s > \alpha_{fs}$ 成立。服务企业与供应商企业数量的动态性由下面的公式给定：

$$\frac{ds(t)}{dt} = a_{fs} \cdot f(t)^{\alpha_{fs}} - \phi_s \cdot s(t)^{\rho_s} \tag{2-4}$$

三、对模型的分析

式（2-2）、式（2-3）和式（2-4）从抽象层面描述了本土系统的动态机制。接下来我们会从数学的角度对此进行分析。分析的目的是为了得出受本土自我扩张过程影响的本土系统的动态性的一般性论述。模型可以解决下面这些本土产业集群产生和演进过程中的问题：

● 上面模型中描述的本土系统的基本特征。

● 不同本土机制的影响力，如企业间的相互作用、与本土条件间的相互作用以及与服务和供应商企业的相互作用。

● 在现存本土产业集群中，本土企业间相互作用需要满足的条件。

● 上文中所描述的本土系统可能出现的发展，包括本土产业集群的演进。

在本书后面的章节我们将应用分析得出的结论，用以对文献中关于本土产业集群的研究发现进行结构性分析。此外，模型的预测性将在实证中得到检验，并被用来鉴别第三章中的德国本土产业集群。

（一）基本特征

在对本书中所关注的要素进行分析前，我们先对一些一般性的问题进行考察，这将有助于下面的分析。在数学等式中，针对第一个动态性的特征描述，我们有必要计算系统的固定状态（stationary state）及稳定性。上述问题在模型中由引理 1 给定。

引理 1： 令 $\rho_f > a_{ff}$，$\rho_f \cdot \rho_c > \alpha_{fc} \cdot \alpha_{cf}$ 和 $\rho_f \cdot \rho_s > \alpha_{fs} \cdot \alpha_{sf}$。这样式（2-2）、式（2-3）和式（2-4）所描述的本土系统会在 $f(t) > 0$，$c(t) > 0$ 和 $s(t) > 0$ 的给定区间内有一种或三种固定状态（stationary state）。在第一种情况下，固定状态是稳定的，然而，当有三种固定状态时，其中两种是稳定的，一种是不稳定的，并且处于另外两种稳定状态的变量之间。系统会向其中的一种稳定状态聚合。

附录中会给出引理 1 的证明。

根据引理 1，本土系统表现出分歧（bifurcation），这是自组织（self-organisation）的典型特征。由于参数或外生条件变化，系统可能会在两种结构性状态之间转换：其中一种是以只有一个稳定的固定状态为特征的，另一种的特征是有两个稳定固定状态。我们需要对这两种结构性状态进行进一步讨论。必须强调的是数学模型描述的是一个区域内的动态性。模型中的参数会因区域差异而不同。

如果只有一个稳定状态，本土系统会向这一状态聚合。如果区域间的差异很小，而且就参数而言，所有参数只有一个稳定状态存在，那么每个本土系统会聚合成一个可以清晰界定的稳定状态。ĭ、č、š，这些表示每个区域稳定状态的值可能会有细微差异。然而，全球化的情况会使我们所关注的产业中的企业在空间分布上出现某种同一性。在这种情况下，本土产业集群不会出现。

如果，相反地，本土系统的动态性是以两个稳定状态为特征的，系统会聚合成一种以巨大企业数量为特征的状态或者聚合成以较小企业数量为特征的状态（图2-2为这种情况的视觉效果图）。我们也可以假设，所有区域在参数上都是相似的。然而，就两种稳定状态而言，有相同特征的区域可能包含不同的企业数量规模。每种本土系统会向两种稳定状态中的一种聚合。其中向拥有较大企业数量规模的稳定状态聚合的本土系统被称为本土产业集群（见定义2）。

此外，也可能出现下面情况，即对于某些本土系统存在两种稳定状态，对于其他本土系统，只存在一种稳定状态。对于后者来说，本土系统会向具有平均企业数量的唯一稳定状态聚合，第一种情况下的本土系统要么向具有较大企业数量的状态聚合，要么向较小企业数量状态聚合。在此我们再次说明，拥有较大企业数量的本土系统被称为本土产业集群。

前文中已经说明，模型的参数取决于所研究的产业与区域。在前面的讨论中包含了不同区域之间差异的内容。因此，三种情形中哪种会出现取决于产业。这就意味着有一些产业根本不会有本土集群存在，而一些产业，本土集群可能会出现在一些独特的区域，还有一些产业，本土集群可能出现在任何区域。集群是否出现是由该区域的历史决定的。这些区域的发展受路径依赖影响，并不完全由外生条件决定。历史对于这些区域是有影响作用的，对于相应的产业也同样有影响作用。

（二）不同本土动态性的影响力

为了进一步理解影响本土产业集群存在的要素，我们需要研究本土机制的含义。模型中包含了三种不同的机制。所有三种机制描述了共生互动状态。然而，其中一种描述的是企业数量内的共生互动，一种描述的是企业数量与本土条件间的互动，另外一种描述的是两种企业数量间的互动。无论怎样，可以看出它们对本土系统的动态性有着相同的影响。

引理 2：我们把式（2-2）、式（2-3）和式（2-4）中动态性稳定状态的数量、稳定性和位置称为本土系统结构。那么，本土系统结构会以相同的方式受到企业人数量间的共生作用、企业和本土条件的共生作用以及企业数量 $f(t)$ 与 $s(t)$

之间的共生作用的影响。这就意味着 a_{ff} 与 a_{ff} 的每种组合，在参数 α_{cf}、α_{fc}、α_{cf} 和 α_{fc}，以及参数 α_{sf}、α_{fs}、α_{sf} 与 α_{fs} 的数值中可以看到，所有三种机制对本土系统结构具有相同的意义。

附录中给出了引理 2 的证明。

引理 2 意味着我们在构建模型的时候，在不忽略系统稳定状态的任何可能的结构性特征的前提下，应该限定模型中只包含三种共生机制中的一种。这样本土条件 $c(t)$ 和企业数量 $s(t)$ 在接下来的分析中，在数学方面会被忽略。所有关于企业数量 $f(t)$ 之间的共生作用的推断论证可以转换为企业与本土条件间的共生作用和两种企业数量 $f(t)$ 与 $s(t)$ 之间的共生作用。这就意味着不同的本土机制都可能导致本土产业集群的出现。此处所考虑的三种最基本的自我扩张过程对于本土产业集群的存在并不同时构成必要条件。它们代表了一种相互替换关系而不是互补关系。这证明了如果本土系统向稳定状态聚合，随机过程的作用不大。

(三) 本土产业集群存在的条件

现在我们来分析一下本土自我扩张过程对本土产业集群存在的影响。这个分析仅限于企业数量 $f(t)$ 之间的共生作用情况。式 (2-2) 在各项不依赖 $c(t)$ 和 $s(t)$ 的条件下，对动态性给定下面公式：

$$\frac{df(t)}{dt} = a_{ff} \cdot f(t)^{\alpha_{ff}} + a_{cf} \cdot (\hat{f}(e) - f(t)) - \phi_f \cdot f(t)^{\rho_f} \tag{2-5}$$

根据引理 2，该等式得出的结果可以转换到其他机制中。分析的基础是可以找到本土系统中有两个稳定状态的参数集合。参数可以被分为两类：参数 a_{ff} 和 ρ_f 描述了机制的结构特征，参数 a_{ff} 和 ϕ_f 描述了它们的强度。我们可以充分假设机制的结构要比其强度稳定。因此，我们将首先研究参数 a_{ff} 和 ρ_f 对系统稳定状态的数量产生的影响。

引理 3: 令 $\rho_f > a_{ff}$ 和 $\rho_f > 1$。这样，本土系统在 $\alpha_{ff} \leqslant 1$ 时只有一个稳定状态。

在附录中给出了引理 3 的证明。一般来说，f 的稳定状态值不等于 0，但是与两种稳定状态中的较高稳定状态值相比要小（见图 2-2）。

说明：引理 3 说明了企业数量 $f(t)$ 之间的共生作用的力量 α_{ff}，为满足两种稳定状态存在，该值必须要大于 1。该数值大于 1 就意味着，当某种机制的条件不是很有利时，这种独特机制的影响力也相对较小；但当这种机制变得活跃时，它的影响力也会相对变大。关于这种机制的一个实例就是，企业数量与本土公众观点的共生作用。当某一产业只雇用少数人时，人们不会意识到该产业的存在。即使是企业数量增加，只要该数量处于一定水平之下，对该产业的认可也不会发生太大变化。然而，一旦企业数量超过某一水平，对该产业的认可将迅速增加。对某一产业的认可也给政治家带来压力，去支持产业发展，同时促进了对培养与产业相关的技能的投资的增加，同时，在该产业也可能产生更多的初创企业。因此，这种机制对于 $f(t)$ 的小幅增长反应迟缓，但是当 $f(t)$ 有巨大增长时，它的反应也会相对强烈。它的作用结果也不单纯线性依赖 $f(t)$，而是以 $f(t)^{\alpha_{ff}}$ 的数学形式来表示，其中 $\alpha_{ff}>1$。根据引理 3，本土系统若要有两个稳定状态，这种共生机制是必要的。不具备这种结构的共生作用不支持产业集群的存在。

根据引理 2，另外两个共生互动可以得出与引理 3 中描述的相似的结果。就企业数量 $f(t)$ 之间的共生作用而言，本土条件 $c(t)$，$\dfrac{\alpha_{cf} \cdot \alpha_{fc}}{\rho_c} \leq 1$，意味着只存在一个稳定状态。对于企业数量 $f(t)$ 与 $s(t)$ 之间的共生作用而言，$\dfrac{\alpha_{sf} \cdot \alpha_{fs}}{\rho_s} \leq 1$。然而，如果三个机制同时活跃，只有当所有三个条件，也就是 $\alpha_{ff} \leq 1$，$\dfrac{\alpha_{cf} \cdot \alpha_{fc}}{\rho_c} \leq 1$ 和 $\dfrac{\alpha_{sf} \cdot \alpha_{fs}}{\rho_s} \leq 1$ 同时满足，才能排除本土产业集群的存在。我们可以用公理 1 再次表示这一论证：

公理 1： 令 $\rho_f > \alpha_{ff}$，$\rho_f \cdot \rho_c > \alpha_{fc} \cdot \alpha_{cf}$ 和 $\rho_f \cdot \rho_s > \alpha_{fs} \cdot \alpha_{sf}$。这样，当三种本土机制至少有一种是自我扩张的时，两种稳定状态就可以存在。也就是说，要满足或者 $\alpha_{ff}>1$，$\dfrac{\alpha_{cf} \cdot \alpha_{fc}}{\rho_c} > 1$ 或者 $\dfrac{\alpha_{sf} \cdot \alpha_{fs}}{\rho_s} > 1$。

公理 1 是从引理 2 和引理 3 中得出的。它说明了本土产业集群存在的第一个条件：至少存在一种本土共生作用，这种作用最初力量薄弱，但是，当 $f(t)$ 的值增大时，其作用效果要强于线性效应。企业数量间的共生作用或企业与本土条件间的共生作用以及或企业数量 $f(t)$ 与 $s(t)$ 之间的共生作用都可以产生这种效果。

现在，我们来分析第二组参数：机制的强度，是由 a_{ff}、a_{cf}、a_{cf}、a_{fc}、a_{sf}、a_{fs}、ϕ_f、ϕ_c 和 ϕ_s 给定。同样，分析的目的是找出两种稳定状态存在时的参数。在这种情况下，严苛的数学分析是不可行的。然而，我们仍可以得出结构性结论。在此，我们假设，三种共生作用——企业数量 $f(t)$ 之间的作用，企业与本土条件间的作用，两种企业数量 $f(t)$ 与 $s(t)$ 之间的作用——中的任何一个或满足公理 1 中的条件，或对本土动态性没有影响。就后者的情况，相应的参数：a_{ff}、a_{cf} 或 a_{sf} 等于 0。可以得到如下结论：

公理 2： 令 $1 < \alpha_{ff} < \rho_f$，$1 < \dfrac{\alpha_{fc} \cdot \alpha_{cf}}{\rho_c} < \rho_f$ 和 $1 < \dfrac{\alpha_{fs} \cdot \alpha_{sf}}{\rho_s} < \rho_f$。这样一个组合参数

a 可以被定义为会随着 $\alpha_{ff}\alpha_{cf}\left(\dfrac{\alpha_{fc}}{\phi_c}\right)^{\frac{\alpha_{cf}}{\rho_c}}$ 和 $a_{sf}\left(\dfrac{\alpha_{fs}}{\phi_s}\right)^{\frac{\alpha_{sf}}{\rho_s}}$ 单调递增。当且仅当这个组合

参数 a 足够高时，外生条件 e 会存在一个区间 $[e_1, e_2]$，当 $f \geq 0$ 时，式 (2-2)、式 (2-3) 与式 (2-4) 所描述的本土系统中有两种稳定和一种不稳定固态。对于所有 $e \notin [e_1, e_2]$ 的情况，只有一个稳定状态存在。

公理 2 的证明将在附录中给出，其含义在图 2-2 中已经说明。

根据上面的讨论，由参数 α_{ff}、α_{fc}、α_{fs}、α_{cf}、α_{sf}、ρ_f、ρ_c 和 ρ_s 描述的系统的结构要比由参数 α_{ff}、α_{fc}、α_{fs}、α_{cf}、α_{sf}、ϕ_f、ϕ_c 和 ϕ_s 所描述的不同机制的强度要稳定。因此，公理 2 的初始假设是系统结构允许本土产业集群的存在。给定这种条件，公理 2 暗示了其他参数需要的条件。

首先，在机制强度方面，公理 2 表明了两种稳定状态存在的必要条件。其结果是自我扩张过程的组合必须足够强。这意味着，将不同共生作用强度相加，得出一个强度临界值，低于该值，就不会产生集群现象；超过这个强度，集群现象才可能出现。只有结构参数是固定的，才能得出更精确的结果 ［见 Brenner (2001a) 的分析］。

在第二步中，我们假设机制的强度使集群现象成为可能，这将使大部分的不稳定参数，也就是外生条件 e 的影响力可以被检验。公理 2 说明在动态性式 (2-2)、式 (2-3) 和式 (2-4) 中包含两种稳定状态和一种不稳定固态时，e 存在一个区间。让我们把稳定状态用 $\check{f}_1$ 和 $\check{f}_2$ 表示，不稳定状态用 $\check{f}_u$ 表示。根据公理 2 的证明，$\check{f}_1$ 和 $\check{f}_2$ 可以定义为：$\check{f}_1 \leq \check{f}_u \leq \check{f}_2$ 成立。将区间定义为 $[e_1, e_2]$。那么公理 2 表明，当 $e = e_1$ 时，$\check{f}_u = \check{f}_2$，当 $e = e_2$ 时，$\check{f}_1 = \check{f}_u$。这意味着，当 e 值低于

［e_1，e_2］这个区间的值时，较大的企业数量稳定状态消失，然而当 e 值大于这个区间时，较小的企业数量稳定状态消失。在上述所有例子中，系统结构与机制强度的所处情况都可能出现集群，稳定状态对外生条件 e 的依赖方式在图 2-2 中已经描述。

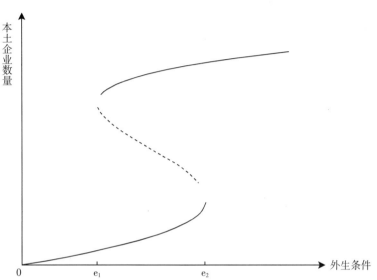

图 2-2　稳定（实线）和不稳定（虚线）状态取决于外生条件 e，设定 $\alpha_{ff} = 1$，$\alpha_{ef} = 132$，$\alpha_{ef} = 0$，$\alpha_{sf} = 0$，$\alpha_{ff} = 2$，$\phi_f = 0.00001$，$\rho_f = 4$

这表明，当外生条件 e 随时间发生改变时，本土经济活动会出现滞后性。为分析这个变化产生的影响力，我们用 e(t) 来表明外生条件此时被看作一个时间变量。当 e(t) 值小时，企业数量 f(t) 向低水平聚合，e(t) 值增加只能小幅增加企业数量，只有当 e(t) 值大于 e_2 时，本土系统状态才会发生巨大改变。它会向较大企业数量的稳定状态聚合。e(t) 值减小会使经济活动也逐渐减少，直到达到另一个临界点 e_1。如果 e(t) 减小到低于这个临界点，本土系统会转换回最初对 e 的依赖状态。

本土产业集群

第三节 本土产业集群的演进

尽管本土产业集群的演进不是本书要讨论的主要问题，但是对于产业集群发展的理解对探讨主要问题也是必要的，尤其是探讨本土产业集群出现的时间及地点的问题。

在许多案例研究中，对本土系统的演进都有详尽的论述。然而，在文献中少有采用一般性的理论方法的［除了在 Maggioni（2002）和 Wolter（2003）的研究中］。上面的模型为提出本土产业集群演进的不同阶段提供了良好的基础。

本书采用这个模型主要基于以下三种原因：

第一，通过该模型可以确定本土产业集群演进的不同阶段。在不同阶段，不同的机制和过程在发生作用。对这些机制的了解，使我们可以根据它们发生作用的时间和引起的过程，对它们产生的影响进行结构性划分。因此，我们可以将文献中所讨论的机制进行分类。分类的依据是它们引起集群的存在、选址和出现时间的情况。对这个问题的理解对设计合理的政策非常重要。

第二，不同阶段区域具有不同的动态性。在此，我们将确定相应的动态性。对这些动态性的了解可以使我们在实证研究中确定本土产业集群所处阶段，在第三章第三节我们就进行了这样的实证分析。

第三，本书关注重点为本土产业集群的出现。该问题与集群出现的时间、地点相关。因此，我们必须了解本土产业集群出现过程中所涉及的必要条件与环境。前文所提出的理论给我们提供了一个划分哪些条件是补充条件，哪些条件是替代条件的工具。此外，本土产业集群的出现可以被归结为几个后续的发展情况。这可以让我们进一步了解所涉及过程的时间结构。

一、本土产业集群的演进阶段

在上文对模型的分析中，我们找出了模型的滞后性。我们同时发现对于一定的参数值，会存在两种稳定状态，而且一个区域的情况受其历史影响。同时可以了解，外生条件的变化可以导致两种稳定状态之间的相互转换，这一点可以被用来解释本土产业集群的演进，同时可以用来鉴别演进阶段以及其中包括的过程。

文献中所研究的许多本土产业集群的演进都是根据相应产业的发展而进行的。这一点虽然不适用所有的案例但是具有典型性，因此，在本书中提出的理论模型也捕捉到了这一点。本节将研究由产业发展带动的本土产业集群演进情况。其他可能引起本土产业集群出现的原因将在本章第三节第三部分讨论。

(一) 产业生命周期

为了研究单纯由相关产业发展驱动的本土产业集群的演进，首先要对产业的发展进行界定。此处我们假定产业发展经历常规生命周期，这样的生命周期具有三个阶段 [Klepper（1997）对产业生命周期进行了概述，以产业集群为背景的讨论在 Dybe 与 Kujath（2000）中有涉及]。

生命周期的最初阶段是以高度的不确定性为特征的，往往存在低市场容量（volume）和高进入数量（high number of entries）。在此阶段竞争主要是以产品创新为基础的，这一阶段被称为萌芽阶段。

接下来的阶段为增长阶段。在这一阶段，产品变得更加稳定，工艺创新比产品创新更重要。在这一阶段，需求增加迅速，企业盈利很高，新进入企业的数量低于第一阶段，而且开始出现企业重组。

第三阶段为成熟阶段，是以产出增长放缓为特征的。在这一阶段，情况比较稳定，进入和退出的企业数量都很低，市场份额稳定，产品和工艺创新都不是很重要。

(二) 从产业发展到集群演进

用本章第二节创建的模型，我们可以将产业的发展调整为本土产业集群的演进模型。我们假设数学模型中的参数为图 2-2 中所描述的参数，在 $[e_1, e_2]$ 区间中存在两种稳定状态。这表明本土产业集群存在的条件已经给定（这些条件在本章第四节中将继续讨论）。对这样的一个系统，现在我们将讨论本土系统如何对产业变化做出反应。

在上面的模型中，外生条件 e(t) 中包含的一个主要要素是市场状况。市场状况主要包括总需求情况，和在全球或至少是区域间市场中存在的竞争的情况。因此，我们将用需求与竞争方面的发展变化，来解释产业生命周期的不同阶段，并研究这些发展变化对本土系统的意义。

在产业生命周期的最初阶段，几乎没有需求存在，情况对于企业也是非常不利的。这意味着一个较低的外生条件 $e(t)$ 的值：$e(t) < e_1$。在这种情况下，只有一个稳定的状况 $\hat{f}$ 存在，其特征为较小的企业数量（见图 2-2）。因此在该区域内和该产业中没有集群存在。这是我们所关注的演进问题的起点。

产业生命周期的增长阶段随着对该产业产品需求的巨量增长而开始。这意味着外生条件 $e(t)$ 值的增大。只要它们保持低于 e_2（见图 2-3 中的过程 1），它们的增长只是导致企业数量发生较小的变化，尽管有可能存在第二种稳定状态。如果外生条件变化速度低于本土系统的适应速度，系统会沿着图 2-3 中较低的实线发展。这样，我们就找出了本土产业集群发展的第一个临界点。如果市场情况增长的强度不够，外生条件的大小没有超过 e_2 值，那么就不会有本土产业集群出现。e_2 值可以被称为临界值（critical value）或临界数量（critical mass）[有其他学者在经济学研究中使用临界数量这个概念，见 Witt（1997）]。

大于临界数量被称为本土产业集群演进的第一阶段。如果外生条件大于 e_2，较低的稳定状态消失，因此，只有一个稳定状态存在，而且该状态是以较大企业数量为特征的。只要外生条件 $e(t)$ 保持大于 e_2 的经济活动水平，本土系统就会向这一状态聚合（见图 2-3 中的过程 2）。

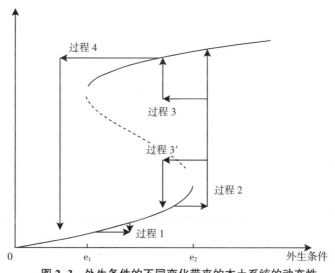

图 2-3　外生条件的不同变化带来的本土系统的动态性
（实线表示系统的稳定状态，虚线表示不稳定状态）

聚合完全是由内在动力引起的，在前文中我们称其为自我扩张过程，在本章第四节中还将继续做详细讨论。因为这种聚合对区域内的情况造成巨大改变，聚合过程需要时间。这里我们称其为本土产业集群发展的第二阶段。在这一阶段的某一时段，全球企业数量的增加会导致供应的增速大于需求的增速。结果导致竞争加剧，并最终带来企业重组（shakeout）。尽管需求可能继续增长，市场情况变得不十分有利，外生条件 $e(t)$ 减小。本土产业集群的出现是由聚合过程能够将本土系统带动到什么位置决定的，也就是说，调整的速度也会起到作用。如果企业数量仍然很小，聚合过程就无法在不断加剧的竞争中继续存在下去。它可能低于不稳定状态（见图 2-3 中的虚线），这样就产生了向低稳定状态聚合的结果（见图 2-3 中的过程 3'）。相反，如果企业数量足够大，向更高稳定状态的聚合过程将继续（见图 2-3 中的过程 3）。此时是以较大的企业数量的形式存在的一个临界数量，就必须被超越。只有超越这一临界数量，本土产业集群才会出现。

第三阶段是以更稳定的高水平的企业数量为特征的。一旦向更高稳定状态聚合的过程［给定 $e(t) > e_2$］驱动企业数量增长超过临界点，就进入了第三阶段。进入之后，外生条件 $e(t)$ 可能会下降到低于 e_2，但不会阻止产业向具有较大企业数量的稳定状态进一步聚合。只要 $e(t) > e_1$，所有外生条件的改变只能引起企业数量的小幅变动。此外，所有变动都是可逆的。这与产业生命周期的成熟阶段一致。

产业生命周期的最后阶段的特征是需求降低。在这一阶段，本土集群存在两种可能的发展趋势：企业或者能够进入新的市场，或者失去部分市场份额。后者意味着对于所涉及的企业来说，$e(t)$ 有大幅度下降。如果外生条件降低至低于 e_1，高稳定状态将消失。这将会引起向低稳定状态的聚合（见图 2-3 中的过程 4），本土产业集群消失［见 Isaken（2003）的发展报告］。

二、本土产业集群的动态性

在第三章第三节，本书会对区域内的动态性进行实证研究。为了更好地分析研究结果，我们必须了解对不同的动态性做出的解释。前文提出的理论可以用来对本土产业集群演进的不同阶段中可能出现的不同动态性进行预测。

实证研究分析了不同的区域。在前文中，我们也提出，模型参数可能因区域不同而不同的论点，这样就产生了对企业数量稳定规模的不同取值。然而，公理 2 表明，对于两种稳定状态存在的情况，稳定状态对外生条件的依赖性总是以图 2-2 中所描述的形态出现。

当然，临界值 e_1 和 e_2 的位置和稳定状态下的企业数量会因区域而有所不同，而且，企业数量的真实状态也是因区域而不同的，因为区域的历史不同。为了能够对区域内的动态性进行预测，我们需要从总体上对区域间的差异忽略不计。我们假设大部分区域在一定程度上具有相似性，即实际的外生条件处于相似的区间内，而且，可以将区间界定为 $e(t) < e_1$、$e_1 < e(t) < e_2$ 和 $e(t) > e_2$。与此形成对照的是，我们不对企业数量的实际规模进行限定，该数值会因区域而有所差异。

鉴于以上的假设，我们可以根据某一区域的真实情况，来研究该区域的动态性。这样，我们就可以分别对本土产业集群演进的四个阶段进行研究。

（一）第一阶段

在前文中，我们曾论证，在第一阶段，临界点 e_2 需要被超越。根据所有区域的外生条件都将落入相同区间的假设，$e > e_2$ 在任何情况下都成立。$e > e_2$ 表示如果企业数量还未达到或超过高稳定状态值，企业数量将继续增加。在第一阶段的初始时期，任何区域都不太可能存在大量的企业，因此，可以预测企业的数量几乎在所有区域都是增加的。

（二）第二阶段

在第二阶段，外生条件减少，所以满足 $e_1 < e(t) < e_2$ 的条件。同样，我们假设这一情况适用于任何区域。图 2-3 表示在这种情况下，动态性主要取决于该区域的真实情况（见图 2-3 中的过程 3 和过程 3'）。在那些企业数量低于不稳定状态区间，这个数量会向较低稳定状态聚合。相反，如果企业数量大于稳定状态区间，这个数字将向更高的稳定状态聚合。因此，当该数增加时，企业数量会出现两个区间。它们是低于较低稳定状态的区间，以及不稳定与较高稳定状态构成的区间。如果企业数量处于低于较低稳定状态与不稳定状态区间，或大于高稳定状态区间，企业数量会减少。

（三）第三阶段

在第三阶段，我们假设区域大概已经达到稳定状态。这一阶段可能产生小的波动，每次干扰之后，本土系统就会再次向稳定状态聚合。然而，稳定状态的位置会因区域而不同，因此，根据一个区域的真实状态不太可能预测该区域的发展方向。唯一能确定的是第三阶段会出现小的动态性。

（四）第四阶段

根据上文的讨论，外生条件在第四阶段会降低至低于 e_1。这说明，企业数量的规模向较低的但是稳定的状态聚合。因为外生条件在早期阶段比较有利，我们可以预测，在大部分区域，企业数量会高于稳定状态。因此，大部分区域的企业数量会减少，除了少数区域，因为在那些区域中，几乎没有企业属于我们所考察的产业。

三、集群现象的惯性

前文中所提出的模型与其他模型都是以"动态性总是向稳定状态聚合"这一前提为假设的。这就要求有持续的企业进入与退出，或持续的区域间企业移动。企业移动是少见的，但是在一些产业中，会持续出现企业退出与进入的情况。在许多产业，该现象通常会出现在一定时间点。就上文所讨论的产业生命周期而言，进入往往主要出现在前两个阶段［关于产业生命周期不同阶段的进入与退出问题，在 Fritsch（1990）对德国的研究中有所讨论］。在第三阶段，当一个产业进入成熟阶段，企业数量会出现小幅波动。因此，上文采用的假设就没给定所有情况，而且，我们必须讨论如果做出更真实的假设，会发生哪些意义上的改变。

（一）惯性的意义

让我们考虑下面这种情况，产业处于某一阶段，在此阶段没有企业退出和进入发生，也没有企业在区域间移动。这表明：企业数量保持不变。在这种情况下，如果模型的任何参数发生变化，企业数量就不能适应这种变化。这一点对于市场条件的变化也可能成立。而且，它对于决定图 2-2 中影响曲线形状的参数变化也同样成立。

例如，本土自我扩张过程可能会在不对企业数量发生影响的情况下，发生强度和结构的改变。自我扩张过程甚至可以在不对企业数量发生影响的情况下消失。这种情况对区域吸引力来说同样成立。因此，根据上面的模型，可能达到某种情况：本土产业集群已不再稳定。然而，只要不出现企业退出或移动的情况，集群仍然会存在。

本土产业集群

当所研究的产业处于成熟阶段时，这种情况尤其成立。与最初阶段相比，处于该阶段的产业的特征会发生变化。以上面模型中所描述的形式出现的集群现象也可能不再稳定。无论怎样，如果没有企业退出和进入的情况发生，早期阶段形成的本土产业集群将仍然存在。这说明，即使是在不具备存在条件的情况下，本土产业集群也可以很稳定。本土产业集群出现的条件只需要在产业生命周期初始阶段得到满足就可以了。最终，都会出现一些企业的进入和退出。如果那些企业的选址是随机的，本土产业集群会慢慢消失。

（二）集群现象出现条件的意义

上文的论证表明：对于一些产业，只有产业生命周期早期的特征对于本土产业集群的存在具有决定作用。这说明，在本土集群出现的时候，必须满足本土自我扩张过程形成的条件。因此，本土产业集群的存在并不意味着自我扩张过程的存在，它们只要出现一次就够了。如果它们不能持续存在，本土产业集群仍会继续存在很长时间，只是会以缓慢的速度消退。

因此，前文中提出的理论描述了本土产业集群出现时期的情况，但是不一定能以同样好的方式描述它们存在。

第四节　本土产业集群存在的条件

本书的主要目的是回答为何本土产业集群存在及何时何地出现的问题。同时，本书也考察了从多大程度上，我们可以从一般性的层面对上述问题给出答案。在这里，我们将找出本土产业集群存在与产生的互补条件以及替代条件。

上面的分析表明，本土产业集群的出现需要满足不同的条件。两种类型的条件可以被清晰地确定出来。一方面，需要存在两个稳定状态。这意味着，必须满足公理1和公理2构成的条件。只有在这种情况下，本土系统才会呈现出图2-2中所描述的稳定状态，这是必要条件。另一方面，必须存在将本土系统从低稳定状态向高稳定状态的推动过程，这是第二个必要条件。该条件需要独立于第一个条件，并被满足。第一个条件决定本土产业集群是否会出现，并在这部分进行讨论。第二个条件决定本土产业集群何时何地出现，将在下一部分讨论。

公理1和公理2中，我们构建了第一个条件的数学模型，同时对模型的参数形式进行了限定。在本章第二节，我们曾说明，模型的参数取决于所研究的产业及区域。这说明，对于某个产业，不同区域的参数会在一定区间变化。因此，存在三种类型的产业，第一种是所有区域都满足条件，第二种是一些区域满足条件，第三种是没有区域满足条件。因此，产业特征与区域特征应该分开进行讨论。

然而，在讨论产业与区域特征前，我们首先要找出决定参数的过程与机制。这样，我们需要考察在本章第二节中用抽象方式构建的模型的真实过程。我们首先要完成这项工作，然后讨论产业特征，最后讨论区域特征。

一、本土机制与过程

本部分的目的是找出可能对本土产业集群有影响的本土机制与过程。前文的理论方法表明：本土共生作用机制可能导致本土产业集群的存在。然而这些机制必须满足公理1和公理2的条件。包括满足构建模型时提出的前提假设，也就是说，这些机制必须满足三个条件。

第一，这些机制能够形成所考量的企业数量之间、两种企业数量之间，或者是企业数量与本土条件之间的正回馈环（这一点在模型构建的时候已经进行了假设）。

第二，这些机制必须是自我扩张的，也就是说，正回馈与企业数量规模的增长不仅仅是呈线性的（公理1）。

第三，这些机制的强度必须足够显性（公理2）。

第一个和第二个条件是必要条件，每种机制都必须分别满足这两个条件（公理1）。因此，我们在下文中将只讨论同时满足上述条件的机制。机制组合必须满足第三个条件（公理2）。因此，满足第一个条件和第二个条件的机制是可以相互替代的，第三个条件只要求机制的总和对区域经济发展有足够大的影响。因此，我们就需要回答两个不同的问题。一方面，首先要找出满足第一个和第二个条件的本土机制。另一方面，还要考查机制组合是不是足够强。我们在这部分会探讨第一个问题，第二个问题将在下一部分讨论。

为了找出满足第一个和第二个条件的本土机制，就必须确定有和企业进入一

个区域或一个产业相关的过程存在，或者有和现有企业盈利相关的过程存在，这样企业退出的可能性就会减小。在此，我们需要研究所有对企业数量产生积极影响的因素和所有可能从企业数量增加过程中获益的本土因素。

企业数量是通过初创企业、在该区域建立子公司以及企业从其他区域转移到该区域来实现的。企业与其他企业相比具有竞争优势，就更容易生存下来。企业竞争优势的增加可以源于创新成功，也可以源于成本下降。因此下面的分析主要围绕四个过程展开，分别是：①初创企业；②企业移动与子公司建立；③由企业创新带动的竞争优势的增加；④成本降低。

为实现自我扩张过程，必须存在一种既可以导致四种过程中的一种出现，又可以从本土企业数量增长中受益的本土要素。这种相互支持会随着两种要素的规模的增加而增长。除此之外，这些相互作用还必须有清晰的本土内涵，也就是说，它们或者只在本土出现，或者在某一区域内的强度要大于区域之间的强度。最后，本土要素在变化的时间周期（time scale）上要与企业数量变化的时间周期相似。在此，我们将对所有产业园区和集群相关的文献中反复讨论的本土要素要满足的这三个条件分别进行考察。最终的结果将是，找出满足上文所构建条件的机制，因此也会对本土产业集群的存在有所贡献。

（一）企业数量内的相互作用

在理论模型中，我们找出了三种本土自我扩张过程：企业数量内的相互作用，企业数量和其他企业数量间的相互作用，企业数量和本土环境条件之间的相互作用。我们首先来讨论企业数量内的相互作用。找出企业间的相互作用是有必要的，因为这种互动会增加该区域的初创企业的数量，带动企业向这一区域转移，同时增强现有企业的创新性或降低企业的生产成本。

有两种相互作用会对初创企业产生影响。第一，该区域现存企业起到了孵化器的作用。在这种情况下，初创企业就是孵化器企业存在产生的直接结果。我们可以假设，初创企业增长的数量和现有企业的数量呈线性关系。而且，有实证证据可以证明，大部分的初创企业是在有孵化器企业存在的区域出现的［Bramanti与 Senn（1990）发现 56%的企业选址可以用个人和历史原因解释，Pleschak（1995）的研究中发现 58%的企业创业者选址是出于个人原因］。第二，现有企业往往会支持初创企业［Rickne（2000）的研究对现存企业如何支持初创企业进行了详细研究，对理解该问题有所帮助〕。这种支持主要来自本土企业。因此，我们可以提出这样的观点：初创企业发展可以依赖的支持的程度会随着已经位于该区域的企业的数量而增加，尽管在此方面并没有实证的证据。文献中目前还没有对这些从属关系的形态的研究。因此，我们只能表述为：我们所描述的过程，构成了正回馈环。至于它是否是自我扩张的，还是一个开放式的问题。

在文献中曾提出四种可以增加企业创新性的企业间的互相作用：由不同企业员工间非正式交流带动的信息流动；企业间正规合作带动的信息流动；由员工在企业间流动带动的信息流动；合作研究项目。这些过程可以用文献中的"溢出效应"这个词来概括〔关于溢出效应的理论探讨见 Camagni（1991b），Branstetter（1998），Dalum、Holmen、Jacobsson、Praest、Rickne 和 Villumsen（1999）〕。

关于员工从一个企业到另一个企业的问题我们将在"人力资本"部分做详细探讨。另外三种相互作用有类似的结构：企业可以通过与其他企业相互作用获益。我们可以充分假设：位于该地区的企业数量越多，这种互惠式的作用越可能出现。在实证研究中，不同类型的溢出效应是很难区分的。但是不同的方法都表明：存在一个清晰的、受到本土条件制约的影响力，该力量对企业存在、企业研究数量，以及其他企业的创新性都会产生影响（Jaff, Trajtenberg & Henderson, 1993；Grupp, 1996；Anselin, Varga & Acs, 1997；Audretsch, 1998；Maurseth & Verspagen, 1998）。而且，有证据表明，企业对创新数量增长的影响与该区域企业数量的增长不仅仅呈线性关系，至少对于一些产业是这样的（Brenner & Greif, 2003）。也有证据可以说明其他潜在过程的存在〔在 Kozul-Wright（1994）与 Brown 和 Hendry（1998）的研究中说明了非正式交流的重要性，MacPherson（1997）的研究确认了合作的数量对创新性的影响〕。因此，无论是以何种形式构建的溢出效应，都构成了一个自我扩张过程。文献中的实证研究并不能回答哪一种潜在的机制是最重要的这个问题。

最后，企业可以通过构建供应商—购买商关系，或合作使用某种资源来实现成本降低并使双方受益。就上面的两种情况而言，某一个区域的企业数量越多，构建这种互惠式关系的可能性越大。然而，关于合作和供应商—购买商关系的实证文献都没有给出明确的结论。有一些证据表明，大部分的合作是在位于同一区域的企业间展开的〔Koschatzky（1998），Oerlemans、Meeus 和 Boekema（1998），

本土产业集群

Sternberg（1998），Fritsch（1999）的研究中给出了证据]，但是很难确定合作强度与企业成功节约成本和创新之间有因果关系 [在 Koschatzky（1999）的研究中，至少证明区域中与科研机构的合作对企业的创新性有影响]。文献中有以下论断：合作是产业园区的重要部分（Sengenberger & Pyke，1992；Dei Ottati，1994；Vou & Wilkinson，1994；Vipraio，1996），但也有研究指向完全不同的方向（Staber，1996；Paniccia，1998）。然而，除了上文所说的溢出效应，并没有实证证据证明这样的机制的重要性。这促使斯泰伯（Staber，2001）论述："并没有研究从实证角度证明园区的成功主要是本土企业网络作用的结果。"其他作者对企业之间关系的重要性也持怀疑态度（Grotz & Braun，1997a）。

关于供应商—购买商关系，众所周知的是在许多产业中，供应商和客户之间的紧密联系是共同开发产品的必要条件。同时，也有证据证明，各个供应商与客户之间的相互联系具有相似强度，而且不受企业之间距离远近的影响 [Hahn 和 Gaiser（1994）与 Oerlemans、Meeus 和 Boekema（1998）发现相似强度，然而 Fritsch（1999）发现客户与邻近企业的联系强度略高]。因此，供应商与客户的距离远近似乎不能影响合作强度。"在一个区域内，属于同一行业的企业越多，企业间的合作就越强，相应的企业生产成本就会降低"这一观点也不能得到实证支持。然而，有实证证据表明：企业选址会受到供应商和企业客户所在位置的影响（Patel & Pavitt，1991；Maskell，1999）。这个问题在接下来的部分将进行讨论。

在文献中也有与上文讨论过的情况截然不同的一个案例。在电影产业，不与其他企业合作，几乎无法开发产品（Enright，1995）。如果合作伙伴位于同一区域，这种合作就会变得相当容易。因此，潜在的合作伙伴的可获得性严重限制了生产率，如在这一区域存在同一产业的其他企业，这样就构成了一个自我扩张过程。但是，除了电影产业之外，并没有关于其他产业出现这种情况的报告。

（二）与其他产业的共生关系

有许多产业之间是相互依赖的关系。这往往是企业间供应商—购买商关系作用的结果。如果一个产业是另一个产业的主要供应商或主要消费者，它的发展将极大地依赖于另一个产业的发展。这种依赖的存在是毋庸置疑的。但是，这种依赖的程度是否在区域层面显著强于国家层面或全球层面，却不是很明显。如果产业间的共生构成了上面所描述的自我扩张过程，就必须存在这种差别。

此外，我们将分别讨论与其他产业的企业间相互作用可能产生的四种影响力。如果初创企业只是为某一特定产业供应或购买的产品，它们在选址时需要考虑这个产业所在的位置，这种依赖关系是有实证证据的（Keeble，Lawson，Moore & Wilkinson，1999）。因此，可以充分假设，由于选址决策的相互依赖关系，一些产业之间存在积极的本土反馈。然而，并没有关于此方面的详细的实证研究。因此，我们不能确定一个区域的吸引力的增长与该区域供应商的数量和企业客户的数量之间是不是呈线性相关的。也可能有人会论辩：一个地区是否拥有或只拥有少数供应商和企业客户并没有关系，但是一旦它们的数量显著，该区域就会变得更有吸引力，这表明了一个自我扩张过程的存在。然而，我们并没有详细的实证信息可以验证这个过程的存在。同样的情况对企业建立分支机构和企业转移也成立。

关于企业的创新性，有两个要素是相关的。第一，对于一些产业来说，供应商与购买商之间的紧密联系是必要的。然而，上面的讨论也曾表明这种相互作用并不依赖于，至少不是特别依赖于所涉及企业所在的位置。第二，成对企业之间反复被发现有溢出效应（Scherer，1984；Grupp，1996；Verspagen & Schoenmakers，2000）。维斯佩根（Verspagen）与斯库恩梅克斯（Schoenmakers）表示，如果企业之间位置相邻，技术领域的溢出效应就会出现得更频繁。这说明一些产业间的溢出效应是可以满足正反馈环条件的，但是这些溢出效应是否构成了一个本土自我扩张过程尚不清楚。

最后，如果一个企业客户和供应商的位置临近，交通运输与沟通成本会降低。当今时代，由于运输和沟通条件的改善，这个要素可能不那么重要［这种重要性方面的降低见 Hahn 和 Gaiser（1994）、Grotz 和 Braun（1997b）的研究］。但是，既然本书构建的理论是从一般性的角度解释本土产业集群的出现，而不是只限定于某种特殊情况，这个要素还是应该被包含进去。这一要素的结构可能不能满足自我扩张过程的条件，因为我们可以假设，位置邻近带来的收益与临近企业的数量呈线性增长关系。

（三）人力资本

在文献中，经常出现关于人力资本是区域成功的重要组成部分的论证。人力资本也被归类为工厂和企业选址的重要标准之一（Porter，1994）。员工，一般来说是不愿意转移的，所以企业总体来说是依赖于本土劳动力市场。在关于产业园区与创新环境的文献中，也曾提出过类似的论点。有充足的劳动力被看作这种本土系统成功的关键要素（Marshall，1920；Maillat & Lecoq，1992；Pietrobelli，1998）。

根据本书采用的方法，我们有必要考察企业数量对本土人力资源是否有影响，以及人力资本是否对下列过程之一产生影响：初创企业的出现、企业的转移、企业创新性和生产成本。

为解决第一个问题，首先需要区分两种不同的人力资本：可转移与不可转移或特殊人力资本［类似的分类见 Huiban 和 Bouhsina（1998）、Becker（1993）的研究］。可转移人力资本是以学术知识为基础的，可以通过在学校和大学学习获得；不可转移人力资本主要包含的是技能，在很大程度上只能通过实践经验获得。尽管企业也会搞研讨会，从理论层面为员工进行培训，企业对人力资本储备产生的主要影响还是和不可转移人力资本相关。员工在完成实际工作时会获得很多经验。这就是常说的"干中学"。如果员工离开企业，将带走和经验相关的技能，这其实丰富了整个劳动力市场［对于这一过程的研究见 Tomlinson（1999）］。很显然，区域内存在企业的数量较多可以增加该区域累积的不可转移人力资本数量，对于转移性人力资本的相关影响要小得多。此外，较大的企业数量可以吸引工人到该区域工作，这一点对可转移和不可转移人力资本同样成立。一个区域内企业数量越多，该区域越能吸引充足的劳动力。而且，需要员工受过某种培训的企业数量增多会对本土教育系统产生影响。这一点将在下一部分进行讨论。然而，有几种机制会在人力资本方面带来正反馈环。至于它们是否是自我扩张的，并不明确。

关于初创企业的文献表明，大部分制造业初创企业是由曾在大学或科研机构工作过的人，或者是在生产相似产品或拥有相似技术的企业工作过的员工创建的（Keeble，Lawson，Moore & Wilkinson，1999）。这些人带来的知识对于新企业很重要。而且，大部分初创企业位于或临近其创立者工作或生活的区域（Bramanti & Senn，1990；Dalum，Holmen，Jacobsson，Praest，Rickne & Villumsen，1999）。因此，一个区域的初创企业的数量取决于该地区所累积的人力资本［见 Audretsch 和 Fritsch（1999）研究中的实证证据］。这构成了一个正反馈环。但是，它是否具有自我扩张性并不明确。

理论上，人力资本对创新影响的类似论证也成立。然而，并没有实证证据，因为大部分的实证研究考察的是教育对创新数量的影响。然而，根据上文的论证，我们还需要进一步了解不可转移人力资本的知识。这说明，企业间有经验的员工的流动应该会增加这些企业的创新性，专家在私下的讨论中是支持这一观点的，但是缺乏实证的验证。

毫无疑问，更好的教育将提升生产效率。然而，员工从其他企业获得的知识与经验必须是相关的，否则该区域企业数量与人力资本之间无法构建一个自我扩张过程。关于此方面目前还没有相关的实证研究。

（四）本土教育系统与公共研究系统（public research）

现在我们来分析人力资本的另一方面：企业之外创建的人力资本。既然人力资本也可以由公共研究机构、学校和大学创建，那么同时了解教育系统和公共研究系统就是必要的。文献中，作为产业园区或集群出现的重要因素，两个方面都反复被提到（Mitchell-Weaver，1992；Saxenian，1994；Dalum，1995）。

为考察这是否构成了一个自我扩张过程，首先要回答的问题就是："该区域企业数量是否对本土教育系统和公共研究系统有影响？"这个问题包含两方面内容。一方面，可能存在从企业到公共研究系统的本土溢出效应，如果区域内有更多的企业，公共研究也会更高产。另一方面，企业会影响研究和教育机构的创建、研究方向和选址。前者没有得到验证（Anselin，Varga & Acs，1997）。后者在文献中鲜有讨论。然而，有一些对这样一种影响力存在的暗示。一些科研机构是由企业创建的，或者至少是得到企业支持的。例如，恺撒·威廉（Kaiser Wilhelm）基金会，即马克斯·普朗克（Max Planck）协会的前身，最初从很大程度上是由企业出资创建的。与之类似，公共职业培训往往也会根据企业的需求来设计，这是本土要素之间相互协调的结果。大学往往要更加独立一些。然而，由私营企业出资支持的研究项目也会影响大学的研究重点。因此，企业对本土教育系统和公共研究系统还是有一定影响的。这种影响会随着相关企业的数量和规模的增加而增强。有些影响力甚至是全国层面的，有的则是本土层面的。

教育系统和公共科研系统对企业绩效的影响在许多实证研究中都有所涉及（下面会给出例子）。研究表明，它们会对所有四个过程产生影响：初创企业的创建，企业的重新选址，企业创新性和生产成本。大部分的初创企业是由曾在大学和科研机构工作过的人创建的 [Keeble、Lawson、Moore 和 Wilkinson（1999）的报告中曾提到，占比达 25%]。这些初创企业往往会位于创建者工作过的科研院所或大学附近（Keeble，Lawson，Moore & Wilkinson，1999）。这样就清晰给定了区域性条件。除了这个影响力之外，本土教育系统和科研机构的存在也成为企业选址的重要标准（Pleschak，1995）。

也有证据充分证明：公共研究系统可以增加附近企业的创新性（Jaffe & Trajtenberg，1996；Anselin，Varga & Acs，1997；Andretsch，1998）。研究为企业提供了合作研究项目的可能性，也是一种比较便捷的接触新技术和获得有经验员工的途径。而且，文献中也清楚说明了这种效应在空间上的局限性 [Anselin、Varga 和 Acs（1997）的研究表明，从公共研究系统外溢到企业的效应在方圆 50 英里的范围内是显著的，超出这个范围则不显著]。此外，一个良好的、具有灵活性的本土教育系统会增加该地区企业的创新性（Andretsch，1998）。

"员工受过良好的教育，企业的生产率会增加"这样的论点也成立。关于这一观点的验证为：企业选址时往往关注当地教育系统这一事实。员工的受教育程度对生产率的影响很难测度，而且，教育对科研、开发与管理的重要性要大于对生产的重要性。

因此，由学校、大学和公共研究机构创建的本土人力资本对于企业数量有明确的影响，尤其是以促进初创企业数和企业创新性增长的形式表现出来的人力资本。如果企业数量对该区域公共教育有积极影响，正反馈环就存在，如上文所讨论的，这种影响在文献中的实证研究中没有发现，其是否真实存在也不明确。

（五）本土资本市场

文献中多次提到区域内风险投资者的存在是该区域成功发展的前提之一（Miller & Cote，1985；Maillat & Lecoq，1992；Rabellotti，1997；Garnsey，1998）。也有观点指出：企业数量的增长需要获得充足的风险投资。

然而，投资的流动已经越来越全球化。对于可以获得全球资本市场资源的企业来说，本土资本市场就不那么重要了，如那些较大型的、成规模的企业。初创企业和小企业缺乏可利用的国际资本，它们主要依赖本土资本供应。初创企业可以从本土风险投资者中获益良多，一方面是由于他们可以提供必要的资本，另一方面风险投资者所积累的商业经验对初创企业也很重要（Maillat & Lecoq，1992；Rickne，2000）。因此，有清晰的实证证据证明：本土资本的可获得性以及有经验的风险投资者的存在都可以增加初创企业的数量和它们成功的可能性。

研发也是高成本的，小型企业尤其需要通过资本市场获取资金。但是与资助创建企业相比，在研发资助方面，区域环境发挥的作用要小得多［在 Rickne（2000）的研究中，本土的金融资源用于资助初创企业的占案例总数的96%，只有57%和45%的案例用于资助持续的技术开发］。这样看来，企业的创新性只是在一定程度上受本土资本市场限制。就此而言，也没有充分理由可以证明生产成本一定要依赖于本土资本市场。

因此，本土资本市场主要是对区域的初创企业的数量有影响。然而，要想构建一个自我扩张过程，必须在反方向也有影响才行。来自同一行业的本土企业通常会为初创企业提供资本，尤其是为在同一地区运营的初创企业甚至是供应商提供资本［Rickne（2000）的研究发现本土企业参与的初始融资达22%，发展融资达67%］。这意味着某个区域企业数量越多，该地区可获得的风险资本就越多。此外，当地银行对小型企业的资本供应也有重要作用。本土银行更愿意为其所熟悉的产业与技术领域运营的企业贷款。因此，区域内存在一定数量的企业，就意味着本土银行在相关产业或技术领域已经很有经验，它们也就会更愿意为类似的企业提供资本。这一论证并未得到实证检验，但是专家在私下的谈话中多次支持这一观点。

这说明在某一区域风险投资供应和企业数量之间存在正反馈环。但是，是否构成了一个自我扩张的过程并不清楚。

（六）文化与本土特征（historical specificities）

在很多文献尤其是关于意大利产业园区的文献中，反复强调文化和所研究区域的历史特征是导致所考察案例中的产业集群的出现的原因（Sengenberger & Pyke，1992；Trigilia，1992）。在这里，我们将考察这些要素是否对本土产业集群的存在有贡献。根据上面的讨论，如果要形成正反馈环就需要企业数量对文化及本土历史特征有影响，而且，这个影响出现的时间范围应该与本土企业产业集群出现的时间范围相似。就文化而言，这种可能不是给定的，因为文化相比较而言变化缓慢。文献中讨论的历史特征不受区域中的企业数量影响，但是被看作本

本土产业集群

土产业集群出现的前提条件。这样，文化和本土历史特征并不能构成正反馈环。

但是，这并不意味着在一定地区它们不会成为影响本土产业集群出现的原因。它们的影响力将在本章第五节超越临界点的背景下讨论。

（七）本土态度

有时在文献中可以看到这样的论述：公众态度会对产业园区和创新环境有影响（Miller & Cote，1985；Camagni，1995）。尤其是在有关创新环境的文献中有提到所谓的"创新氛围"。这说明在该区域有对创新的积极的态度，即有大量的人能够并愿意进行创新和使用创新，同时在该区域，信息是可获得的与流动的。上面提到的要素中有一些在溢出效应与人力资本部分已经讨论过。没有讨论的可以被归为以下两类：一种是创建新企业的态度，另一种是人们愿意在该区域某一产业工作的意愿。同样，这两方面是否与该区域的企业数量之间构成正反馈还需要进一步考察。

创建企业态度以两种方式受到现有企业的影响。一方面，现存企业的成功可以作为榜样，其他初创企业的发展可以作为市场情况的信息来源，同时也使企业重点关注某一领域的经济活动［关于这一论题的详细讨论，见 Fornahl（2003a）］。相关的实证研究表明：成功的初创企业可以提升人们的创业意识和积极的创业态度（Fornahl，2003b）。另一方面，创业意识和积极创业态度也会促进某一区域初创企业的数量增加，这样就形成了正反馈环。至于是否可以带来自我扩张过程这个问题还无法回答，因为文献中缺乏此方面的实证研究。

布伦纳（Brenner，2002）研究了其中第二个要素，即人们愿意在某个产业工作的意愿，研究运用的是在德国学校中的调查。结果表明小学生与产业取向相关的职业规划受到该区域的实际就业数的影响。但是，在某一产业工作的意愿的增长与该区域产业员工数并不呈线性相关，这说明并没有形成自我扩张过程。我们也没有获得进一步的实证证据。此处我们可以得出这样的结论：人们在某一产业工作的意愿与该产业本土企业的数量之间的相互作用不太可能形成一个自我扩张过程。

（八）本土政策

在关于意大利产业园区的文献中，反复提到本土政策制定者给予的独特的支持是这些园区出现的重要原因（Rabellotti，1997）。很显然，本土政策制定者对本土经济发展有强大影响。这种影响的具体例子包括大学的创建与大学的定位，公共科研机构的创建，良好的基础设施，对初创企业的支持，对企业在税收方面的支持减免与补贴。上述各要素都有显著的实证证据可以证明（见下面参考文献）。达伦（Dalum）发现，在北部丹麦（Northern Demark）的无线电通信集群，当地大学的创建与选址对集群出现起到决定性作用。在许多区域，目前的初创企业都是受本土或政府项目的大力支持（Miller & Cote，1985；Dohse，2000；Koschatzky，2003）。最后，减税与廉价的土地是本土政策制定者吸引企业到某一区域所采取的典型方法。关于大学和科研机构的问题在这部分已经讨论过，不再赘述。另外一些要素表明：本土政策制定者对该区域创建的企业及其分支机构数量及本土企业的创新性和绩效也有影响。

但是，要构建正反馈环，本土企业对本土政策制定者也应该有影响。通常，本土政府与企业之间有大量交往（主要在社区层面）。我们可以提出在某一区域企业数量越大，它们对本土政策的影响越大。可惜，没有关于这个问题的综合实证研究。在所有的案例分析中，可以找到本土政策对本土产业集群发展的重要影响，相应的政策却不是由该区域的企业数量促使推出的。我们现在讨论的问题是超越先前讨论过的本土教育系统与公共研究系统过程的另一种机制，至于这个机制能否形成正反馈环也不是很清楚。

（九）潜在的自我扩张机制

上面的讨论旨在根据文献中的实证研究成果去发现可能构成本土自我扩张过程的机制，即本土扩张过程是本土产业集群存在的必要条件。我们几乎考虑了产业园区和集群中通常涉及的所有要素。每一个要素都根据本章第二节中理论方法的要求进行了详细探讨。

这里存在两个前提条件：第一，该机制必须构成正反馈环；第二，这个反馈环必须是自我扩张的。第一个条件对于大部分机制可以根据已有实证文献进行考察。对于第二个条件，几乎没有可参考的实证研究。因此，无法确定哪种机制引起了自我扩张过程。我们能做的就是找出至少能够构成正反馈环的那些机制。下面的列表就列出了上述内容，它列出了上文中确定的每一个要素，以及与之相应的机制。对于那些没有明确证据证明是否构成正反馈环的案例，其中的机制用斜体字表示。

本
土
产
业
集
群

就企业数量间的相互作用而言，我们只需给出一种积极影响机制，因为这种机制可以发挥双向作用：

● 分拆（spin-offs）。

● 对初创企业的支持。

● 溢价效应。

● 选址。

● 合作。

● 购买商—供应商关系。

就企业数量与本土环境机制的相互作用关系而言，必须满足双向的积极影响，我们对每一个本土环境要素都分别做了分析：

（1）人力资本。

⟶ 企业扩张所必需的创建者与研发人员。

⟵ 在企业中"干中学"。

（2）本土教育及公共研究系统。

⟶ 人力资本科技知识与创业者的来源。

⟵ 企业数量影响教育与公共研究系统。

（3）本土资本市场。

⟶ 影响初创企业数量和小型企业的创造性。

⟵ 风险投资的提供者会受本土历史和该产业本土企业数量影响。

（4）本土态度。

⟶ 企业家态度影响初创企业数量。

⟵ 成功案例改善对创业的态度。

（5）本土政策。

⟶ 对初创企业与现存企业给出具体支持。

⟵ 政策制定者受当地企业数量影响。

此外，目前还没有关于这些机制强度的实证证据。尽管它们可能构成自我扩张过程，但是这些机制可能会太弱，而不足以促成本土产业集群的存在。这些机制的强度应该会因产业和区域差异而不同。这一点在下文中会讨论。在第三章第五节我们会对一些机制对本土产业集群的存在的影响尝试进行实证性研究。

上面给出的机制列表也许不完整。它只是包含了目前在文献中经常被讨论的要素。也可能有到目前为止还没被发现的机制存在。但是，目前对整个过程已经有大量的实证研究存在，忽略了某种机制的可能性不大。可能性比较大的是会存在更复杂的反馈环。在上文中，我们只讨论了包含不超过两种正向因果关系的反馈环。这说明，每次我们只考虑一个要素和企业数量之间的相互作用关系。但是，不同要素之间也可能相互影响，这会引起反馈环包含不止两种因果关系。为了简化，我们只限定针对最简单的反馈环讨论，还有其他原因也限制了我们只能做出上面的分析。一方面，更复杂的机制也是以上面的机制为基础的；另一方面，要想获得关于更复杂机制的实证证据更加困难，但是这并非意味着不存在要素间的相互影响和更复杂的机制。

以理论模型为基础，我们只能做出下面的论述。上文所列出的机制至少满足自我扩张过程所需具备条件中的一种。理论分析表明，这种自我扩张过程对本土产业集群的存在是必要的。而且，它们必须足够强才能促进本土集群的存在。在这样的背景下，上面的机制都可以互相替代，所有的自我扩张过程都可以相加，它们的和更为显著有效。

因此，文献中找出的本土产业集群实际是由不同机制促成的。一个一般性的理论只能解释潜在的机制需要满足的特征，这个机制可以被用来找出所有可能有作用的机制。这部分的内容上文已经涉及了，至于哪种机制对哪个独特的产业集群的存在起作用是一个实证性问题，需要在案例研究中进行解答。

我们必须牢记，自我扩张过程不是本土产业集群存在的充分条件，它只是必要条件。进一步条件的存在指的是全球和本土条件，这些条件将在下一部分讨论，它们是对目前所讨论的条件的补充。

二、产业及区域特征

上文所找出的大部分机制会因产业而有显著不同。理论分析表明，机制的结构与强度需要区别对待。"不同产业的机制结构大概相似"这个说法听似合理，却没有实证证据能够证明这一观点。但是，机制的强度似乎因产业不同而有巨大差异。

例如，不同产业的初创企业常差别巨大（Audretsch & Fritsch, 1999），对于

本
土
产
业
集
群

创新率也同样成立（Asc & Audretsch，1990）。对于大部分其他机制，我们可以做出相似的论断并提供相似的证据。人力资本或风险投资的重要性因产业的不同而不同，购买商—供应商关系在不同产业所发挥的作用也不同。

这些机制在重要性方面的差异说明了它们在强度上的差异。这样就有两种结果：不是所有产业都表现出集群现象，而且所有的集群现象也不是由同样的机制促成的。

（一）产业特征与集群现象（clustering）

上文已经说明本土产业集群只有在所有自我扩张过程加总之后足够强的时候才出现。因为上面所说的机制的强度因产业而有不同，一些产业就必须满足这一条件，而其他产业不用。因此，集群现象并不会在所有的产业出现。在第三章第二节，我们对德国的有本土集群存在的产业进行了实证研究，自我扩张过程的薄弱是对一些产业缺乏本土集群的一种可能解释。另一种可能解释是，缺乏足够的吸引力，可以使企业数量超越临界值的区域。然而，各区域的发展程度不同，如果集群现象出现于一个产业，并不代表所有区域都不能超越临界值。因此，本土集群是否出现在某一产业，主要取决于该产业的特征，具体说，就是所有活跃的自我扩张过程加总后的强度。

此处我们需要再次强调，自我扩张过程不需要一直存在。它们只需要在本土集群出现的时期足够强就可以。这一点对初创企业和分拆企业尤为重要。一般来说，当一个新的产业发展时，会有很多企业进入。因此，和企业进入相关的自我扩张过程在那一时期就很强。如果与其他的自我扩张过程结合在一起达到足够强的程度，本土产业集群就会出现。一旦产业发展到成熟期，企业进入较少，相关的自我扩张过程也就减弱。尽管这可能会导致自我扩张过程低于必要水平，已有的本土集群仍会存在很长时间。

因此，我们可以得出如下结论：在本土集群可能出现时间内，某个产业的所有本土自我扩张过程的总强度将决定本土集群是否会存在于该产业。因此，本土自我扩张过程可以看作问题"为何产业集群存在"的答案。其对"什么时候出现"这个问题也给出了一些回答。在自我扩张过程没有变得足够强以前，本土产业集群是不太可能出现的。但是，其他一些条件，在下一部分我们将提到，也会起到作用。具有产业针对性的自我扩张过程对"本土集群在哪里出现"这个问题没有给出答案。

关于对集群存在有作用的产业特征的实证研究会在第三章第五节给出。然而，不同特征也可能对不同产业起到决定作用。

（二）具有产业独特性的集群现象产生的原因

研究发现，本土产业集群出现的条件中所包含的本土自我扩张过程的不同机制可以相互替代。因此，虽然产业特征会有显著差异，但是，它们都可能表现出集群现象。因此，不可能存在单一的一种机制促成本土产业集群的存在的情况。

我们的研究目标为：找出本土产业集群出现所涉及的机制，并根据机制的活跃程度对产业进行分类。前者在文献部分和本节第一部分已经完成，得出的结论就是前面给出的潜在机制的列表。在第三章第五节，我们将提出进一步的研究方法。根据不同机制的相关性对产业进行划分是很难的。根据前面的研究也发现，各种机制可能会产生累加效果（add up）。因此，并不是每一个现存的本土产业集群都可以被归结为由单一机制促成的。但是更多的案例比较研究至少可以为一些产业找出促成其集群形成的关键机制。

（三）自我扩张过程的区域差异

不同地区的本土扩张过程也可能存在不同。当然，我们不能说过程的结构因区域差异而有所不同。但是，过程的强度会因区域差异而有所不同。例如，在一些区域，创建企业可能会更容易，因为当地政府会提供空间，当地也不存在复杂的官僚制度，同时还能给予财务支持（风险投资的获取被包含在另一个机制中）。在一些区域，可能会因为当地文化的原因，促使更频繁的合作与信息交流，从而产生更大的溢出效应。以企业对当地公共研究的影响力为基础的机制，是需要有当地公共研究机构存在的，这一点也不是所有区域都具有的。不同区域还可能存在不同程度的企业与当地政策制定者之间的协作。因此，教育系统或法律体制是否会适应企业的需求也会因区域而有所不同。

上述例子可以被分为三大类：第一类，不同文化带来不同强度的自我扩张过程；第二类，区域政策差异会增强或减弱不同机制；第三类，大学和公共研究机构的存在对于一些机制是必要的，或者说对于保证其具有充分强度是必要的。

前两类机制因国别存在巨大差异，在一国内部差异不大。在第三章对德国的研究中，前两类机制起到的只是次要的作用。但是，它们可以解释为何某种产业

集群只出现在某些国家。至于最后一类机制，各个区域间差异巨大。无论哪种自我扩张过程会对本土产业集群的存在起到决定性作用，那些没有大学或公共研究机构存在的区域都不可能是潜在的可能出现集群的地区。

因此，在自我扩张过程中，区域差异会对在哪里可能出现集群这个问题给出一些答案，但是并不能解释这些集群出现的位置。上述讨论能够将自我扩张过程足够强的区域与极弱区域区分开。足够强的自我扩张过程是本土产业集群出现的必要条件。因此，各个区域之间存在的上述差异解释了为什么在某些区域没有本土产业集群出现，但是并没有给出一个充分条件，因此，这一讨论无法预测集群会出现在哪里。

第五节　本土产业集群出现的条件

除了为什么本土产业集群存在这个问题，本书还关注本土产业集群何时、何地出现的问题。本土产业集群演进的第一阶段是我们最感兴趣的。前面曾讨论过，由产业生命周期催生的常规性发展，要想促成这些发展，必须形成必要的条件。然而由产业生命周期催生的发展只代表本土产业集群产生的一种可能原因。在这一节我们还会讨论其他可能原因。

然而，如果动态性（dynamics）呈现出不同的形式，了解不同的必要条件之间的区别，将是非常有用的。总的来说，本土产业集群的出现需要三个独立的必要条件：第一，必须存在本土自我扩张过程；第二，区域吸引力和市场情况必须足够强，足以在一定时间内超出外生条件 e_2 的临界值；第三，本土企业数量也必须在初始阶段超出临界值。随机波动可能会导致企业数量超出后一个临界值。在这种情况下 $e(t) > e_2$，在一段时期内，这一点并非严格的必要条件。然而，随机波动只有在外生条件 $e(t)$ 至少不远远低于临界值 e_2 时，才可能导致超越企业临界规模。

只有三个条件都满足时，本土产业集群才会出现。这三个条件是相互补充的，然而，三个条件之间存在时间上的层级。只要第一个条件没有得到满足，另外两个条件就不会起到决定性作用。如果第一个条件得到满足，第二个条件会决定第三个条件是否相关。因此，这三个条件是需要依次满足的，在下面部分它们将按照顺序分别被讨论。

一、自我扩张过程的出现

在前文中，我们已经对本土自我扩张过程进行了广泛的讨论，并发现该过程不会出现在所有的产业或所有区域。目前，也有许多可能构成这一自我扩张过程的不同机制被提出。在这部分，我们将关注本土产业集群在何时、何地出现这个问题。后一个问题在自我扩张过程基础上已经得到了部分的答案，我们在前文也已经讨论过。为了回答本土产业集群何时出现这个问题，最重要的是去了解不同的自我扩张过程是在何时出现的。

因此，与自我扩张过程和时间相关的内容将是这部分讨论的内容。这里，我们需要考虑两种发展（development）。第一，自我扩张过程可能需要某种条件才能运行，这些条件可能会随着时间发生变化。第二，自我扩张过程也会随时间发生变化，这两种发展（development）将分别被讨论。

（一）自我扩张过程的必要条件

前文中已经广泛讨论过本土自我扩张过程依赖于产业特征。例如，在一些产业，分拆子公司是常见现象，但是在其他产业可能会很罕见。分拆子公司从多大程度上可以得到孵化器的支持，或者工人创建企业从多大程度上在技术层面具有机会，似乎首先取决于该产业的特征。这些特征在一定时间内是不变的。

然而，如果产品市场小，分拆子公司就很难出现。如果市场已经处于成熟阶段，进入壁垒高，则分拆子公司不太会出现。这意味着，尽管分拆子公司的机制仍然相同，它的自我扩张特征会根据条件发生变化。同样的情况也适用于其他几种潜在的自我扩张过程。例如，只有初创企业在市场上有生存机会时，提供风险资本才会很重要，或者说，只有存在重要技术进步的情况下，溢出效应才会对企业来说至关重要。这意味着，外界条件或促进或抑制自我扩张过程的发展。

在这样的背景下，相关的条件主要是指市场情况和技术进步，二者都会影响一些潜在的自我扩张过程。这意味着，有时某个产业的自我扩张过程会很强大，有时会很薄弱。只有当它们足够强大的时候，本土产业集群才会出现。

当存在技术变革或需求增长时，许多自我扩张过程会变强，这也导致许多新企业的创建。在产业生命周期的第一阶段，两种发展都会出现。然而，也有引起相似条件的其他发展存在，例如，不是由产业生命周期，而是由顾客需求变化、法律变化和生产成本下降而引起的需求增长。

总之，市场情况与技术变革影响一些本土自我扩张过程的强度。它们可能，通常也的确会，促使强度超出临界水平。在这种情况下，市场或技术变化带动本土产业集群的产生。此外，市场情况是外生条件的一部分。因此，市场条件的变化通常对于本土产业集群出现的时间起到决定性作用。通常，当某种产品的市场成长时，这样的集群会出现（Porter，1990；Dalum，1995）。

（二）本土自我扩张过程的变化

自我扩张过程自身发生的任何变化也会带来同样的效应。如果一个产业的特征是以自我扩张过程变强的方式发生变化，本土产业集群可能出现。但是在文献中的案例分析里没有出现关于这种发展的任何证据。

另外，社会、文化、政治或法律条件也可能以自我扩张过程变强或变弱的方式发生变化。例如，一个区域或国家对合作的态度可能发生变化［见 Lundvall（1992）关于文化对合作与信息流动的讨论］，这也可能促进本土产业集群的出现。理论上，这种因果关系看似合理，也符合我们前面提出的模型。从实证层面，本土态度与经济发展之间的关系并没有充分的研究。

文献中，大部分的案例研究与需求和技术的变化有关。其中大部分发生在产业生命周期的开始，或发生在巨大技术变革之后。但是，也有其他的案例提到，不同的历史事件导致了本土产业集群的发展。其中大部分的案例从某种程度上与该地区初创企业的增加有关（Mitchell-weaver，1992）。这样的变化可能会增强所有与创立新企业相关的自我扩张过程的影响力。目前，这一点可以用来解释意大利产业园区的出现，但是文献中报告的实证证据不够充分，不足以证明这一推断。

我们可以得出结论：本土自我扩张过程中可能存在的变化会促进本土产业集群的出现，但是关于自我扩张过程的知识还不足以做出最后的断定，需要在此方面做出更多的研究。

二、区域吸引力

对理论模型的分析表明，外生条件必须超越某一水平 e_2，才能促成向本土产业集群的发展。前面模型中的动态性（dynamics）是以确定性的方式构建在模型中的。在现实中，动态性是波动的。因此，本土系统可能会因为偶发性事件跨越不稳定状态的界限，向着产业集群的方向聚拢。超出 e_2 的外生条件对于这样的事件也许不是必要的。这样，条件 $e(t) > e_2$ 就不是一个严格条件。但是，更大的 $e(t)$ 更可能是对不稳定状态的跨越。这样两个条件，与外生条件相关的条件和与企业数量相关的条件将被相互连接。企业数量的正向增加会对不太有利的外生条件起到补充的作用，反之亦然。然而，这两种条件将会被分别处理。前者会在这一部分的分支部分来讨论，后者会在下一个部分的分支部分来讨论。

外生条件包含两个部分：市场情况与区域吸引力。市场情况的变化会同时影响许多不同区域。因此，市场动态性主要决定本土产业集群出现的时间。这部分的内容在本节第一部分已经讨论过。它对出现的集群所处的地理位置的决定性不强。在一些案例中，市场动态性可能只是影响一定区域。总的来说，本土产业集群也会供应全球市场。如果它们只是供应本土市场，它们的经济活动会受到本土需求的限制，那么，就不会有集群现象出现。这样，全球市场的变化也会有影响，而且，这些变化往往会以同样的方式对不同区域产生影响。

然而，临界规模 e_2 并不会同时在所有区域被超越。图 2-2 描绘其函数形状，而且，区域吸引力也不相同。因此，临界点 e_2 与外生条件也不同。临界点的差异是由本土自我扩张过程的不同引起的。这些前面已经讨论过，在此，将主要讨论区域吸引力的差异。

（一）区域吸引力的决定因素

区域吸引力，就如在前面理论模型中所界定的，是代表外生条件变量的一部分。引入这个变量主要是用来反映模型中通过企业数量和本土条件无法包含的部分。区域吸引力指这个变量的本土部分。这意味着吸引力是指所有足够稳定的本土方面内容，因此，无法在一个动态模型中将其作为变量。它们是：该区域的企业数量规模，人口密度，地理位置，教育系统，文化，制度设计，政治体制，长期进行的公共研究，本土市场的独特特征和其他类似的部分。所有使该区域有可

本土产业集群

能成为企业所选地，却不受当地区企业数量影响的因素在此都可以被考虑。

列出这样一个开放式的长列表并没有什么帮助，因为区域吸引力对产业集群的选址有很强的决定性作用。因此，最好能够获得更多的关于最有影响力的因素的信息。此处采用一般性理论方法是无法提供更多的信息的，只能推断本土条件存在累加作用，因而没有任何一种本土条件是必要和充分的。

案例分析有助于我们了解最重要的本土要素是什么。但是，在文献中，有关对产业园区或集群出现起到作用的本土要素都非常相似（具有同质性）。被反复强调的要素有：地理位置、教育系统包括大学的存在、公共研究、文化、机构密度、区域及国家政策、本土市场的独特特色，以及该区域的历史。对所有这些要素，在现代背景下，都可以找出它们合理的原因。然而，针对每一个要素也可以给出一个反例，在反例中或者是在相应的条件存在的情况下，本土产业集群并没有出现；或者条件不存在，但是有集群出现。这也验证了我们的理论发现，也就是没有一个要素是决定性的，而它们的总和才是真正起到作用的变量。

但是，我们对一些本土条件具有独特的兴趣，因此，在这里将简单讨论。大学的存在在文献中被反复强调，这与上文的论证相一致。在本章第四节，我们曾经阐述过，对于一些产业，大学对于足够强的本土自我扩张过程是必要的。因为它们不仅提升了一个区域的吸引力，而且还对本土产业集群出现需要满足的另外一个必要条件起到决定性作用：本土自我扩张过程的存在。因此，大学的存在对于本土产业集群的出现至关重要。但是，这一点也不是适用于所有产业。

文化包含多个方面的内容，经常在本土产业集群案例分析中被提到。它对本土发展有着多种影响 [Pilon 和 De Bresson（2003）对此进行了概括]。与大学的存在相似，文化要素影响本土自我扩张过程的影响力以及区域吸引力。其中不同要素可能会起到作用，如对创业的态度、对合作的态度、区域治理结构，以及人们对技术发展的态度。我们还可以列出更多的要素，而且大部分在案例分析中被强调过。我们此处所采用的一般性的方法，只能论述区域间文化是有差异的，而且，如果文化能带来一些区域优势，它就会提升这个区域出现本土产业集群的可能性。

最后，我们讨论一下区域历史的影响力。上文中提到的许多要素都依赖于该区域的历史。例如，本土文化、大学的存在、研究机构和本土政策。另外一个在文献中没有被具体提到，但是在案例中很常见的是相关产业的存在。区域在发展过程中，在其擅长的产业方面展示出路径依赖［在 Tappi（2002）的报告中具体详细列出了这种路径依赖］。如果有新产业或技术出现，那些已经在相关领域具有专长的区域就具有优势，同时更有可能成为本土产业集群的所在地。

（二）区域间竞争

文献中广泛探讨了本土产业集群出现的先决条件。我们可以假设：存在某些条件可以引起这种集群的出现。然而，前文中讨论的理论指出：本土条件累加构成一个区域的吸引力。区域之间以其吸引力为基础，对产业集群的选址进行竞争。因此，不存在具体的先决条件来决定发展，起到决定作用的是一些本土条件的集合。

而且，在本书中，本土过程被假设是波动的。根据前文所提出的理论，区域间的竞争是以下面的方式进行的。外生条件的改变，通常表现为市场或技术变革，会促使它们超出或达到一个临界水平（前文中用 e_2 表示），这一点可以同时在多个地区成立。在所有区域，企业数量可能会增长，这种增长是波动的，因此无法被预测［类似的论证可以在 Ponder 和 St John（1996）中发现］。然而，越有吸引力的区域，从市场与技术变革中受益越早、越多，至少平均来看是这样的。但是，因为其背后的过程是波动的，我们无法确定最有吸引力的区域发展最快。

企业数量的增加导致许多区域内市场竞争的增强。因此，外生环境变得不够有利。根据本章第三节的论证，在这些区域中，当企业数量超出临界值（不稳定状态），企业数量将继续增长，产业集群出现。这意味着产业集群的选址的确定性是波动的。然而，一些区域被排除在潜在的选址地点之外（在本章第四节中讨论过），其他剩余的区域以引力决定了它们被选址的可能性。这说明所有影响区域吸引力的因素也影响产业集群在不同地区选址的可能性。

然而，某个位置被选址的概率值永远不会为 1。没有一种单一的要素对区域吸引力的影响足以促使本土产业集群的出现。因此，关于本土产业集群出现的先决条件这个问题必须要重新表述。上文中所讨论的要素从多大程度上影响某一地理位置的集群出现的概率也必须被重新考察。针对上面的问题，根据前面的理论方法或基于文献都是无法回答的。在第四章的模拟的辅助下，我们会给出一些答案。关于这个问题的进一步的实证研究将是有用的。

本土产业集群

前文中，本土产业集群的出现被界定为区域间竞争的特征。我们也可以论证：某个区域可以独立于任何全球发展以及其他区域过程之外超过临界值。这实际上是可能的。但是，某个产业的所有本土集群，通常大概会同时发展（Rosegrant & Lampe，1992；Saxenian，1994；Dalum，1995）。因此，不同区域的发展相互之间会产生影响，所以在本土产业集群演进的第一阶段，单独一个区域中的独立发展是不太可能的。

三、支持本土自我扩张过程的动力

前文中提出，市场与技术的变革会推动区域向本土产业集群的发展，而区域的吸引力决定了每个区域成为产业集群选址的概率。然而，一个区域的企业数量的发展，被认为是波动的。在构建模型的过程中，波动的要素也被采用，主要基于两个原因。首先，在现实中存在着波动的过程。其次，有一些过程的原因是模型无法捕捉的，因此作为波动的要素被纳入模型。

此处，第二个原因占主导地位。本土企业数量的增长主要是由创建企业引起的。企业是否可以被创建不仅取决于本土和全球条件，也取决于潜在创建者的个人特征和历史。在前文中的一般性抽象模型中是不可能包含这些要素的。关于初创企业的文献表明：除了上文建模中包含的本土条件，人口中对创业的态度也起到重要的作用（Saxenian，1994；Fornahl，2003b）。在这一背景下，几个方面的因素可能起到决定作用。

同时，在文献中有观点表示：对本土产业集群的出现，本土协作也起到重要作用（Lorenzen & Foss，2003）。那么，这些起到重要作用的因素也无法被包含在上文的建模中。在文献中，对于本土要素的重要性有一些讨论，在此处也将做简单的探讨。两个要素似乎很重要：企业家与本土协作。

（一）企业家

许多案例研究强调了企业家对经济发展和本土学习的重要性（Keeble，Moore & Wilkinson，1999）。在一些案例中，一个或几个企业家或区域性人物对该区域的发展起到决定性作用（Maarten de Vet & Scott，1992；Saxenian，1994；Paniccia，1998）。这些人具有的典型特征是能够构想未来发展和具有对该区域的活动进行促进的能力。例如，耶拿的案例中，卡尔·蔡司（Carl Zeiss）意识到将一个地方的玻璃生产、光学制造和合作研究整合的机遇，并与奥托·肖特（Otto Schott）和恩斯特·阿贝（Ernst Abbe）建立强大的关系。这可以被看作本土玻璃与光学器件集群的来源，而该集群在耶拿仍然存在［在 Hellmuth 和 Muhlfriedel（1996）与 Walter（2000）的著作中对 Zeiss 的企业的历史有所阐述］。

总的来说，前文的理论描述了：拥有较早被创建企业的区域发展成本土集群的概率更大。因此，区域内有可以早早把握住机遇的企业家的存在，对本土产业集群的出现有决定性作用。这样的企业家是非常罕见的，他们在某一些地方的出现可能会受到当地条件的影响，但是并不取决于这些条件。因此，一些区域可以从有这类企业家的区域要素中受益完全是偶然的。

（二）本土协作

另一个可以使区域受益的要素是本土活动的协同效应。一些案例研究表明，在区域内，一些行动之间的协作可以给该区域带来重要优势［在 Dalum（1995）与 Murmann（2003）中给出了例子，这个方面的重要性的讨论在 Lorenzen 和 Foss（2003）中给出］。这种协作可以由不同的人和不同的群体提供。它的出现有时是由于独特的历史原因，有时是由于一个或几个关键人物的远见，有时是由于该地区的相关要素之间的良好关联。

用本书的一般性方法是无法对这些过程做出进一步的深入了解的。我们需要进行更多的实证性研究来获取对本土协作的更好的理解。在这方面，一些政策项目中的经验会有帮助。近年来，一些试图推动本土产业集群出现的项目被开发出来，主要是和其他方式一起，去创建和支持本土协作和网络建设（例如德国的生物区计划与区域创新项目）。在近期的文献中，对第一期的结果有相关报道（Dohse，2000）。

第六节　本土产业集群的空间分布

前文提出的模型描述了在单一区域内的过程和情况。在第三章，我们对德国经济活动的空间分布进行了实证分析。因此，在这部分中的理论分析（见本章第二节）是用以预测产业的空间分布。这些预测在第三章将得到实证检验。

在本章第二节，我们已经说明，因本土自我扩张过程强度差异，存在两种不同的情况：

- 企业人口数量根据区域吸引力与市场情况单调增加。
- 存在两种稳定状态，这两种状态表明本土产业集群的存在。

下文中，我们会对两种情况对产业企业在不同区域的分布进行推论。推论将分为三步完成。首先，在本章第二节，我们会讨论关于单一区域被转换的空间情况。其次，对区域的吸引力的分布进行研究。最后，我们将提出某一产业的企业空间分布数学模型。

一、从本土系统到空间分布

本章第二节中的模型构建是为了描述一个区域内的动态性。我们假设可以将大规模的空间划分成多个区域。在实证研究中，可以运用可以得到数据进行研究。将区域用 r（$r \in \{1, 2, \cdots, R\}$）来表示。产业将分开进行研究，产业用 i（$i \in \{1, 2, \cdots, I\}$）来表示。每个区域中的企业数量 r 与产业 i 用 $f(i, r)$ 表示。这部分的目的是为了预测在区域中产业企业的分布。产业企业的分布会体现在一定数量的企业 f 身上，存在一定数量的区域会精确包含企业数量 f。各个区域之间并无差异，起到影响的是一定数量的企业 f 多久才可能出现在一定区域。相应地，找出某个区域企业数 f 的产业 i 的概率，用 $P(i, f)$ 来表示。函数 $P(i, f)$ 在此被称为不同区域产业企业分布，用数学公式表示为：

$$P(i, f) = \frac{1}{R} \cdot \sum_{r=1}^{R} \delta(f(i, r) = f) \tag{2-6}$$

$$\delta(f(i, r) = f) = \begin{cases} 1 & \text{if} \quad f(i, r) = f \\ 0 & \text{if} \quad f(i, r) \neq f \end{cases} \tag{2-7}$$

为了能够对函数 $P(i, f)$ 进行预测，我们假设每一个区域的企业数量已经大致达到一个稳定状态。这需要市场情况基本稳定，而且需要不会有惯性出现。在本章第三节，我们已经说明，在大部分产业中都会出现某种惯性。然而，此处采用的理论方法是以假设本土系统会向稳定状态聚合为基础的。我们假设惯性的作用会引起一些对函数 $P(i, f)$ 的不规则干扰。

根据理论模型，企业的数量依赖于外界的市场条件与区域的吸引力，意味着这些优势或劣势必须是自然的或者至少不会受到该区域中所考量的企业数量的影响。这种依赖关系或者是单调增强的，或者是在集聚过程中表现出滞后现象。我们假设全球市场条件对某一地区企业人口的影响在所有区域都是一样的。

我们将某个产业 i 的区域吸引力用 e (i, r) 来表示。定理 2 表明存在一定范围的外生条件，两种稳定状态会因此而存在。两种稳定状态的存在会受到一定范围的外生条件影响。如果市场条件是稳定的，而且对每一个区域都是相同的，区域的吸引力则取决于外生条件的范围，相比较而言是在临界值 e_1 与 e_2 之间的位置。这样，如果考查一个有本土产业集群存在的产业（假设与自我扩张过程相关的其他条件已经给定），可以划分出以下三种类型的区域：

$e (i, r) \leqslant e_1$：这些区域的特征是有一种稳定状态，且只有少量企业存在。因此，在考量的产业中不存在集群。

$e_1 < e (i, r) < e_2$：这些区域的特征是有两个稳定状态存在。它们的历史决定了其是否有大量或少量的企业存在。因此，它们可能，但并非一定，在考量的产业中存在一个集群。

$e (i, r) \geqslant e_2$：这些区域的特征是存在一个稳定状态，并有大量的企业存在。因此，它们所考量的产业中会包含一个集群。

关于单一区域的结果现在被转换到有多个区域的情况。它们中的每一个都可能具有上面所提到的情况的一种。从文献发现可以推论，包含一个产业集群的区域的数量在某一产业中应该很小。否则，我们也不会讨论集群现象。对于那些以两种稳定状态为特征，且具有高吸引力的区域会很可能，但也不一定包含一个集群（见本章第五节）。

二、区域吸引力分布

前文中我们曾讨论过，企业在空间上的分布主要取决于区域的吸引力。区域的吸引力由几个本土方面决定。它们分别是该区域的人口规模、地理位置、本土教育体制、公共研究、该区域供应商与客户的可用性（availability）、文化、本土政策和本土市场的具体特点。这些方面会因区域而不同。它们之间以何种方式存在差异取决于所考查的产业和所比较的区域。区域的吸引力是各方面所有因素的

总和，因此，我们有必要讨论上述各要素是以何种方式在区域间进行分配的，这样才能做出关于吸引力分布的阐述。德国为我们提供了一个参照，因为在第三章的实证研究中，我们对德国企业的分布进行了研究。

该实证研究是以德国 441 个行政区域为基础进行的（"Kreise"）。各区域之间在居民数量方面存在显著不同。具有一定人口规模的区域的数量在图 2-4 中有所表示。这一分布与波兹曼分布类型有一些相似之处。该分布由 $N \cdot E \cdot \exp[-\zeta \cdot E]$[①] 给定。

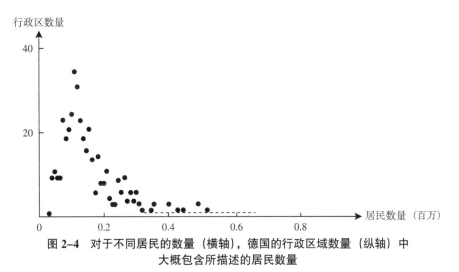

图 2-4　对于不同居民的数量（横轴），德国的行政区域数量（纵轴）中
大概包含所描述的居民数量

区域地理位置对某些产业会起到作用。一些产业要依赖于自然资源，而其他企业必须毗邻其所供应的市场。地理位置的重要性通常意味着一些区域具有位置上的优势。和这些区域邻近的区域也有获利可能。由于存在运输成本，区域的吸引力会因与资源或其优势来源的距离而下降。假设一个连续的二维空间，和最有优势的地方存在一定距离的区域的数量会随着距离远近呈指数倍数增加。因此，区域地理位置的吸引力分布可以用指数递减函数来描述。

在德国，各个区域的教育体制之间存在一些差异。然而，在进行国际比较时，德国各区域间的教育体制差异较小。如果大学和公共研究机构对产业会产生

---

① 波兹曼分布在物理学中用来描述能量状态分布。如果运用马克斯·韦尔关于速度状态空间假设，$N \cdot E \cdot \exp[-\zeta \cdot E]$ 可以给定分布情况，其中，N 是正则化因子，ζ 是参数，E 是"能量"变量。

影响，各区域间将存在巨大差异。大学和公共研究机构通常位于少数几个区域。这些区域与其他区域相比具有优势。图 2-5 描述了每一居民区中学生数量的分布，可以看出该分布也是呈指数级递减的。

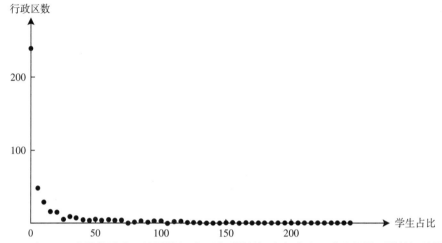

图 2-5　每 1000 个居住地中，德国的行政区域（纵轴）中包含这一学生数量（横轴）的情况

因此，本土市场的具体特征的影响力会因产业而有很大不同。许多产业，它们对区域的吸引力几乎不具有任何重要性。对于一些产业，在某些地区中，早期对新产品的复杂的需求［例如在 Dalum（1995）中所报告的丹麦的电信集群］会促使这些地区成为对企业来说有优势的地区（关于这一方面的讨论见波特（1990））。在德国，这种差异不是很明显，在文献中没有关于这一方面具有重要性的案例研究。

文化具有多面性，而它对经济发展的影响也是变化的，所以很难预测在文化方面区域间吸引力的分布情况。我们也许可以提出：如果将不同的、在统计上相互独立的波动源相加，得出的变化情况应该呈高斯分布。但是，文化不同方面之间是否是相互独立的，这一点也可能存在质疑。

在不同区域中，供应商和企业客户的可用性（availability）的分布是不均等的。对于每个产业来说，其他的供应商和产业客户都很重要。这些产业的分布也会有所不同。在下文中，我们发现，对于大部分的产业来说，区域之间产业企业分布可以用波兹曼分布或指数分布，或两者混合来充分描述。如果将区域间的所

本土产业集群

有产业企业分布相加，就可以得到图2-6中所显示的分布。这一分布看起来也像指数分布（exponential）与波兹曼分布的混合。因此，作为第一种估算（approximation），供应商和产业客户可以被假设为是根据这一混合来分布的。

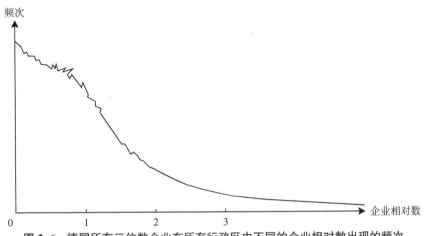

图2-6　德国所有三位数企业在所有行政区中不同的企业相对数出现的频次

前文中各要素的列表虽然可以决定区域的吸引力，但是可能还不够完整。文献中还可以进一步找到其他的要素，例如生活质量、本土政策、失业率。然而，上文讨论与列表对于区域间吸引力的分布已经给出了充分的印象。结果是，所讨论的大部分的因素在区域间或者呈波兹曼分布，或者呈指数分布。当然，也有与这些分布相似的其他分布存在，它们可以充分描述吸引力的分布情况。因为对于不同的分布在此处并没有进行实证检验，其他分布的相关性就不能被排除在外。但是，根据上文的讨论和所显示的数据，可以排除完全不同形状分布。在具有相似形状的分布中，一个确定的选择需要以一个详尽的实证研究为基础，这不是本书所包含的内容（Brenner会给出进一步的解释）。波兹曼与指数分布似乎是自然的选择，第三章中的研究发现也证明了这一选择。

三、对工业企业分布的预测

为了能够预测区域间工业企业的分布情况，我们需要将区域吸引力的分布与关于集聚现象的发现整合在一起。前文中的理论研究已经表明，有可能出现两种情况：一种情况是有集群现象出现，另一种情况是没有集群现象出现。究竟是哪种情况出现，主要取决于相关产业的特征，因为这些特征决定了本土自我扩张过程的强度。对于上述两种情况，我们都做出了可以检验的推断。让我们先来讨论一下没有集群现象出现的情况。

在没有集群现象出现的情况中，存在一种稳定状态。企业数量在这种稳定状态中，随着外生条件单调增加。因此，一个区域的吸引力可以单调转换为该区域的企业数量的规模，因此，工业企业分布 P（i，f）的形态应该与该区域吸引力的分布形态相同。在前文中，我们已经发现后者的分布形态为波兹曼与指数分布的混合。因此，我们可以预测工业企业分布 P（i，f）在没有集群现象的情况下是一种相似的混合。

我们对这一预测进行了数学检测。假设波兹曼与指数分布都解释了部分产业企业的分布，因此，在没有本土产业集群的情况下，分布情况可以由下式表示：

$$P_n(i,\ f) = [1 - \xi_3(i)] \cdot [1 - \xi_1(i)] \cdot \xi_1(i)^f + \xi_3(i) \cdot \frac{[1 - \xi_2(i)]^2}{\xi_2(i)} \cdot f \cdot \xi_2(i)^f \qquad (2\text{-}8)$$

式（2-8）右边第一项是一种指数分布。式（2-8）右边第二项是波兹曼分布。$\xi_1(i)$、$\xi_2(i)$、$\xi_3(i)$ 是决定分布形态的参数，它们都取决于产业。$\xi_1(i)$ 决定指数分布的波度，$\xi_2(i)$ 决定波兹曼分布的形态，$\xi_3(i)$ 决定所有分布中可以由波兹曼部分解释所占的比重。这种工业企业分布被称为"自然分布"，因为它是以没有本土自我扩张过程发挥作用的假设为基础的。

对于一个本土扩张过程足够强的产业，根据它们的吸引力，我们可以划分出三种不同类型的区域。具有低吸引力的区域 $[e(i,\ r) \leqslant e_{min}]$，会向较小的企业数量聚合。如果某个区域的吸引力可以满足 $e_{min} < e(i,\ r) < e_{max}$，会有两种稳定状态存在。该区域是处于较高还是较低的稳定状态，取决于该区域的历史。满足 $e(i,\ r) \geqslant e_{max}$ 的区域，会向较大的企业数量聚合。

我们首先只考虑那些向较小企业数量稳定状态聚合的区域。这一稳定状态会随着区域吸引力单调增长（见图 2-2）。只有少数区域是不属于这一群组的。因此，此处所关注的区域间吸引力的分布与所有区域之间吸引力的分布是相似的。因此，式（2-8）中的公式可以被用来描述那些不存在产业集群的区域的产业企业分布情况。因此，即使在某一产业存在本土集群，对于大部分区域来说，区域间企业的分布应该可以用自然分布来描述。这意味着，上文的分布（2-8）在有集群的情况下，也可以被作为集群中企业分布建模的基础。

除了考察产业中没有集群存在的区域外，有一些区域是有产业集群存在的。它们主要是那些有较高吸引力水平的区域。就吸引力的分布而言，独立于波兹曼与指数分布混合之外呈指数递减（例如图 2-6）。某个区域包含产业集群的概率会随着该区域吸引力的增加而降低。因此，针对包含一个集群的区域的企业分布，我们可以得出下列陈述：首先，所有这些区域都具有至少一种可以导致外生条件 $e > e_1$ 的吸引力，因此，它们至少包含 $\check{f}_u(e_1)$ 个企业。其次，某个区域包含一个集群的概率会随着 e 值增加。因此，应该几乎不存在 $e \approx e_1$ 的区域是包含集群的，而有更多 $e \approx e_2$ 的区域包含集群。同样情况对于企业数量也成立。这样，对于 f 值，企业分布会增加到仅低于 $\check{f}_u(e_1)$ 的水平。最后，具有高吸引力的区域的数量会随着 e 呈指数下降。这样，对于高 f 值，企业分布应该也呈指数下降。

为了将具有本土集群的区域间的产业企业分布形态建模，必须找到一个函数，在低 f 值时该函数为 0，该函数值在超出某一数值时会有少量增大，在高 f 值时会呈指数减小。波兹曼分布具有后两种特征。如果将波兹曼分布变形，使之只在高 f 值时具有正向概率，就可以满足所有上述要求。因此，在此处，我们可以使用变形后的波兹曼分布，用下式表示：

$$
P_{shiftedBoltz}(f) = \begin{cases} (f - \check{f}_u(e_1)) \cdot \xi^{f-f_u(e_1)} & \text{if} \quad f > \check{f}_u(e_1) \\ 0 & \text{if} \quad f \leqslant \check{f}_u(e_1) \end{cases} \tag{2-9}
$$

当然，也可以找出其他具有相似特征的函数。然而，既然波兹曼分布已经被用在自然分布中，在此处再次使用也是可行的。接下来，$\check{f}_u(e_1)$ 值将由参数 $\xi_4(i)$ 来替代，因为从理论上，我们不能计算 $\check{f}_u(e_1)$ 的值，在下一章的以实证数据为基础的讨论中，该值为固定的。

根据前文讨论，区域间产业企业的分布必须由自然分布的总和以及变形的波兹曼分布来给定。用数学公式来表示这一分布就是：

$$
P_c(i, f) = (1 - \xi_3(i) - \xi_6(i)) \cdot [1 - \xi_1(i)] \cdot \xi_1(i)^f + \xi_3(i) \cdot \frac{[1 - \xi_2(i)]^2}{\xi_2(i)} \cdot f \cdot \xi_2(i)^f +
$$

$$
\begin{cases} CL(f) & \text{if} \quad f > \xi_4(i) \\ 0 & \text{if} \quad f \leqslant \xi_4(i) \end{cases} \tag{2-10}
$$

其中：

$$CL(f) = \xi_6(i) \cdot \frac{[1 - \xi_5(i)]^2}{\xi_5(i)} \cdot [f - \xi_4(i)] \cdot \xi_5(i)^{[f - \xi_4(i)]} \tag{2-11}$$

$\xi_1(i)$、$\xi_2(i)$、$\xi_3(i)$、$\xi_4(i)$、$\xi_5(i)$ 和 $\xi_6(i)$是决定分布形态的参数。$\xi_1(i)$、$\xi_2(i)$ 与 $\xi_3(i)$的含义与式（2-8）相同。$\xi_4(i)$决定出现在本土产业集群中的最低的企业数量，用以描述包含集群的波兹曼分布因该值而产生变形。$\xi_5(i)$决定波兹曼分布的形态。$\xi_6(i)$决定由额外产业项（term）$CL(f)$所描述的工业企业分布所占比重，这意味着$\xi_6(i)$描述了包含产业集群的区域所占比重。由式（2-10）给定的分布在此处被称为集群分布。

自然分布比混合分布更加普遍。混合分布中将自然分布作为特殊情况包含其中。如果 $\xi_6(i) = 0$ 被插入集群分布等式（2-10）中，会得出自然分布。除了自然分布之外，集群分布假设有一定量的区域是具有较大的企业数量的。只要有显著集群现象出现，集群分布应该是唯一可以充分描述实证数据的分布。这一点将在第三章第二节得到检验。

在前面的章节中，我们对本土产业集群现象进行了理论分析，给我们提供了有益的启示。分析中提炼和分割出几个不同的问题，例如，为什么本土产业集群会存在，它们在何时、何地出现。而且，在理论建模的过程中，我们还得出了关于本土产业集群演进过程的特色及特征的相应的结论。然而，理论分析只能做到逻辑论辩。理论分析能够找出某种现象存在的充分和必要条件，如本土产业集群现象。但是，不能说明在多大程度上这些现象确实存在，后一个问题属于实证性问题。

此外，在理论研究的方法中，确定的条件可能需要由不同的发展或情况来满足。在当前的背景下，这一点对于本土产业集群存在起到关键作用的本土机制尤其成立。存在许多不同的机制可以满足理论分析中确定的条件，却不能从理论层面上决定这些机制的强度及影响力。现有文献中的案例分析甚至表明，不同的机制与不同产业相关。因此，我们需要采用实证的方法针对不同的产业分别做出研究。

在本书中我们针对德国做了这样的实证研究，该研究是分几个步骤完成的。在接下来的部分，我们对数据进行描述和讨论。随后的各个部分会关注不同的问题。

在本章第二节，我们对本土产业集群的存在进行了研究。为此，我们对每个产业的企业空间分布与理论分析中所做出的预测进行了比较，对第二章的理论分析进行了检验。检验表明，第二章中提出的理论可以充分描述几乎所有产业的情况。这样就确认了前文的理论方法，同时表明：的确存在一个一般性的水平，在这个水平上，不同产业的集群现象可以共同被研究。而且，在这些产业中，都可以找到本土产业集群。本章会给出所有包含本土产业集群的产业列表，列表表明，几乎一半的制造业产业和一些服务产业表现出集群现象。

在本章第三节，我们针对每个产业空间企业分布的动态性进行了研究。同样，理论预测与实证数据再次被进行比较，并且再次验证其中存在契合性。其结果被用来鉴别哪些产业中本土产业集群消失或集群现象减弱，以及哪些产业中有本土集群出现或集群现象加强。在此，我们得出了几个结论。首先，研究发现，有许多产业存在集群现象弱化的情况，只有少数几个产业中集群现象是加强的。这也验证了集群现象的作用力在每个产业中只是在短暂的一个时期是活跃的观点。在这一时期，本土集群出现。大部分的集群后来没有消失主要是由于路径依赖导致的，并不是由集群现象的作用力引起的。其次，研究表明，在第二节中的静态分析与第三节中的动态分析完全契合。最后，我们还找出在 1995 年到 2000 年，有集群现象出现或消失的一些产业。

在本章第四节，我们找出了所有德国本土产业集群。找出的集群被绘制成德国本土产业集群地图。这一结果也被与文献中已有的案例分析进行比较。这里的研究发现与文献契合，同时验证了本书所采用的方法。一些产业作为典型案例被讨论。结果表明，在第二节和第三节所采用的分析对于理解某些产业的具体发展尽管不是完全充分的，但是很有帮助。德国本土集群地图还被用来讨论经济发展与本土集群存在两者之间的关系。讨论发现，本土产业集群存在的时间要比它们对本土经济繁荣产生的影响力更加持久。

关于哪种机制对本土产业集群的存在起到作用的问题会在本章第五节进行探讨。我们将产业归类为表现出集群现象的产业，或没有表现出集群现象的产业。然后，我们对两种不同分类的产业的特征进行了研究，目的是找出哪些特征会对本土产业集群的存在产生影响。研究表明，以溢出效应、流程创新和本土合作为基础的机制会对某个产业是否会表现出集群现象产生影响。产品创新和人力资本聚集等机制并没有此类的影响力。

本土产业集群

第一节　实证数据

一、可以获取的数据

在实证分析中，我们使用了两种类型的数据。实证方法中主要的数据来源是关于德国的企业空间分布的数据。此外，曼海姆（the Mannheimer）创新委员会（Innovation Panel）的研究以及关于溢出效应的文献是我们分析几个产业特征的数据来源。在这部分中，我们只是描述和讨论了关于德国企业空间分布的数据。整个第三章使用的都是这些数据。其他数据只是在本章第五节中被使用，而且在该节中也会有所描述。

关于企业空间分布的数据，也就是此处使用的数据是由联邦劳动总署（The Bundesanstalt fur Arbeit）收集的。其中包含了每个三位数（3 digits）产业的企业数[1]（根据 WZ73-分类[2]）和德国 440/441[3]行政区划中的每一个行政区（Land-keise 与 kreisfreie Stadte）。数据收集记录的时间为 1995 年 6 月 30 日、1997 年 6 月 3 日和 2000 年 4 月 12 日。

根据 WZ73-分类，共有 293 种三位数产业，其中 150 种属于制造业，129 种属于服务业，14 种属于采矿业和农业。产业用 i（∈{1，2，…，N_i}，N_i=293）来表示。区域单位是 440/441 行政区划，用 r（∈{1，2，…，N_r（t）}，N_r（t）=440，441）来表示。行政区划是根据行政及历史性原因构建的。行政区划包含两种类型的区域。一种是较大型的城市，被称为自治市（kresfreie Stadte）。大部分

---

[1] 此处使用的是由联邦劳工研究所的企业分类作为企业的分类单位。联邦劳工研究所将每一个企业赋予一定的数字，它们根据经济考量和位置界定企业。每种企业被归类为某一产业，如果一个企业有几个位于不同自治市的分公司，其分公司会被当作单独的公司来处理，但是在同一个自治市的生产场地只计算一次。

[2] WZ73 代表对产业的划分（经济部门）该划分是在 1973 年在德国确立的，联邦劳工研究所一直采用此划分方式，直到 1996 年。

[3] 在 1997 年到 2000 年之间一个行政区被分成两个，因此在研究观测期间行政区的数量发生了变化。

的大城市，也包括一些较小的城市，如茨韦布吕肯（Zweibrucken），人口大概为35800人，也属于这种类型的区域。另外一种行政区划包含的是许多小的自治市，被称为行政区（Landkreise）。它们中的大多数是包含小城市的乡村地区，一般居民数量比较相似（6万~20万）。然而，一些中型城市和一些城市群，大概居民人数在50万的，也被归为这一类行政区划。

对于每个产业中的企业数量 i 和每个行政区 r，用 f（i，r，t）来描述，t（t=1995，1997，2000）。企业归属于哪一产业是由企业来决定的。企业归属于哪一区域是由所在位置决定的。因此，一家有几个分公司的企业在此处所使用的数据会被多次计算，每一个分公司都根据其所处位置来计算。

文献中，在用来确定本土集群的方法中，企业的数量或者雇用员工的数量通常会被与该区域"自然"分得的份额相比较（Sforzi，1990；Isaksen，1996；Paniccia，1998；Braunerhjelm & Carlsson，1999）。这意味着企业数量必须和相应区域的规模一起来研究。这一点从文献中采用的方法来看似乎是合理的。在第二章理论构建的背景下，情况似乎不够清晰。在理论背景下，我们可以运用企业的绝对数量和相对数量分别提出论证。一方面，我们此处假设本土产业集群的存在是由本土自我扩张过程导致的。这一过程源于企业间以及企业与本土环境之间的共生作用。这些作用的效果取决于企业的数量，但是不取决于以人口和员工数量为表现的区域规模。因此，只要企业的绝对数量超过一定值，自我扩张过程就会出现。另一方面，一旦集群出现，一个区域的员工总数也很可能会决定一个区域中可能建立的企业的数量。企业的相对数量也应该被考虑在内。

因此，下文中将同时使用企业的相对数量和绝对数量。为了计算企业的相对数量，一个可以代表区域规模的变量必须被界定。为了与文献一致，区域规模在此被界定为：在该区域中雇用的员工的数量占德国全国雇员总数的比例。

$$s(r,\ t) = \frac{\sum_{i=1}^{N_i} m(i,\ r,\ t)}{\sum_{r=1}^{N_r(t)} \sum_{i=1}^{N_i} m(i,\ r,\ t)} \tag{3-1}$$

其中，m（i，r，t）表示在产业 i，区域 r，时间周期 t，该产业的员工数量。关于企业的相对数量，无论何时都被界定为：

$$f_{rel}(i,\ r,\ t) = \frac{f(i,\ r,\ t)}{s(r,\ t) \cdot \sum_{r=1}^{N_r(t)} f(i,\ r,\ t)} \tag{3-2}$$

本土产业集群

如果使用的是企业绝对数，s（r，t）对于 $\dfrac{1}{N_r(t)}$ 在所有区域都是固定的。这样，无论使用哪种企业数量，都可以获得相同的数学方程式。

二、数据的局限性

此处使用的研究方法，由于受可获取的实证数据的限制而具有一定的缺陷，这一点是不能被忽略的。首先，每一种分布能够获取的值数（the number of values）是很小的。这里共有 440 个或 441 个区域将分别被研究，所以有 440/441 个值用来检测某种分布是否可以被排除。这意味着，例如，在 KS（Komogororoff-Smirnov）检测，也就是下面用到的检测中，需要 26 个区域偏差来排除显著水平为 0.1 的分布。其他的统计方法也同样受到观测数量的限制。对这个问题的解决办法是使用更多的数据。然而，要想获得更多的数据，要么在分析中加入更多的国家，但是，这样将带来其他问题，要么降低所分析区域的规模。

其次，区域规模还有其他的意义。根据第二章第一节中的讨论，集群应该出现在由相应的自我扩张过程的空间范围决定的区域。这些过程，例如，分拆子公司，战术知识，以及人力资本的聚集，在空间上会受到人们相互作用的范围的限制。人们活动的空间范围主要受到他们每天乘车上下班的限制。相应的空间单位就是所谓的本土劳动力市场范围〔在 Tappi（2003）中有详细的讨论〕。在德国，以劳动力市场范围划分的方式是不存在的，所有对德国的划分都是以行政和历史因素为基础的。在德国有所谓的 Raumordnungsregionen，这一设置的目的是最近距离地反映劳动力市场的情况。但是，还存在另外一个缺陷：只有 97 个 Raumordnungsregionen。因此，我们采用行政区的划分方式。在所有可用的大于社区的划分中，这一划分为我们提供了最大数量的区域。这种对德国的划分也可能太详细了，可能会将单一的集群进行分割，会导致在分析中集群就会不那么清晰可见。本章第三节的研究表明，对于一些产业来说的确如此，但是总的来说，使用行政区的划分方式还是充分的。而且，如果使用行政区的划分方式是失败的，也只是表现在没能找出现有的集群，并不会影响对已有集群的分析。因此，这种方式只是使方法更加保守。

最后，本书采用的是 WZ73 分类对三位数产业的分类，两位数产业在布伦纳

（即将完成）的作品中被使用，同时表明两位数产业的水平不够充分，而且，对产业的充分划分应该是能够将所有的能够以自我扩张过程形式相互受益的企业都归为一类的划分方式。这种对产业的划分方式目前还不存在。WZ73划分方式可能会将本来属于不同产业的企业归属为同一产业，或者，尽管它们可以彼此受益，仍可能被归属为不同的产业。对于后一种情况，我们会根据所获得的数据情况在此进行研究［Brenner（2000）进行了这一研究］。在现有数据的基础上，前一个问题是无法得到解决的。我们假设，本来应该被划分在两个不同产业的企业被归属为同一个产业。如果两个产业都表现出集群现象，而且集群的规模不同，集群现象在下面的分析中就不会很明显。如果两个产业中只有一个出现集聚，在此处所做的实证分析中集群现象就不够强。如果两个产业都没有集群，实证检测应该可以正确鉴别出集群的缺失。因此，对于产业的不充分定义应该可以在下面的分析中有助于找出集群不充分的现象。而且，数据的限制使对本土产业集群的鉴别更加保守。上文的结果以及它们与文献研究发现的一致性说明数据的局限性对于结论并不会产生至关重要的影响。此处采用的一般性方法只是无法准确鉴别一些独特产业的情况。

第二节　本土产业集群的存在

在这一部分，我们要回答的主要问题是本土产业集群是否存在，和在哪个产业中存在。在理论章节（尤其是第二章第六节）我们做出了关于产业企业分布的推测，建立了两种分布方式：自然分布，在这种情况中没有本土集群存在；集群分布，在该情况中有集群存在。接下来的分析的基础是对这些分布的统计检测。在检测中，测试了包含本土集群的集群分布是否比自然分布更能够显著反映实证数据，以及这些分布是否可以充分描述现实。针对每一个产业我们都分别作了测试。

测试得到的主要结果如下。我们提出了一种统计方法，该方法可以用于找出表现出集群现象的产业，以及这些集群所处的位置（见本节第一部分）。这种方法与目前文献中使用的方法形成对照，因为这种方法并不对集群的规模进行假设。在这种方法中，集群的规模被看作实证方法产生的结果。在德国，对这种方法的应用表明，模型可以描述几乎所有产业的情况（见本节第二部分），而且还找出了表现出集群现象的产业（见本节第二部分）。结果表明，有近一半的制造业产业表现出集群现象。相应的发现在本书附录中有列出。此外，研究还表明，不同产业在本土集群的数量和规模方面存在差异。此处使用的实证方法，可以在实证层面对这两个方面的问题进行确认，这样产业之间的差异问题就可以得到讨论（见本节第三部分）。研究发现，集群的最小规模往往也会比文献中假设的要大。

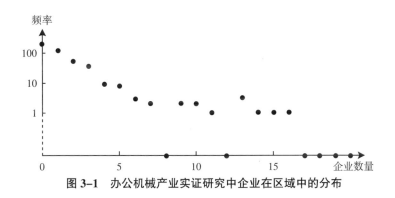

图 3-1　办公机械产业实证研究中企业在区域中的分布

一、统计方法

（一）将两种分布与实证数据拟合

在第二章第六节，工业企业在区域间的分布用 P（i，f）来表示。P（i，f）表示，对于每一个产业 i 和每个企业数量 f（此处可能采用企业相对数量也可能采用企业绝对数量），在随机选取的区域中找到相应数量的企业的概率。如果考察的是许多区域，而且包含一定数量的企业的区域数也被计算在内，得到的频次分布结果应该与 P（i，f）相似。

以生产办公机械的产业为例。一共有 119 个行政区中有一家属于该产业的企业，有 53 个行政区包含两个企业，这可以用图 3-1 来表示。频次可以在对数表中被描述出来，因为它通常是呈指数级递减（对于小企业数，线性函数就可以很好地描述该图）。

如果第二章所提出的理论是充分的，第二章第六节所讨论的分布理论就应该能够描述这种分布。两种分布理论被提出。一种是指数递减分布与波兹曼分布的结合。被称为一种"自然的"分布，用 $P_n(i, f)$ 来表示，该分布假设没有本土集群存在，图 3-2 描述了这种情况的例子。另外一种分布理论是自然分布，在这种分布中，加入了变形的波兹曼分布，这种分布描绘了集群的存在。这一新添加的分布给高企业数赋予了比零更大的概率。它会致使分布导致一定企业数量增加，因此，分布曲线是双峰的。图 3-2 明确表示了两种分布的差异。

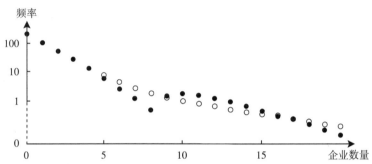

图 3-2 办公机械制造企业实证分布经过自然分布（用白圈表示）和集群分布（用黑圈表示）拟合后的地区间产业企业理论分布

为了研究两种理论分布，首先要将其与实证数据拟合。它们分别包含 3~6 个参数。参数的拟合是以能够从最大可能性上预测实证数据为基础的（图 3-2 表示了对图 3-1 中呈现的数据的拟合）。此处采用鲍威尔（Powell）法来使函数的可能性最大化[1]。

在第二章第六节所界定的分布中，我们使用了一般性参数 $\zeta_1(i)$、$\zeta_2(i)$、$\zeta_3(i)$、$\zeta_4(i)$、$\zeta_5(i)$ 与 $\zeta_6(i)$。我们针对一个区域，进行了企业理论分布的演绎，但是此处研究的是 440/441 区域。这些区域在规模上存在差异，但是只要我们研究的是企业的绝对数，这种差异就没有影响。就企业的相对数来说，区域的规模是有影响的。有两种可能的方式可以应对这一问题。第一，理论分布可以根据企业 f 的相对数而不是绝对数来界定。但是，这种方法不可行，因为所使用的函数

---

[1] 对鲍威尔法的描述及在电脑上的应用详见 Press、Teukolsky、Vetterling 和 Flannery（1998）。它是以找出函数最小梯度为基础的。

形态是为自然数界定的，如果要与实证数据进行比较，函数中只能出现一定值，这非常困难。第二，理论分布需要根据区域规模进行弹性调整。自然分布中包含两个项。参数的选择方式是，每一项的平均值与区域的规模 $s(r)$ 呈线性增长。这一点可以通过将自然分布界定为在区域 r 中找出产业 i 的企业 f 的概率来实现，可由下面的等式给定［与式（2-8）比较］：

$$P_n(i, r, f) = (1 - \xi_3(i)) \cdot [1 - \xi_1(i, r)] \cdot \xi_1(i, r)^f +$$

$$\xi_3 \cdot \frac{[1 - \xi_2(i, r)]^2}{\xi_2(i, r)} \cdot f \cdot \xi_2(i, r)^f \tag{3-3}$$

其中：

$$\xi_1(i, r) = \frac{\bar{\xi}_1(i) \cdot s(r) \cdot \bar{f}(i)}{1 + \bar{\xi}_1(i) \cdot s(r) \cdot \bar{f}(i)} \tag{3-4}$$

$$\xi_2(i, r) = \frac{\bar{\xi}_2(i) \cdot s(r) \cdot \bar{f}(i)}{2 + \bar{\xi}_2(i) \cdot s(r) \cdot \bar{f}(i)} \tag{3-5}$$

$\bar{f}(i)$ 是所考查的产业中的总企业数，由 $\bar{f}(i) = \sum_{r=1}^{N_r} f(i, r)$ 来界定。在这一分布中，$\bar{\xi}_1(i) \cdot s(r) \cdot \bar{f}(i)$ 是由函数第一项所确定的企业平均数，$1 + \bar{\xi}_2(i) \cdot s(r) \cdot \bar{f}(i)$ 是由第二项（在附录中有说明）预测的企业平均数。因此，为每个区域预测的企业平均数会与该地区所占份额 $s(r)$ 呈线性增长。

用同样的方法，集群的理论分布（2-10）也被调整。它被界定为在区域 r 中，找到产业 i 中企业 f 的概率，由下列等式给定：

$$P_c(i, r, f) = (1 - \xi_3(i) - \xi_6(i)) \cdot [1 - \xi_1(i, r)] \cdot \xi_1(i, r)^f +$$

$$\xi_3(i) \cdot \frac{[1 - \xi_2(i, r)]^2}{\xi_2(i, r)} \cdot f \cdot \xi_2(i, r)^f +$$

$$\begin{cases} CL(f) & \text{if } f > \bar{\xi}_4(i) \cdot s(r) \cdot \bar{f}(i) \\ 0 & \text{if } f \leqslant \bar{\xi}_4(i) \cdot s(r) \cdot \bar{f}(i) \end{cases} \tag{3-6}$$

其中：

$$CL(f) = \xi_6 \cdot \frac{[1 - \xi_5(i, r)]^2}{\xi_5(i, r)} \cdot [f - (\bar{\xi}_4 \cdot s(r) \cdot \bar{f}(i)) \bmod 1] \cdot$$

$$\xi_5(i, r)[f - (\bar{\xi}_4(i) \cdot s(r) \cdot \bar{f}(i)) \bmod 1] \tag{3-7}$$

而且：

$$\xi_5(i,\ r) = \frac{\bar{\xi}_5(i) \cdot s(r) \cdot \bar{f}(i)}{2 + \bar{\xi}_5(i) \cdot s(r) \cdot \bar{f}(i)} \tag{3-8}$$

在自然分布（3-3）中，前两项是相同的，除了指数部分前面的因子（1-$\zeta_3(i)-\zeta_6(i)$）不同。集群分布（3-6）的最后一项与波兹曼分布的第二项是以相似的方式界定的。它是变形的波兹曼分布，在低于$\bar{\xi}_4(i) \cdot s(r) \cdot \bar{f}(i)$的情况下，对所有企业数均为零，在高于$\bar{\xi}_4(i) \cdot s(r) \cdot \bar{f}(i)$的情况下，对所有企业数的分布形态均为波兹曼分布。因此，这一函数项表示了现存的集群。同时，平均值与区域所占份额 s(r) 呈线性增长（在附录中有描述）。

参数$\bar{\xi}_4(i)$与$\zeta_6(i)$在下面的分析中是严格限定的。设计函数 CL(f) 是为了描述某一产业中本土集群的存在情况。因此，这个函数有以下两个特征。第一，函数 CL(f) 只能描述一些区域。本土集群必须是个别现象，如果"本土产业集群"出现在大部分区域，我们就不会讨论这个问题了。因此，拥有集群的区域所占的比重应该很小，上面的理论并不能给我们提供多少该区域可能包含集群的信息。因此，集群的最大数不得不随机选择，而且还必须对该数值进行选择，这样才可以避免集群项 CL(f) 在实证拟合中向下变形的可能，并与等式（3-7）中右边第二项相似。因此，我们假设包含集群的区域所占的比重为10%。这就意味着，必须满足$\zeta_6(i) \leq 0-1$。

第二，只有那些具有高企业数的区域才应该被归类为本土产业集群。然而，从实证的角度，必须确定集群与其他区域的分界线。该分界由参数$\bar{\xi}_4(i)$来表示。$\bar{\xi}_4(i) = 1$表示所有拥有超过企业平均数、可以被称为集群的区域。这似乎还不够充分。在文献中，$\bar{\xi}_4(i) = 3$也被使用（Isakesen，1996）。在这里，针对参数$\bar{\xi}_4(i)$，我们进行更复杂的限定。

根据第二章第六节的分析，所考察的任何区域如果包含该产业的集群，该区域应该比任何其他不包含集群的区域拥有更多的企业。这意味着等式（3-6）中的最后一项 CL(f) 所描述的分布应该与其他的分布分离开。在现实中，这种分离是无法实现的，因为区域在除了吸引力之外的其他要素方面是存在差异的（见第

本土产业集群

二章第四节的讨论）。然而，两个分布中重合的部分必须很小。根据集群分布的第一和第二部分，重合的量取决于拥有企业数量高于 $\bar{\xi}_4(i) \cdot s(r) \cdot \bar{f}(i)$ 的区域的数量，这一数量在此处用 $n_{cl,n}(i)$ 表示。与包含产业集群的区域数量相比，该数值应该很小。否则，无须考虑集群现象，就可以解释大部分包含许多企业的区域的情况。但是这一重合部分到底有多小，从理论上无法得出结论。因此对 $\bar{\xi}_4(i)$ 值的选择限定为：至少 $\dfrac{5}{6}$ 的区域包含的企业数高于 $\bar{\xi}_4(i) \cdot s(r) \cdot \bar{f}(i)$，这可以由分布（3-6）中的集群部分 CL(f) 进行解释。这一点可以通过下面的条件实现：

$$0.2 \cdot \xi_6(i) > \frac{n_{cl},\ n(i)}{N_r} \tag{3-9}$$

当然，$\bar{\xi}_4(i)$ 的准确值在实证中是由拟合参数决定的。

对于所有的产业，自然分布和集群分布这两个分布都需要与实证数据拟合。对于每个参数集，似然值可以通过每个产业 i 的数据计算得出。似然值是根据理论分布得出的实证情况出现的概率，可以由下面等式给定：

$$L_m(i) = \prod_{r=0}^{N_r} P_n(i,\ f(i,\ r)) \tag{3-10}$$

式（3-10）也可以用集群分布的类似等式表示（用"c"来替换"n"）。最大似然率分别由 $L_n(i)$ 与 $L_c(i)$ 取最大值得出，对于任何参数集都可以得出该值，分别用 $\hat{L}_n(i)$ 和 $\hat{L}_c(i)$ 来表示。不同的参数集可以决定哪些分布可以对现实进行最佳描述。图 3-2 给出了拟合后自然分布与集群分布的例子。

（二）对两种理论分布的比较

集群分布包括六个参数，自然分布只包含三个参数。而且，自然分布是集群分布中的一种特殊情况。因此，集群分布总是能够更好地拟合现实，所以，$\hat{L}_c(i) \geqslant \hat{L}_n(i)$ 满足所有产业的情况。

此处所做的研究目的在于找出本土集群是否出现及在哪种产业中出现。集群分布的额外函数项应该可以描述这些集群。因此，如果集群存在，集群分布应该比自然分布能够显著描绘实证数据。

在每个产业，我们都运用了似然率检测来检验这一点。我们计算了每一个产业的值，见式（3-11）。

$$\lambda(i) = 2\ln[\hat{L}_c(i)] - 2\ln[\hat{L}_n(i)] \tag{3-11}$$

在前文中，我们曾经表述过，集群分布比自然分布能够更好地描述现实，正是因为有了额外的参数，集群分布更具有一般性。然而，它描述现实的程度存在差异。在数据拟合中，$\lambda(i)$对这种差异进行了测量。统计理论向我们说明，如果集群分布中的额外项不能使模型更充分，$\lambda(i)$值可以由X^2—分布追踪（Mittel-hanmmer，1996）。$\lambda(i)$是否能落入这一分布区间可以被检测。因此，关于集群分布不是比自然分布更充分这一假设是可以被检测的。如果检测结果为排斥，可以说，产业中有集群现象出现。本书附录的表 A-1 中给出了每个产业每年的检测结果，同时给出了企业的绝对数和相对数。

（三）对分布结果充分性的检测

似然率检测解决了哪种分布能够更好描述现实数据的问题，却没能解决它们是否能充分描述实证数据的问题。为了检测分布的充分性，我们将对每个产业中更充分的分布与实证分布进行比较。

为了检验理论分布与实证分布之间是否存在显著偏差，我们采用了 Kolmogorov-Smirnov 检验。Kolmogorov-Smirnov 检验可以对理论的累积分布函数和实证分布进行比较。当两个分布相同时，在一定的概率下，该检测会对两个函数之间的最大距离做出陈述。因此，如果距离太大，针对理论与实证分布相同的假设就不成立。为了能够运用 Kolmogorov-Smirnov 检验，需要计算出理论和实证数据的累积分布函数。

这样，对每个企业数 f，我们需要计算出拥有最多企业数的区域的期望频率。每个区域包含最多企业数 f 的概率可以由 $\sum_{\bar{f}=0}^{f} P_n(i, r, \bar{f})$ 与 $\sum_{\bar{f}=0}^{f} P_c(i, r, \bar{f})$ 分别给定。因此，累积分布函数可以由等式

$$F_t(i, f) = \sum_{r=0}^{N_r} \sum_{\bar{f}=0}^{f} P_n(i, r, \bar{f}) \tag{3-12}$$

与

$$F_t(i, f) = \sum_{r=0}^{N_r} \sum_{\bar{f}=0}^{f} P_c(i, r, \bar{f}) \tag{3-13}$$

本土产业集群

分别表示。实证累积分布函数可以根据计算得出：

$$F_e(i, f) = \sum_{r=0}^{N_r} \delta(f(i, r) \leq f) \tag{3-14}$$

其中，

$$\delta(f(i, r) \leq f) = \begin{cases} 1 & \text{if} \quad f(i, r) \leq f \\ 0 & \text{if} \quad f(i, r) \geq f \end{cases} \tag{3-15}$$

两个累积分布函数的最大距离可以根据下面的等式计算出：

$$d(i) = \sup_{f \in N} |F_t(i, f) - F_e(i, f)| \tag{3-16}$$

如果检验的结果是对两种分布相同这一假设的否定，那么，任何一种分布都不能描述实证数据。这样的情况在附录表 A-1 中的录入中用"无"来表示。

二、产业中集群的存在

针对 293 种 3 位数的产业，我们在 1995 年、1997 年和 2000 年分别作了上述分析。分析的结果在附录中的表 A-1 中给出。每次分析中，每个产业都被归类为下面三大分类中的一种。

无分布（"无"）：针对这些产业，理论与实证分布的比较结果是对理论分布的排斥。

自然分布（"自"）：针对这些产业，自然分布没有被排斥（显著水平：0.1），而集群分布并没有显著比自然分布更好地描述实证数据。

集群分布（"集"）：针对这些产业，集群分布能够比自然分布更好、更显著地描述现实，而且不排斥（显著水平：0.1）。

（一）模型的充分性

首先，这里所有的统计分析可以看作针对第二章第六节所做预测的检验。因此，它是对第二章第六节的理论分析和整个第二章的检验。如果我们找出的是一个充分的模型，这两种理论分布应该可以描述几乎所有产业的现实情况。

尽管集群分布因为有六个参数而具有相当的普遍性，但是也极大地限制了分布的形态。例如，企业在空间上的统一分布就无法由这一理论分布充分描述。而且理论分布（3-6）的所有部分对于更大的企业数量会呈指数级降低。如果这一点不符合现实，该分布应该被排斥。因此，与现实的一致性并不是自动形成的结果，而是应该被看作对模型的确认。如前文所述，一致性是通过 K-S 检验获得的。

只有在 17 个产业中，企业绝对数和相对数都呈现显著水平为 0.01 的结果，理论分布被排斥。它们分别是红酒产业，空调产业，汽车维修产业，电工产业，其他商店产业，德国邮政产业，人员运输产业，保险产业，饭店产业，烟囱清扫产业，美发产业，私营教育机构产业，私人理疗师产业，注册会计师产业，建筑师产业，其他公共行政管理产业，社会安全产业。这实际上确认了本书采用的方法。首先，理论分布所排斥的产业数量小。其次，17 个产业中的 15 个是服务产业，尽管在全部 293 种产业中，服务业有 130 种。此处使用的理论分布忽略了可能引起企业在不同区域中均匀分布的动力。这些动力被忽略，因为它们是与促成集群存在的动力相反的力量。如果企业所在的地区对其产品有需求，同时需求与该地区的人口呈一定比率，那么企业在空间上的均衡分布是可能的。这种情况对于服务行业的企业表现比较显著，如商店或医院。许多这样的产业都无法用我们此处检测的理论分布来解释。我们所采用的理论分布也许可以扩展并包含这些产业，但是，既然此处研究的是本土产业集群现象，这种扩展就似乎没有必要了。我们采用的理论分布似乎可以充分描述所有可能出现集群现象的产业。

下面的分析中不包括理论分布所排次的所有产业。原则上，这意味着有些出现集群现象的产业可能被忽略。但是，大部分被忽略的产业，是其所包含的企业在区域间呈均匀分布的产业。所以不会出现除了 17 个被排斥的产业外，还有其他潜在的出现集群现象的产业被 K-S 检验排斥的现象。

（二）集群的存在

在近期的文献中，有大量关于本土产业集群的案例研究，在这种情况下，再提出集群的存在问题似乎是多余的尝试。但是，文献中只是说明了一些区域包含更多的企业，雇用更多的员工，或经济活动更加活跃的情况。这也可能是由企业在空间上的随意分布引起的随机现象。艾利森（Ellison）与格莱赛（Glaeser, 1997）曾表明，企业在一定区域的集中，绝不仅仅是随机分布的结果。但是他们没有特别关注本土产业集群的存在。他们研究的结果可以用某些已经包含许多企业的区域来解释。艾利森（Ellison）与格莱赛（Glaeser）（1997）并没有提出存在某个临界值会将两种不同的区域区分开。本书采用的方法表明，在 148 个产业中，这种区分是可以在实证中找到证据的。至于结果是由第二章中理论假设的

本土产业集群

"自然"条件，还是由本土机制引起的，到目前为止还没有得到验证，这个问题将在下文中进一步给出详细的解释。

接下来我们考察一下三位数产业中的 276 个产业，这些产业在企业空间理论分布上，对其企业相对数和绝对数都不排斥。在这些产业中，是否存在集群？对于这个问题，我们将通过对自然分布与集群分布的比较来完成。如果集群分布可以比自然分布更加充分地描述现实（前文中曾给出详细解释），集群分布将被认为是更充分的。其结果在附录表 A-1 中给出。

我们也分析了许多产业各年度的不同结果。本章第三节是具体的分析内容。分析的结果表明，其中大量的差异是由此处所使用的统计方法导致的。尽管每一年的数据与分布拟合的似然值之间的差别不大，但是这些差异足以改变统计测试的结果。此处所采用的统计测试对于实证中企业的空间分布的变化是非常敏感的。考虑到拟合的参数，各年度之间的主要差异集中表现在集群部分 $CL(f)$ 上。尤其是对于一些产业来说，参数 $\xi_4(i)$ 在各年度之间差别显著。

$\xi_4(i)$ 界定了某个区域被称为本土集群所需要包含的最低的企业数量。通常不同的 $\xi_4(i)$ 值都可以同样很好地描述现实。这意味着，在本土集群和其他区域之间存在着不同的区分点可以解释实证数据。这可能是由此处所研究的产业中包含子产业，而该子产业形成独立的集群这一现象引起的。另外一个可能原因是本土自我扩张机制的强度不同，由此导致不同区域的不同区分点。以此处所采用的方法为基础，我们只能对原因进行推测。在本章第三节，我们将进一步解释各年度之间的差异。在这里，我们只是对不同年度的结果进行整合。

在下文中，我们将对具有充分分布特征的每一个产业进行研究。因此，分析发现，集群分布针对 293 个产业中的 148 个的实证数据的描述更加显著，至少对企业相对数和绝对数的描述更显著。这可以说明，从实证角度，本土产业集聚是存在的，至少是以第二章所创建的理论所预测的形式存在的。

（三）引起集群现象的其他原因

在这一部分的分析中，我们找出 148 个产业，在这些产业中，企业的空间分布可以由集群分布充分描述。这意味着，这些产业的实证情况与表现出集群现象的预测是一致的。然而，这也无法证明本土产业集群的存在。也许存在其他可能引起区域间相同产业企业分布的原因。

一共可以找出三种不同的其他原因：

第一，集聚可能是由产业的独特特征引起的。对于某一产业的企业来说，选址在一个特定的区域或几个特定的区域会使其具有优势。例如，包装类产业基本上集聚在一个区域——汉堡。汉堡在德国成为海外贸易主导城市这一事实是对这一集聚现象最清晰明了的解释。

第二，集聚现象也可能是由产业中的企业选址在大城市引起的。企业可以通过选址在大城市受益，而这些大城市中也出现了集聚现象。针对这种情况的集聚应该具有某种特征。一方面，集群分布应该可以充分描述企业的绝对数，但是对于企业的相对数的描述未必能达到同样的效果。另一方面，由此方法找出的集群应该都位于德国最大的城市，也就是柏林、汉堡、慕尼黑等。这些特征对于72种服务业中的46种来说，都可以由集群分布来充分描述。这说明对于大部分的服务产业，此处概括的原因是成立的。具体的例子包括大型商场、化工清洁、图书馆、博彩服务和工会。

第三，集聚也可能是由自然现象引起的。例如，某一区域具有某种资源。具体例子包括渔业或钾盐开采业。就上面的两个例子和其他的产业，某种自然条件对企业活动是必需的。如果这些条件只存在一定区域，相关的企业就会在这些区域聚集。

（四）表现出集群现象的产业

对于集群分布确认的148个产业（见附录中的表A-1）。前文已经说明这一结果可能是由不同的因素引起的。在本土产业集群的背景下，我们只是对由本土自我扩张过程引起的集聚感兴趣。

原则上，我们是可能去讨论所有148个产业的集聚的存在原因的。这些产业可以分别被归类。但是，这样的归类也很主观，同时需要考察每一个产业的历史。对于一些产业，在本章第四节，我们给出了进一步的讨论。在讨论中，我们采用了和此处相似的、混合的一般性方法，同时，一些产业独特的，通常是以案例研究为基础的知识也被采用，这样对理解产业动态很有帮助。但是鉴于本书的写作目标，这样的研究不可能针对所有148个产业一一做到。

因此，本书所做的研究以一般性水平为开始。然而，我们只针对某些产业进

本土产业集群

行了进一步的分析。在 148 个产业中，其中确认有集群分布的 71 个属于制造业，4 个属于农业，1 个属于采矿业，72 个属于服务业。前文中曾提出，服务业中的许多产业都集聚在大城市里，而且农业和采矿业都需要自然资源。因此，在这些部门，许多产业中的集聚出现都不是由本土自我扩张过程引起的。因此，进一步的分析就仅限定在 71 个制造业产业和 26 个不在大城市集聚的服务业产业。在本章第四节，我们给出了这些产业的列表，同时，也列出了这些产业出现集聚的地理位置。

对于这些产业中的一部分，自然资源似乎是引起集聚的原因，如采石产业和鱼类加工业。但是，这只是猜测。以造船业为例，自然条件对于这个产业也很重要。因此，发现的集聚似乎是由自然条件引起的。但是在第三章第三节可以发现，在这一产业，从 1995 年到 2000 年，集群现象增多。这一情况并不能由自然条件来解释，因为自然条件并未发生变化。可以得出结论的是，有两种力量是活跃的，同时引起了集群的产生：自然条件和本土自我扩张过程。这说明，每一个案例都需要仔细考量之后，才可以做出最后的判断。在这里，我们无法一一做到，所以，我们就只能接受我们找出的一些集群是由其他原因引起的这一结果。制造业部门并不存在许多产业，其集群现象明显是由其他原因引起的情况。这与服务业多少有些不同。

除了关注还存在其他可以导致现有集聚的原因外，本章第三节中列出的具有集群现象的产业，在统计上是可以验证的。反之则不成立。这说明在集群分布未能确认的产业中，也可能存在本土产业集群。似然率检测只允许排斥没有集群现象出现的假设。因此，也许会存在本书使用的方法无法找出，但是也可能表现出集群现象的产业存在。

三、本土产业集群的数量及规模

此处所做的实证研究，不仅能够找出有本土产业集群存在的产业，而且还提供了关于这些集群的数量及规模的信息。这些信息包含在与实证数据拟合的参数中。$\xi_4(i)$ 决定形成集群需要的最低的企业数量。$\xi_6(i)$ 决定包含这样的集群的区域的数量。因此，不同产业出现集群现象的差异从某种程度上说是值得讨论的。

（一）本土产业集群的规模

在前文中，我们假设并确认，包含本土产业集群的区域可以用变形波兹曼分布来描述，其中最低数值是$\bar{\xi}_4(i)\cdot s(r)\cdot \bar{f}(i)$［见等式（3-6）中的集群项CL（f）］。因此，$\bar{\xi}_4(i)\cdot s(r)\cdot \bar{f}(i)$可以被看作构成一个集群的企业临界数。它的构成可以是相对的也可以是绝对的。就企业的相对数来说，这一临界值会因区域而存在差异；就绝对企业数来说，这一临界值对所有区域应该是相同的。

在文献中，相似的临界企业数或雇用人员数被用来鉴别本土产业集群。其中的临界数通常是由相对数来界定的。例如，伊萨克森（1996）根据某一区域总的雇用人员数中，按照某个产业所雇用员工数量至少是其他产业雇用数量的三倍这一条件来找出产业集群。与此相关的数值是$\bar{\xi}_4(i)=3$。

我们此处使用的方法中，临界值是通过理论模型与实证数据拟合所获得的。因此，可以获得关于集群规模的信息。与数据拟合的集群分布是包含两个部分的双峰分布，其中一个由自然分布（3-3）来描述，另一个由函数CL（f）来描述。在理想状态下，分布的两个部分几乎是不会重合的。这样的情况在图3-2中有所描绘。

在这种情况下，$\bar{\xi}_4(i)$代表了区分某个我们称为本土产业集群的区域所具有的企业数与其他企业数。参数$\bar{\xi}_4(i)$界定了相对于应该在某区域选址的企业平均数的临界企业数，无论是根据区域规模（以总雇用数量来表示），还是根据区域数量，$\bar{\xi}_4(i)$的数值应该位于3到330之间。但是，通常该数值是在3到20之间频繁出现。比20大的值出现的情况是：一个区域包含一个大的企业集聚，而该集聚是唯一的本土集群。

因此，对于一些产业，此处发现的值与文献中假设的值拟合效果很好。但是，对于许多产业，$\bar{\xi}_4(i)$的值会比文献中假设的要大。因此，文献中对本土产业集群存在的数量是高估了，而且，这一用于鉴别本土集群的临界值在文献中是可以适用于所有产业的（Sforzi, 1990; Isaksen, 1996; Paniccia, 1998; Braunerhjelm & Carlsson, 1999）。前文中已经说明，并不是所有的产业都包含集群，这进一步减少了集群的总数量。在接下来的部分，我们会根据此处采用的方法找出

本土产业集群

德国存在的所有集群。

$\bar{\xi}_4(i)$ 较大的数值，使本土产业集群现象更加显著。它表明，在一些产业，一些区域与其他所有区域在经济活动方面存在巨大差异。$\bar{\xi}_4(i) + \bar{\xi}_5(i) + \dfrac{441}{\bar{f}(i)}$ 的值代表了本土集群的平均企业数与任何区域的平均企业数的比率。它表明本土集群，在所考量的产业中，平均包含的企业数是其他区域的平均企业数的 3~30 倍。在一些情况下，这一差异甚至更大。

不同产业的集群规模差异可能是由不同市场规模、本土自我扩张过程强度以及不同的历史引起的。此外，尽管许多产业面对的都是全球市场，我们的研究仅限定在德国。如果是从全球的层面来研究，结果可能会有显著差别，而且，集群规模的结果对企业数量的变化会有敏感的反应。因此，它们无法成为对产业特征进行判断的有效工具。此处我们对结果的解释限定于集群规模因产业而有显著不同，也就是，一般来说，比文献中提到的用于鉴别本土集群的规模要大。

（二）本土产业集群的数量

除了集群的规模，前文中采用的实证的方法还可以预测每个产业的集群数量。$\bar{\xi}_6(i)$ 代表对分布（3-6）落到集群的部分 CL（f）的概率测度。因此，$\bar{\xi}_6(i)$ 代表了某个区域包含产业集群的概率。用区域总数乘以 $\bar{\xi}_6(i)$，我们能够得到根据理论分布（3-6）与实证数据拟合后，得出的集群数量。这个数量不需要与下文中根据条件找出的德国本土产业集群数一致。两个值之间的差异可能由两种原因引起。

$$f(i, r) > \bar{\xi}_4(i) \cdot s(r) \cdot \bar{f}(i) \tag{3-17}$$

第一，企业的理论空间分布包含两个部分：呈指数级递减的"自然"部分，还有代表集群的部分。根据指数级递减的部分，应该有一些区域会包含许多企业。运用条件（3-17），其中的一些区域可能被划分为集群，尽管它们的成因不是由本土机制引起的，而是由本土优势、外生影响力和机遇引起的。

第二，把理论分布与实证数据拟合的过程，并不能保证分布的每一个部分中观测数与预测数拟合。如果差异太大，K-S 检验会排斥理论分布。会出现小的偏差。因此，根据条件（3-17）找出的集群数可能会有偏差，而且通常会比理论模型解释的集群数量要大。

这会导致出现包含集群的区域与满足条件（3-17）的区域数量之间的不同。会存在由于集群现象存在促使一些区域包含大量的企业，也可能是由于区域具有本土优势使其包含大量企业。在下文中，用来鉴别德国本土产业集群的条件（3-17）是无法对上述情况做出区分的。因此，这里运用的一般性实证方法可能会将一些区域进行错误分类。要想准确鉴别出区域，需要把额外的信息也考虑在内。接下来我们会进行进一步讨论。

第三节　本土产业集群的动态性

这里所获得的数据只能部分完成对本土产业集群的出现及生命周期的分析。本土产业集群一般会出现在新兴产业中。新兴产业往往需要一定的时间才能在官方的产业分类中被反映出来。因此，关于新兴产业的数据是无法获取的，而且，5 年的时间周期也是非常短的。尽管如此，我们还是可以对几个方面进行研究。此处，我们所做的分析将关注两个方面：一方面，企业的空间分布会不会在自然分布和集群分布的两种状态间转换，这种情况该如何解释；另一方面，我们要将探索每个区域的企业数量的变化是不是与第二章第六节的理论方法做出的预测一致。

我们得出的主要结果如下。第二章做出的预测在此得到确认（见本节第二部分）。这增强了对我们提出的模型的支持。研究还发现，更多的产业是出现本土集群消失趋势而不是集群出现和增强的趋势（见本节第一部分和第二部分）。这一点可以作为观点"本土产业集群在短期出现但是会面临长期的消融力量"。在这部分中，动态分析与静态分析比较后得出下列结论（见本节第三部分）。有许多产业存在本土产业集群，并且随着时间推移，集群在增强，也存在许多产业，其中不存在集群，它们的动态性也无法导致集群出现。因此，在大部分产业中，所发现的和集群出现相关的条件都很稳定。只有在少数产业中，情况可能随时出现变化。此外，研究还发现，所有表现出集群消失的产业都表现出企业总数降低

本土产业集群

的特征（其中的一个例外可以由具有产业针对性的开发来解释）。因此，企业数量的减少似乎是本土集群消失的必要条件。

一、企业空间分布转换

附录中表 A–1 表明，在许多产业中，会出现两种理论分布，也就是在自然分布与集群分布之间转换。这些转换可能是由不同原因引起的，同时有不同的意义。一方面，产业的特征可能会以集群出现或消失的方式发生变化。另一方面，这种转换也可能只是统计产生的假象。在我们研究的样本中，大概有 1/6 的企业可以观察到转换现象。这个数字太高，不可能是由产业特征的变化引起的。因此，我们首先来研究一下转换是否是统计假象。

表 3–1 企业空间分布特异序列及在实证分析中出现的频次

分布			出现案例	
1995 年	1997 年	2000 年	制造业	所有产业
自然	自然	集群	9	18
自然	集群	自然	8	12
自然	集群	集群	10	14
集群	自然	自然	15	24
集群	自然	集群	5	7
集群	集群	自然	14	26

（一）对转换的统计分析

为了理解统计假象是如何发生的，让我们来考察一个集群分布比自然分布与实证数据拟合更好的案例。让我们进一步假设，似然率的值要大于统计分析产生显著结果需要的值。企业数量方面发生的小的变化就可能轻易使似然率在显著值上发生改变。

在接下来的分析中，每个产业都被当作单独的案例来考虑，而且，对相对企业数和绝对企业数的分析也被看作不同的结果。因此，共有 586 个观察结果：针对 293 个产业相关的相对与绝对企业数进行了研究。所有至少在一年中出现理论分布排斥的案例都被排除在外。对于统计分析也进行了限定，要求所有三年的分布结果不是相同的。做出这样的限制目的是关注发生分布变化的原因。这样还剩下 101 个案例。这些案例可以表现出六种不同序列的结果。在表 3-1 中列出了可能的序列，同时列出了观测到的出现的案例的数量。

如果在两种分布之间的转换是统计假象，所有六个序列应该表现出相同的频次，或者转换是由产业独特特征引起的。一个产业不太可能在五年之内出现两次存在集群和不存在集群的变化。因此，如果是产业特征引起的分布变化，企业的空间分布在五年内应该只是在一个方向上发生频繁变化而不是在不同方向上发生变化。因此，产业独特的变化意味着主要出现的序列应该是"自然—集群—自然""自然—自然—集群""集群—自然—自然"和"集群—集群—自然"。

我们所观察到的变化，在统计上有可能是由两个原因引起的。在这里，"自然—集群—自然"与"集群—自然—集群"序列的频次被用来与总的转换频次进行比较。统计假象的假设预测会占总量的 1/3。由产业特征引起的变化的假设预测只是占很小的比重。在表 3-1 中，101 个案例中的 19 个属于"自然—集群—自然"或"集群—自然—集群"类，这相当于占比 18.9%。就制造业的案例而言，该比例是 21.3%。这些数值既没有达到 33%，也不是特别小。现实情况似乎是落在了两种预测之间。后一个预测还无法进行统计检验，因为它并没有用清晰的公式表达出来。前一种预测可以通过将"自然—集群—自然"或"集群—自然—集群"的转换的数量与其他的转换数量对比进行检测。如果转换是统计假象的话，后者出现的频率应该是前者的两倍。如果所有的产业都被考虑在内，这可能被排斥（X^2 测试，显著水平为 0.05），但是针对制造业，它是不能被排斥的。因此，我们可以得出结论，在制造业，只有很少"真正"的转换可以被观察。在这些产业中，出现的 61 个转换中的大部分是统计假象。这样我们就不可能单纯通过观察企业空间分布的变化来鉴别哪些产业是以集群出现或消失的方式发生着特征上的变化。

（二）"真正的"转换

然而，也可能存在少数"真正的"转换。21.3% 的占比可以对这一观点给予支持，这个数值是前文中计算得出的，这一数值尽管不是很显著，但还是低于 33.3% 的统计假象预测。对出现集群的产业的数量与集群消失产业数量的比较也进一步确认了这一点，前者在 19 个制造业中被观测到，后者在 29 个制造业中被观测到。两个数值之间的差在统计上只是轻微显著（X^2 测试，显著水平为 0.1）。

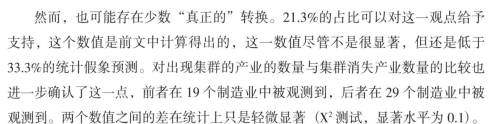

拟合分布在自然分布与集群分布之间转换出现两次的案例总数是 13。这些案例可能是由统计假象引起的，前提假设是产业特征的确很少会在五年内，在不同方向转换两次。

我们可以得出结论：集群现象的相关性在降低。但是，这里所做的实证分析只是说明，在一些产业中，有本土产业集群现象消失的情况。在其他产业，本土产业集群表现为稳定，这一点在接下来的分析中将进一步得到确认。

二、区域间的动态性

在第二章第三节，我们根据本土产业集群的理论模型，做出了关于区域间企业数量的动态性的预测。为此，我们找出本土产业集群发展的四个阶段。在第一个阶段中，可以做出的唯一预测是，在所有的区域，企业数量都有增长。在前文中，我们曾经讨论过，基于目前可以获得的数据，我们很难研究本土集群的出现问题。我们所要运用的新兴产业的数据在目前的产业划分中也没有包括。因此，下面的分析仅限定于对其他本土产业集群发展的预测。

在第二个阶段，自我扩张过程导致区域被分成有产业集群出现的区域和没有集群出现的区域两类。在这个阶段，理论预测企业数量会发生变化，变化取决于图 3-3 中描述的在一个区域中现存的企业数量。在那些只有少量企业的区域中，这一数值会增加。那些拥有相对高的企业数的区域，可能该数值仍低于一个临界值，这样的区域会出现企业数量的减少。如果高于临界企业值，企业数量会增加，但是，具有大量企业数的区域应该也会经历企业数量的减少，出现后一种情况的区域是比较罕见的。

第三个阶段是以相对稳定的情况为特征的。只有少量的波动会出现在这个阶段。这些波动也是随机分布的。在这一阶段，不会观测到企业数量变化对区域企业数的结构性依赖。

第四个阶段被定义为集群的消失。这通常是由相关产品的需求市场消失导致的。在这种情况下，拥有大量企业数量的区域将经历企业数量的大量减少，其原因单纯为原来拥有的企业数过多。

（一）实证方法

为了检验上述预测，我们将实证变化对企业数量的依赖与预测进行比较。最复杂的预测结果是对第二个阶段的预测，在图 3-3 中有具体描绘。函数中最简单的数学公式是图 3-3 中多项式的第三级。因此，我们针对这个函数做了回归分析。其中自变量是在时间 t_0（$t_0 = 1995$，1997）时的企业数 $f(r, i, t_0)$，因变量是企业数量从时间 t_0 到 t_1（$t_1 = 1997$，2000）在条件 $f(r, i, t_1) - f(r, i, t_0)$ 下的变化，回归函数中 α_0、α_1、α_2 和 α_3 是回归参数。针对每一个产业 i 的每一对时间 $(t_0, t_1) \in \{(1995, 1997), (1995, 2000), (1997, 2000)\}$ 都分别做了回归分析。另外针对企业的相对数和绝对数也做了回归分析。因此，共做了 1758 个回归。

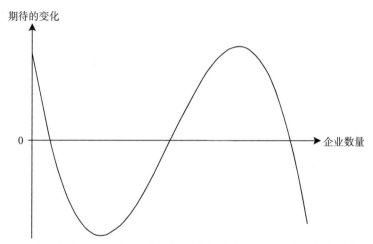

图 3-3　本土产业集群发展第二阶段，区域中可能出现的理论上企业数量变化示意图

$$f(r, i, t_1) - f(r, i, t_0) = \alpha_0 + \alpha_1 \cdot f(r, i, t_0) +$$
$$\alpha_2 \cdot f(r, i, t_0)^2 + \alpha_3 \cdot f(r, i, t_0)^3 \qquad (3\text{-}18)$$

对每个回归及其结果进行讨论是不可能的。因此，回归结果需要以某种方式结构化。为此，理论预测会被变形为对回归参数的预测。参数 α_0 反映的是整个产业的平均发展水平。如果某个产业中企业数量增长（降低），α_0 的值将为正（负）。因此，α_0 对于集群形成的理论预测的检测并不重要。

对于没有表现出集群现象的产业，而且在产业中，也不存在其他会影响企业空间分布的力量，我们只能够观察到随机的波动。这说明，企业数量并不是根据某一区域的企业数量规模而变化的。这意味着 α_1、α_2 和 α_3 应该等于 0。然而，在很多产业中，大量的区域不包含企业。在这些区域中，企业数量的减少是不可能的。这些区域的平均变化应该为正，即使企业的总数是减少的。这样的事实导

致 α_1 在一些产业为负值。因此，对于所有没有表现出集群现象或类似的其他力量的产业，α_2 和 α_3 应该为零，α_1 或者为零，或者为负。根据上文的论证，同样的情况也适用于本土产业集群发展的第三阶段。

在产业集群发展的第二阶段，会出现和图 3-3 类似的动态性。它们可以用 α_1 和 α_3 的负值以及 α_2 的正值来表示。前文中已经讨论过，也可能不存在包含企业数足够多，并可以用式（3-18）中最后一项来描述的区域。在这种情况下，最后一项就不是描述数据的必要条件，而 α_3 也不会与零有显著差异。因此，对于第二阶段的预测如下：α_1 应该显著为负，α_2 应该显著为正，α_3 至少不是显著为正。如果由于某种原因集群现象增强，结论同样成立。

在本土产业集群演进的第四阶段，在所有区域都会出现数量减少，除了一些原本就只包含非常低的企业数量的区域。因此，我们认为，参数 α_1、α_2 和 α_3 中至少有一个是显著为负的，而且它们都不会是显著为正。

前文中，我们也曾讨论过，存在产业中企业在空间上平均分布的现象。这意味着，存在将区域中的企业数量平均化的力量。相应的，对于拥有较大企业数量的区域，企业数量会减少，而对于拥有较少企业数量的区域，企业人口数量会增加。这一点可以由递减函数来反映。因此，如果企业在空间上趋于平均分布的话，回归参数 α_1、α_2 和 α_3 之一，应该显著为负，而其他参数至少不是显著为正。

因此，我们可以得出三种实证情况：

波动：如果动态性只是由波动驱动的，α_2 和 α_3 应该不会与零有显著区别，而 α_1 应该不会显著为正。

集群现象：如果集群出现或增强，α_1 应该显著为负，α_2 应该显著为正，α_3 不应该显著为正。

平均化：如果企业空间分布被驱动向平均分布发展，三个参数 α_1、α_2 和 α_3 都不应该显著为正，但是至少其中的一个应该显著为负。

我们必须注意到，标注为"波动"和"平均化"的两种情况是很难被清楚分开的。在这些分类中存在一些重叠，这意味着，有些情况会被归为两种分类。而且，也存在无法被归类为上表中任何分类的情况，这样的情况被标为"不清晰"。

（二）回归结果

在前文中，我们已经说明，这种实证方法被分别运用于企业相对数和绝对数。我们可以预测它们会产生相似的结果。但是情况并非如此。归属为"集群"类别的动态性主要是在制造业的相对数和服务业的绝对数中可以观察到。在表3-2中具体给出了被划分为不同类别的总的动态性的情况。

表3-2　1995年、1997年与2000年，根据企业相对数和绝对数对293个产业的
所有动态性的分类

对动态性分类	案例数					
	企业相对数			企业绝对数		
	1995~1997年	1997~2000年	1995~2000年	1995~1997年	1997~2000年	1995~2000年
波动	210	215	212	197	167	185
集群现象	35	34	30	37	38	41
平均化	56	30	64	90	51	76
不清晰	31	29	29	30	60	44

表3-2清楚表明，所观察到的大部分的动态性可以归属为"波动"这一类别。在大部分的产业中企业的空间分布是相当稳定的。这可能是由于研究周期较短引起的。但是，在时间跨度1995~1997年、1997~2000年，以及较长的时间跨度1995~2000年中，结果并没有出现显著差异。这个发现与我们提出的观点"较高数量的企业空间稳定分布是由我们分析的时间跨度小造成的"是矛盾的。

平均化力量也可能是由波动、本土集群消失，或产业趋于在空间上均匀分布引起的。根据上文的分析，我们没有办法具体区分是三种机制中的哪一种导致的。但是，排除导致的原因，被分类为平均化的动态性倾向于破坏集群现象。这种动态性的数量要比被分类为集群现象的动态性的数量要多。这也验证了前面的发现，即总体上，集群现象似乎是在变弱的。

但是，在表3-2中也存在一定数量被归类为集群现象的案例。这说明形成集群的力量在一些产业中仍然存在，而有集群现象的产业的数量减少这一发现，应该不具有普遍性。在这个方面，产业之间存在显著差异。

三、静态与动态分析比较

我们发现，有一些案例中的动态性可以被归类为集群现象。根据理论分析，这种动态性应该是出现在本土产业集群发展的第二阶段或者是第三阶段。因此，

那些特征为集群现象动态性的产业应该具有本土产业集群出现或已经包含这样的集群的特征。这一点在接下来的分析中将进行检验，这一检验将仅限定于制造业和服务业，因为这些产业部门是关于集群现象文献的主要讨论内容，因此与我们的讨论也最相关。

（一）分类的匹配

我们这里使用的方法最终得出的结果是将每个产业的动态性分成六大类，具体来说就是按照每个时间段的企业的相对数和绝对数得出的结果。我们会对所有六大分类的动态性与静态方法之间的协调性分别进行检验。结果非常相似，因此在此处我们以聚合形式呈现出来。对于每个产业，都会按照下面的步骤来操作，直到最终找到所归属的种类。

（1）如果 1995~2000 年的企业绝对数和相对数的动态性同时可以被归类为集群现象和平均化，这个产业就被划在相同的分类。

（2）如果两种动态性中的一种被划为波动或不清晰，另一种被划为集群现象或平均化，该产业将根据后一种动态性来归类。

（3）如果两种动态性的一种被归类为集群现象，另一种为平均化，该产业被归类为其他。

（4）动态性将根据上面的流程被分类，其时间周期为 1995~1997 年和 1997~2000 年。

聚合最终结果为：34 个制造业和 25 个服务业产业被归类为集群现象。另外71 个制造业和 45 个服务业产业被观察为平均化动态性。剩余的 45 个制造业和59 个服务业产业被归类为其他。所有产业的结果在附录表 A-1 中给出。这个分类与根据本章第二节分析所找出的包含本土集群的产业相匹配。在表 3-3 和表3-4 中给出了相应的结果。

对于制造业部门来说，结果确认了"存在本土集群的产业要比不存在集群的产业更容易表现出集群现象动态性"的预测。产业包含本土集群且表现出"集群现象"动态性，或者不包含集群且表现出平均化动态性的制造业产业要比其他以相反组合为特征的制造业产业更加显著［费舍尔检验：$X_2 = 5.93$（$X_2 = 1.82$），p-值：0.01（0.1）］，尽管如果只是考察企业相对数时，结果并不是非常显著。同样的情况对于服务业部门并不成立。只有当研究被限定在相对企业数时，动态与静

表 3–3　根据动态和静态特点归属为不同分类组合的产业数量
（括号中的结果仅基于企业相对数做出）

动态性分类	制造业产业		
	有集群	无集群	无拟合
集群现象	23（15）	11（17）	–（2）
平均化	30（23）	41（47）	–（1）
其他	18（12）	26（26）	1（7）

表 3–4　根据动态和静态特点归属为不同分类组合的产业数量
（括号中的结果仅基于企业相对数做出）

动态性分类	服务业产业		
	有集群	无集群	无拟合
集群现象	15（7）	8（7）	2（11）
平均化	23（7）	18（21）	4（17）
其他	31（8）	19（28）	9（23）

态的结果才表现出显著相关［费舍尔检验：$X_2 = 0$–49（$X_2 = 2.63$）］。在服务业中被归类为"其他"的动态性所占比重很大为46%。因此，服务业部门的整体情况并不是很清晰。这与我们所采用的方法无法描述大部分服务业的企业分布这一事实是相关的，而且对于许多服务业产业，能够鉴别出集群现象的原因是有更多的企业位于大城市。

　　如果只是考虑企业的相对数，整体情况会发生改变。如果只是使用企业的相对数，甚至会出现更多的产业无法用上面的模型描述的情况（129个产业中的51个）。但是，在剩余的产业中，在服务业中，存在包含本土集群且表现出"集群现象"动态性，或者不包含集群且表现出"平均化"动态性的情况要比其他以相反组合为特征的服务业数量显著（费舍尔检验：$X_2 = 2.63$，p-值：0.05）。因此，分析再次表明，如果研究服务业，应该使用企业相对数，而对于制造业来说，如果使用两种企业数，其结果也会相对要好一些。因此，在接下来的分析中，对于所有制造业，我们会采用相对和绝对企业数结果，而对于所有的服务业，我们只采用企业相对数结果。

　　尽管静态与动态研究结果之间存在清晰的相关性，还是存在一定数量的产业会出现不同的结果。这意味着，在一些产业中，本土集群可以被证明存在，但是平均化动态性也同时被发现；同时，在一些产业中，未发现本土集群，但是集群现象动态性存在。这些结果可以用集群现象的消失或出现来解释。

共有 29 个制造业产业和 7 个服务业产业包含本土集群且表现出平均化动态性。在这些产业中，本土集群正在消失或者至少集群现象的显著性正在减弱。同时，不包含集群的 12 个制造业和 7 个服务业产业表现出集群现象动态性。在这些产业中集群现象似乎是正在出现。将两组数字进行比较，前文关于集群出现的产业数在减少的发现可以得到确认，尤其是对制造业来说。但是，研究同时也说明，产业间差别很大，也存在表现出相反发展趋势的产业。

在制造业中，集群现象不断减弱的产业有天然石材、水泥、陶器、瓷砖、冷轧机、锅炉制造、农用机械、办公机械、电子商品、电信、光学器件、钟表、武器、其他钢铁商品、玩具、锯木厂、刨花板、木质家具、造纸、皮制品、鞋、丝绸加工、绳子制造、针织、其他纺织品、男士服装、工装、乳制品、鱼类加工和酿酒。服务业中，集群现象不断减弱的产业有铁路、内陆勘测、非营利机构、社会安全机构、非营利图书馆、地方少管所、地方公共图书馆。

表 3-5　根据动态性及 1995~2000 年企业空间分布变化归类为不同类别组合的制造业与服务业产业数量

动态性分类	企业空间分布转换			
	从自然到集群		从集群到自然	
	制造业部门	服务业部门	制造业部门	服务业部门
集群现象	9	1	4	0
平均化	5	3	9	4
其他	3	2	7	5

制造业产业中，集群现象出现的产业有合成纤维纺织品、热轧机、纺织机械、洗衣机、电子产品、钢材家具、羊毛编织、棉纺织、亚麻加工、糖和烟草。服务业中，集群现象出现的产业包括非营利交易机构、地方剧院、电视及广播制作、出版、私人游乐场、地方游乐场和翻译。

每个列表中的产业似乎都没有明显相似的特征。似乎也很难解释为何一些产业会出现在上面的列表中，而其他产业没有。这也可能是由动态方法的敏感性引起的。因此，在接下来的部分动态和静态的方法将以不同的方式进行组合。如果在五年的研究周期中，集群真的出现或消失，就一定会在动态和静态的方法中表现出来。

（二）集群的出现与消失

前文中，我们找出一些产业曾出现由 1995 年用自然分布表述的状态到 2000 年转换为由集群分布描述的状态，或者相反的转换（见表 3-1）。我们也提出观点，即这些发现不能用集群的出现或消失来解释，因为其背后所采用的方法是非常敏感的，而且分布形态的变化也可能是统计假象。对企业空间分布的动态性研究为我们提供了额外的证据，所以这两个研究可以被合并。其结果在表 3-5 中给出。

在本章第三节，我们得出结论：许多我们在五年研究周期中出现的自然与集群分布的转换都是统计假象。表 3-5 确认了这一结论。实际上，很多转换都无法通过动态的方法进行确认。尤其是针对服务业的案例，企业分布出现形态转换所否认的产业数与动态分析所确认转换的产业数几乎一样多。

然而，在制造业部门，确实更显著地存在更多的转换与观察到的动态性相匹配而不是相矛盾的案例（皮尔逊检验：$X_2 = 3.03$，显著水平：0.1）。并不是所有的企业空间分布变化都是统计假象。我们应该可以充分假设所有企业空间分布变化在有本土集群出现或消失的区域都是可以由动态性确认的。因此，我们观察到 9 个制造业产业出现本土集群，9 个制造业产业本土集群消失。而且，还有 1 个服务业产业本土集群出现，4 个服务业产业本土集群消失。集群出现的产业有基础化学、合成纤维纺织、瓷器、金属薄片产业、精密仪器、仪器、棉纺织、亚麻加工、酿酒和房屋。集群消失的产业有水泥、锅炉制造、火车制造、供暖与烹调设备、包装工具、纸制品、挍花、丝绸加工、乳制品、社会保障之家、非营利图书馆、驻军。在本章第四节，进行了关于纸制品产业动态性的详细研究，其结果表明，该产业的企业数量在减少。同样的情况对于此处列出的所有产业都成立。因此，企业数量减少似乎是本土集群消失的必要条件。

同样的情况对于本土集群出现的产业并不成立。这些产业似乎不存在某种共同的特征。在棉纺织、亚麻加工和酿酒产业的企业数量都很小，所以这些产业的结果不是很可靠。剩下的产业中表现出集群现象的许多产业都是以技术为基的，那些表现出集群现象消失的产业大部分都是传统产业。因此，我们似乎可以在这里对上一章提出的生命周期观点进行确认，尽管结果是相当模糊。

第四节　德国的集群

上一节，我们主要从普遍意义上探讨了本土产业集群现象，这一节我们将致力于对德国集群的鉴别。对本土产业集群的鉴别是以一般性条件为基础的。在文献中，相似的方法曾经被应用于其他的国家（Sforzi，1990；Isaksen，1996；Paniccia，1998；Braunerhjelm & Carlsson，1999）。

主要结果如下。这是第一次将一般性方法应用于德国，得到的结果是一个完整的本土产业集群的列表。在这张列表中，也可能包含一些错误设定（原因将在下文中讨论）。但是，与案例研究相比，许多案例中提到的集群都被准确地鉴别出来了。我们所得到的列表提供了关于德国产业集群具体位置的信息。它表明，它们不仅位于目前在经济上成功的区域。有清晰的证据表明，历史也起到关键作用。今天存在的本土产业集群中的很多是几十年前出现的。本土产业集群会在一定时期出现，而且它们的空间分布反映了当时的经济情况。它们的持续存在不会带来该地区的经济繁荣。本土产业集群似乎只在短时期对某个地区经济发展有影响，尽管它们的存在通常是长期的。最后，关于一些产业的讨论表明，此处采用的一般性方法对于理解动态性和具体产业的情况是非常有帮助的。

一、实证方法

在文献中，存在几种从一般性层面鉴别本土产业集群的方法（Sforzi，1990；Isaksen，1996；Paniccia，1998；Braunerhjelm & Carlsson，1999）。这些方法在它们需要的额外条件以及对经济活动的测量方面存在差异。一些研究人员提出以雇用数量为基础［这种方法可以在 Sforzi（1990）、Isaksen（1996）、Paniccia（1998）、Braunerhjelm 和 Carlsson（1999）中发现］，而其他研究人员提出以企业数量为基础［这种方法可以在 Ellison 和 Glaeser（1997）的研究中发现］。以雇用数量为基础的方法更加普遍。但是，用这种方法找出的许多集群都是以大型企业为主导的［关于这个问题的讨论详见 Isaksen（1996）］。

因此，一些方法中加入了其他条件，要求该地区必须拥有大比率的小型企业［这种方法被用于 Sforzi（1990）和 Paniccia（1998）的研究中］。对小企业的关注并不符合我们这里使用的本土产业集群的定义。但是，只包含一个大型企业的区域也不符合这里的定义，因为在这种情况下，不会出现企业间有利的本土互动。因此，这里采用的方法是以工业企业在区域间的分布作为分析的基础。

与艾利森与格莱赛（1997）所用方法相似，在前文中，我们也提出存在企业的"自然"分布。但是，这里采用的方法与他们的方法在两个方面有所不同。首先，我们将一个更具有一般性的分布称为"自然"分布。其次，这里采用的方法并不会根据地域上的集中程度对产业进行排序，而只是以找出存在集群的产业为目的。因此，此处采用的方法也能够找出本土产业集群。

到目前为止，文献中的方法还没有被应用于德国。文献提供了大量的案例研究，在案例研究中，多是根据个体研究者的知识及经历选出的被研究的本土产业集群。这样的方式的确提供了大量的关于现有集群的信息。但是，无法确保所有现存的本土集群都出现在案例研究中。因此，只有少数代表性的本土产业集群会出现在案例研究的文献中。本节的目的，就是提供一份德国产业集群的完整列表，并进行讨论。

一个相对来说简明的用于找出德国本土产业集群的方法，就是直接运用文献中所采用的某种方法。但是，这里我们采用了不同的方法，其原因主要有以下两个方面。第一，最复杂的方法，也就是斯伏兹（Sforzi，1990）所采用的方法是无法应用于德国的，因为缺乏数据。这种方法需要就业数和城市间交通往来的数据，而德国的这些数据无法收集到。第二，上文的分析可以允许我们针对不同的产业使用不同的条件，而且还可以排除那些没有表现出集群现象的产业。

对本土产业集群的鉴别，主要是以拟合的理论集群分布（3-6）为基础。前文已经讨论过，这一分布的参数 $\bar{\xi}_4(i)$ 决定了某个集群中应该具有的最低企业数。相应地，所有包含高企业数的区域，意味着所有满足条件（3-17）的区域，可以说包含一个本土产业集群。

这是本土产业集群必须满足的唯一条件，除非一种情况即本土产业集群存在于不同的产业。因此，在使用这种方法时，既没有具体的企业特征要求，也不要求企业之间的互相作用。这两个条件都不要求企业规模很小［这一点在 Sforzi（1990）所用的方法中是必须的］，也不要求不同产业的企业间以某种方式互动［这一点在 Isaksen（1996）的方法中是必须的］。所有这些特征都与诸如产业园区或经济集群的具体概念相关。这与本书所采用的更加一般性的方法并不匹配。

对照而言，这里采用的方法，在产业差别方面更加复杂。首先，那些没有发现聚合的产业在分析的时候是不被包含在内的。其次，针对不同产业，对与企业数相关的条件做出不同的设定。

二、本土产业集群列表

在 71 个制造业产业和 22 个服务业产业中（在对服务业的研究中只是考察相对企业数），前文确认了有本土产业集群的存在。在这些产业中，根据条件（3-17）共找出超过 500 个本土产业集群。对所有集群进行讨论甚至是描述几乎是不可能的。但是，本书中给出了一个完整的列表。酿酒业被排除在外，因为该行业的企业数量实在太少，这样所有包含至少一个企业的小型区域也都在本土集群的列表中列出。而且，农用机械维修产业、泥瓦工和烤炉装配工也被排除在外，因为在超过 30 个区域中，找到了该产业的集群。

电影产业被加入列表，尽管它属于服务产业而且只是在企业绝对数上表现出集群现象，但是，电影产业被反复在文献中讨论过。对于每一个研究的产业，该列表包含一个满足条件（3-17）的所有行政区域的名称列表。与其相邻的区域在括号中表示。只有在相对数和绝对企业数方面满足条件（3-17）的区域用斜体表示。

我们对本土产业集群的鉴别是按照年度分别做出的。因此，各个年度的结果可能存在差异。我们发现两种变化：在独特方向上的变化，或者类似波动的变化。对于前一种情况，2000 年的研究发现在下面列出。而当本土集群数围绕某个特殊值波动时，每年发现的所有本土集群都在下面列出。对于光学仪器案例，下面给出的列表与这个程序有所出入。这一出入的细节在本章第四节中将给出解释。

基础化学工业：比特费尔德

颜料和清漆：汉堡，伍珀塔尔，科隆，黑尔福德，法兰克福大区，（斯图加特，路德维希堡），卡尔斯鲁厄，柏林（西）

生物制药：柏林（西），德累斯顿

石油加工：汉堡

天然石材：汉堡，迈恩–科布伦茨县，艾希施泰特，韦森堡–贡岑豪森县，柏林（西）

水泥：（瓦伦多夫，索斯特），唐纳斯贝格县，福希海姆，贝恩堡

其他石料：韦斯特瓦尔德县

混凝土：迈恩——科布伦茨县

瓷器：伍珀塔尔，科斯费尔德，蒂申罗伊特，（霍夫，克罗纳赫，利希滕费尔斯），菲希特尔山脉的文西德尔县，中埃尔茨山县，（德绍，安哈尔特–采尔布斯特，贝恩堡，克滕），奎德林堡，（松讷贝格，萨尔费尔德–鲁多尔施塔特县，萨勒–霍尔茨兰县）

陶瓷：韦斯特瓦尔德县

瓷砖：韦斯特瓦尔德县，菲希特尔山脉的文西德尔县

载玻片：霍尔茨明登，美因–陶伯县，弗赖永–格拉费瑙县，雷根，瓦尔德纳布河畔诺伊施塔特县，克罗纳赫，耶拿，希尔德堡豪森，（松讷贝格，萨尔费尔德——鲁多尔施塔特县）

玻璃纤维：韦斯特瓦尔德县，美因–陶伯县，雷根，（瓦尔德纳布河畔诺伊施塔特县，拜罗伊特）考夫博伊伦，（伊尔姆县，松讷贝格）

锤式粉碎机：雷姆沙伊德，奥伊斯基兴，恩内珀–鲁尔县，梅基施县，奥登瓦尔德县，罗塔尔–Inn

有色金属半成品：梅基施县

铸铁厂：哈茨山麓奥斯特罗德，佐林根，梅特曼，唐纳山，富尔特（市）

有色金属铸造厂：佐林根，（梅特曼，霍赫绍尔县，梅基施县，奥尔珀），韦斯特瓦尔德县，（普福尔茨海姆，恩茨县）

冷轧机：（哈根，梅基施县）

钢板产业：索林根，（哈根，恩内珀–鲁尔县，梅基施县，奥尔珀），恩茨县，

（罗特维尔，施瓦尔茨瓦尔德–巴尔县，图特林根）

表面加工： 索林根，（梅基施县，恩茨县）

修锁业： 汉堡，（梅特曼县，梅基施县），路德维希堡，[柏林（西），柏林（东）]

锅炉制造： 锡根–维特根施泰因县

精密工具： 恩茨县

农用机械： 吉夫霍恩县，巴特贝格匝本，莱茵兰–普法尔茨州的一个直辖市

马车： 米特韦达县

造船： 汉堡，不莱梅

制靴业： （汉堡，东荷尔斯泰因县，石勒苏益格–弗伦斯堡县）

办公机械： 汉堡，汉诺威（市），不莱梅，（杜塞尔多夫，科隆），法兰克福大区，慕尼黑市，柏林（西），柏林（东），莱比锡

电缆： 阿尔滕基兴县（韦斯特瓦尔德县），罗特魏尔县，施瓦尔茨瓦尔德–巴尔县，兰茨胡特县，瓦尔特堡县

电子用户产品： 汉堡，慕尼黑（市），柏林（西）

灯光业： 霍赫绍尔县

电视与广播： 慕尼黑（市），柏林（西）

电信业： 慕尼黑（市），柏林（西）

仪器业： 汉堡，图灵根，慕尼黑（市），柏林（西）

光学仪器： 拉恩–迪尔县，哈维尔兰县，耶拿

钟表业： （普佛尔茨海姆，恩茨县，施瓦尔茨瓦尔德–巴尔县）

工具业： 雷姆沙伊德，（索林根，伍佰塔尔），[比肯费尔德县，皮尔马森斯（市）]，（施马卡尔登–迈宁根县，宋讷贝格县）

锁业及配件： 梅特曼

切削工具： 索林根

武器： （荣–格拉伯菲尔德县，苏尔）

其他金属制品： （索林根，霍赫绍尔县，梅基施县，奥尔珀），恩茨县，（施瓦巴赫市，罗特县），施马卡尔登–迈宁根县

乐器： 埃尔朗根–赫希施塔特县，福格特兰县

玩具：（科堡，松讷贝格县），中埃尔茨山县

珠宝：比肯费尔德县（普佛尔茨海姆，恩茨县）

锯木厂：霍赫绍尔县，奥特瑙县

纤维板：居特斯洛，黑尔福德，赫克斯特县，利珀

木制家具：（黑尔福德，利珀，明登–吕贝克县），科堡

柳条制品与扫帚：居特斯洛，加米施–帕滕基兴，弗赖永–格拉芬，雷根，（科堡，克罗纳赫，利希滕费尔斯，哈斯贝格县），安斯巴赫，柏林（西），弗赖贝格，（安娜贝格，中埃尔茨山县，奥厄–施瓦岑贝格县），萨勒–霍尔茨兰县

纸制品：迪伦县，巴特迪克海姆县，中埃尔茨山县

印刷：汉堡，慕尼黑市

书画刻印艺术：汉堡，慕尼黑市，柏林（西）

皮制品：［奥芬巴赫（市），奥芬巴赫］

制鞋业：［皮尔马森斯（市），皮尔马森斯］

毛纺织业：［门兴格拉德巴赫，亚琛，霍夫（市），霍夫］

棉纺织：（本特海姆县，博尔肯，施泰因富特县），（霍夫，库尔姆巴赫县）

丝绸加工：克雷费尔德，伍珀塔尔，菲尔森，海因斯贝格，瓦尔茨胡特

制绳：维特蒙德，施泰因富特，埃门丁根，罗塔尔–因县，施瓦巴赫，托尔高–奥沙茨，翁斯特鲁特–海尼希县，格赖茨

针织：（罗伊特林根，佐勒纳尔布县）

其他纺织品：伍珀塔尔，佐勒纳尔布县（霍夫，库姆巴赫），（安娜贝格，福格特兰县）

男式服装：（阿沙芬堡，米尔滕贝格）

工作服：佐勒纳尔布县，（弗赖永–格拉费瑙县，卡姆）（拜罗伊特，克罗纳赫），阿沙芬堡

紧身衣：佐勒纳尔布县，施托尔贝格，下西里西亚上劳西茨县

其他床品：汉堡，佐勒纳尔布县，柏林（西）

乳制品：罗滕堡（维梅河），埃姆斯兰，拉芬斯堡，林道（博登湖），上阿尔高县

鱼类加工：（库克斯港，不来梅港）

本土产业集群

食品生产：汉堡

甜食：柏林（西）

屠宰场：汉堡，克洛彭堡，奥斯纳布吕克，弗希塔，居特斯洛，柏林（西）

酿酒：班贝格

矿泉水：维特劳县，林堡-魏尔堡县，阿尔韦勒，道恩，库塞尔，诺伊堡的施罗本豪森，普法芬霍芬的伊尔姆，特劳恩施泰因，施特劳宾，帕绍，雷根，罗塔尔-Inn，蒂申罗伊特，爱施河新城-巴特温茨海姆

其他铁路：索尔陶-法林波斯特尔，格拉夫沙夫特本特海姆，阿尔韦勒，奥特瑙县，佐勒纳尔布县，雷根，吕根岛

内河航运：埃姆斯兰，莱尔县，韦塞马施县，杜伊斯堡，米尔滕贝格，美因-斯佩萨特县

海运：弗伦斯堡，吕贝克，迪特马尔申县，北场，东荷尔斯泰因，普隆，伦茨堡-埃肯弗德县，石勒苏益格-佛伦斯堡，斯坦堡县，汉堡，库克斯港，施塔德县，埃姆登，奥里希，埃姆斯兰，弗里斯兰，莱尔县，韦塞马施县，维特蒙德，不来梅，不来梅港，罗斯托克，施特拉尔松德，维斯马，东前波美拉尼亚县，吕根岛

航运经纪：汉堡，施塔德县，韦塞马施县，不来梅

非营利机构：北弗里斯兰，戈斯拉尔，奥里希，弗里斯兰，维特蒙德

社会保障机构：北弗里斯兰，戈斯拉尔，库克斯港，奥里希，维特蒙德，上贝吉施县，上黑林山的布赖施高县，莱赫河旁的米斯巴赫，施韦因富特，安哈特州欧雷县，萨尔茨韦德尔-阿尔特马克县

房屋：迪特马尔申县，安哈尔特劳恩堡，北弗里斯兰，伦茨堡—埃肯弗县，石勒苏益格-弗伦斯堡，塞格贝格，斯坦堡县，奥斯特罗德哈茨绍姆堡，策勒，库克斯港，吕肖-丹嫩贝格县，奥斯特罗尔茨，罗滕堡（维梅河），于尔岑，韦登，奥登瓦尔德县

非营利性图书馆：波恩，海德堡，布赖斯高地区弗赖堡，蒂宾根，巴特特尔茨，沃尔夫拉茨豪森，加米施-帕滕基，柏林（东），巴尔尼姆县，波茨坦-米特尔马克，格赖夫斯瓦尔德，巴特多贝兰，耶拿

私立学校：诺伊马克特县，雷根斯堡

非营利性学校： 石勒苏益格−弗洛斯堡，卡塞尔，施瓦尔姆−埃德尔县

技术学院： 哈维尔兰县，东普利希尼茨−鲁平县，普利希尼茨县，格赖夫斯瓦尔德，罗斯托克，斯特拉尔松，维斯马，居斯特罗，茨维考，弗莱贝格，莱比锡，哈尔贝尔斯塔特，奎德林堡，韦尼格罗德，埃尔福特，格拉，苏尔，艾希斯费尔德县，希尔德堡豪森

地方少管所： 宁堡县（威悉河）科赫姆−采尔县，莱茵−洪斯吕克县，库塞尔县，艾希施泰特县，诺伊马克特县，雷根斯堡，德明，梅克伦堡−施特雷利茨县

地方运动场： 宁堡县（威悉河）

地方公共图书馆： 于克−兰多县，福格特兰县，萨克森小瑞士，魏瑟里茨县

社保诊所： 赫克斯特，巴特基辛根

地方殡葬业： 迪特马申，普伦，伦茨堡−埃肯弗德县，石勒苏益格−弗伦斯堡，斐克特高原的文西德尔县

包装业： 美茵茨−宾根县，菲尔特

专业协会： 波恩

外国使领馆： 波恩

电影行业： 汉堡，汉诺威，不来梅，（杜塞尔多夫，波恩（科隆，莱茵埃尔夫特县，多特蒙得），（法兰克福，威斯巴登），斯图加特，[慕尼黑（市），慕尼黑]，柏林（西），柏林（东），波茨坦。

（一）与案例分析的比较

在文献中，可以找到大量对德国本土产业集群的案例研究。其中大部分引用和讨论的案例都是在产业园区、本土集群及类似的背景下完成的，描述了某个区域的具体产业的发展历史。比较而言，对德国区域的研究主要目的是评价优势及劣势，以及找出可能提升某一区域繁荣的方法。在这样的背景下，影响专业化和集群的要素有时也被讨论。因此，我们无法声称下面在德国进行的案例研究的列表是完整的。但是，我们可以说该列表是限定在适合我们所使用的概念框架下的本土系统的，也就是说这些系统满足定义 2 的限定。

钢铁：鲁尔地区（Grabher，1993）

生物技术：慕尼黑，莱茵河上游，海德堡和曼海姆，法兰克福，莱茵河中游，柏林（Zeller，2001；Lechner，Dowling，1999）

机械：巴登-符腾堡州（Cooke，1994）

印刷机械：临近奥芬巴赫的几个场所，法兰肯塔尔，海德堡，莱比锡，维尔茨堡和奥格斯堡（Porter，1990）

汽车：贝尔吉施山区，波鸿，茨维考，雷根斯堡，科隆，法兰克福，汉诺威，沃尔夫斯堡，慕尼黑和中部内卡河（Rehfeld，1992）

火车制造：主要在柏林，还有鲁尔地区，布伦瑞克，纽伦堡和萨克森（Dybe & Kujath，2000）

纺织品：佐勒纳尔布县（Grotz & Braun，1997b），罗伊特林根县（Staber，2003）

媒体：柏林/巴贝斯堡和科隆/杜塞尔多夫（Lutz，Sydow & Staber，2003）

此外，慕尼黑在文献中被看作创新中心，因为它在汽车、航空、电子工程、精密仪器/光学器件，办公机械/数据处理产业都很强（Sternberg & Tamásy，1999）。

通过比较，我们得出不同的结果。在一些案例中，我们得到很好的一致性，尽管产业和区域并不总是完全以相同的方式来界定。例如，纺织行业的工业园区在分析中表现为针织、工装、其他纺织业和紧身衣本土集群。相似地，金属加工业又进一步被细分为许多不同的产业。它们中的许多都表现出集群现象，具体来说有锤式粉碎机、有色金属半成品、铸铁厂、有色金属铸造、冷轧机。这些集群的大部分都出现在鲁尔区。就上述案例来说，前文分析中发现的本土集群要比文献中描述的多。这种情况对纺织业和传媒业也成立。

也有许多产业，其本土集群在文献中曾被讨论过，但是在前文的分析中并没有观察到显著的集群现象。这些集群包括机械产业、汽车产业（研究发现汽车零部件集群存在，这一点将在下文中做详细讨论）和火车制造业。造成这种偏差的原因是多样的。首先，这里采用的统计方法只能将某一产业没有本土集群存在的假设排除在外，但是可能无法找出所有表现出集群现象的产业。其次，这里采用的方法是以企业分布为基础的，而案例分析通常指向的是某个产业或区域的雇用人数。例如，就文献中所描述的汽车产业集群来说，通常都是以非常大型的工厂厂房和公司为特征的。前文中采用的方法并不能鉴别大型企业的位置，只能找出多个企业的聚集。因此，它可能会产生完全不同的结果。最后，文献中所讨论的区域通常要比行政区大。具体例子是机械产业和印刷设备产业。如果集群现象在这样大的空间单位中出现，用我们此处采用的方法也是无法鉴别出来的。但是，我们也可能怀疑在如此大的区域间，理论分析中所讨论过的本土自我扩张过程是否能对发展产生显著的影响。

生物技术产业与所讨论过的其他案例不同，许多生物技术企业在 WZ273 分类中被划分为精密仪器产业。因此，分析就无法反映这一子产业的发展情况。尽管如此，它似乎仍可以捕捉到一些发展情况。详细的讨论在本节第三部分给出。

（二）区域视角

我们根据其所属产业，将前文中找出的本土产业集群进行列表。此外也给出了一些集群的空间分布情况。图 3-4 是制造业部门的情况。空间分布有几个特征在此处值得讨论。

441 个行政区中的 158 个包含至少一个产业集群。在前文中，我们曾提到，本书采用的方法可能会低估了表现出集群现象的产业的数量，因此，也可能低估了集群的总数。因此，所有行政区中，占相当大比重的行政区是包含集群的。换言之，现存的本土产业集群在空间上是分散的。

然而，本土产业集群也不是遍布各地，它们并不是均匀地分布在德国，在某些区域中他们相对集中。在图 3-4 中，可以轻易找出三个这样的区域：鲁尔区、北巴伐利亚以及图林根及萨克森南部地区和巴登符腾堡邦南部地区。

此外，还有许多小一些的区域，其中大部分是位于如柏林、汉堡、汉诺威、莱比锡、莱茵河畔法兰克福、斯图加特和慕尼黑这样的大城市的周边。有一些区域则完全是空白。这一情况在德国东北部尤其如此，如在梅克伦堡—西波美拉尼亚州没有发现任何集群。

大范围的空白区域多是无产业雇用及发展的区域。这些区域似乎无法超越本土产业集群出现所需要达到的临界数量。尽管在确定集群的位置时可能包含随机的过程，尽管这些集群在德国相当分散，某些区域似乎仍不具备形成集群的充分条件。这一点可以被看作与区域吸引力相关的临界数量存在的证据，而该临界数

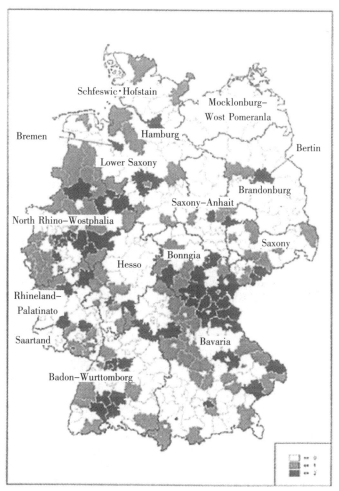

图 3-4 德国的集群现象（深黑色区域包含超过一个制造业的产业集群，浅灰色区域只包含一个制造业的产业集群，浅色区域不包含制造业产业集群）

量是本土产业集群出现的必要条件。但这并不能有助于我们准确界定这一临界数量，我们也只是进行估计。在文献中，关于那些区域因何落后的分析也少之又少［唯一例外出现在 Seri（2003）的研究中］。这方面的研究将有助于理解产业集群出现的必要本土条件。

图 3-4 的空白处与德国经济活动的分布非常契合，同样的情况对于许多本土产业集群存在的地方并不成立。在巴登符腾堡（德国西南部），应该有更多的行政区包含一个或几个集群，如在斯图加特东部，和从卡尔斯鲁厄到曼海姆的莱茵

河区域。同时，在巴伐利亚北部和图林根州南部的集群高度集中也无法与这一地区缺乏经济繁荣的情况吻合。这说明，本土产业集群的存在不应该与经济繁荣混为一谈。它们可能存在巨大差异。有两个因素可以解释这一点。

一方面，本土集群的空间分布反映的是该地区的历史而不是它们的实际情况。许多集群经过数十年甚至数百年仍然稳定。例如，巴伐利亚北部或图林根州及萨克森南部地区几十年前就在手工业上具有很强优势。纺织、瓷器、玩具、乐器和其他类似产品都在这里生产。今天仍然如此。尽管就业在这些产业的许多区域中下滑严重，与德国其他区域相比，相应的区域仍然具有强大的优势。鲁尔区的金属加工业和金属制品生产业就属于这种情况。前文中提到的大部分集群都出现在一定独特的时期。文献中的案例分析也确认了这一点。在这一时期，集群带来了该区域的经济繁荣。许多集群在此后仍然保持稳定的状态，但是没有了进一步促进经济发展的动力，有时，当产业出现衰退时，甚至会给该地区带来问题（Grabher，1993；Ponder & St. John，1996）。

另一方面，在对本土产业集群进行鉴别的过程中，既不能发现由多样化产业组合带来繁荣的区域，也不能发现那些以大型、成功企业为特征的区域。巴登符腾堡一般被认为是汽车、机械和化工产业的主要聚集地［见 Cooke（1994）关于巴登符腾堡经济情况的详细讨论］。但是，这些产业中的大部分是以几个极大企业为特征的，在前文中，它们中的大部分都不能被认定为具有集群现象的产业，所以也就无法被包括在这部分对本土集群的搜索中。而且，这些产业在巴登符腾堡地区也是相当分散，所以它们很少同属于一个行政区。巴登符腾堡在经济活动方面也是一个相当分权的州［例如，在 Greif（1998）的专利分布研究方面就有非常明显的体现］。而且，该地区的特征是多样化的产业相互混合。这一点，再加上其他方面的原因，使施密茨（Schmitz，1992）提出：工业园区的概念不适用于这里的情况。

这些讨论说明，我们不能将本土产业集群与经济发展混为一谈。本土产业集群在某一区域存在并不一定意味着那里会出现经济发展，尽管在集群刚出现的时候可能会起到促进经济发展的作用，但是后期该地区要想取得成功还需要依赖其他要素，而不是单纯依赖于集群的存在。

本土产业集群

（三）需要注意的一些问题

在本章第一节，我们详细讨论了关于本书所使用数据的限制问题。这些限制会对鉴别本土产业集群产生一些影响。

我们在区域的定义上做了一些限定。在本书中，行政区被用做分析的单位。在目前对德国的案例分析中，把行政区作为单位的情况并不充分，也可以说是很少的。这样，所有现存本土集群都应该由条件（3-17）来鉴别。这样可能会出现高估集群数量的情况，因为集群可能延伸跨越几个行政区，也就可能被多次计算。针对找出的集群进行空间位置描述将有助于解决这一问题。

而且，数据只允许我们分析 WZ73 分类中的 3 位数产业。这一分类本身可能不充分。也可能存在有的产业中存在本土集群但是没有被分析到的情况。例如，生物技术产业，在 WZ73 分类中就没有被包含在 3 位数产业列表中。因此，我们就无法找出生物技术产业的本土集群，分析只能限定在 WZ73 分类可以找出的那些产业。这样，最终得出的本土产业集群列表也可能不完整。

最后，一些产业被排除在分析之外，因为在本章第二节的分析中，并未发现其具有集群现象。本章第二节的统计检验是以比较保守的方式应用的。只有当产业可以被证明其集群分布比自然分布更能显著描述现实时，我们才说这一产业存在集群现象。也可能存在一些产业，其中存在集群，但是，以这种考察方式无法发现。因此，很难确保我们使用的方法可以找出所有的本土产业集群。

三、关于一些案例的讨论

前文中用一般性方法来鉴别本土产业集群，以及产业中的动态性。这么做是具有一定优势的，可以使主观印象不干扰学术结果。而且，一般性方法可以以同样的方式应用于所有的产业及区域，也是唯一一种可以从某种程度上获得本土产业集群完整列表的方式。但是，这种方法也有一个重要的缺点：它无法考虑到产业的特殊性，它只能将产业划分为两大类：有本土产业集群存在的产业和找不到集群存在的产业。区域的动态性研究是对此的一个补充。但是，集群产生的原因、形式与发展也可能因产业而存在巨大不同。在这方面，案例分析就要比本书采用的方法更有优势。在案例分析中，本土产业集群具有产业独特性的特征就可以得到详尽的分析。

遗憾的是，案例分析一般只能收集一个产业的数据。一些案例分析比较了相同产业的不同集群，产业与产业之间的比较是缺失的。此处采用的方法为这类比较提供了一个良好的出发点。为此，我们将通过以案例为基础的信息对前文的发现加以丰富。

由于时间与空间的限制，我们无法对293个产业逐一进行讨论。因此，我们选择了几个典型案例。在进行选择时，尽量选取能够代表不同情况的案例。而且，我们还讨论了表现出具体发展特征及独特兴趣的产业。

（一）基础化学工业

在基础化学工业的案例中，1995年未发现任何集群。1997~2000年，发现了一个集群，该集群位于比特菲尔德。研究发现中出现一些变化，主要表现为从1995年到1997年该区的企业数由10个增加到17个，从1997年到2000年未观察到在这一地区出现企业数量的变化。

在案例中观察到的变化是由德国统一产生的后果。在统一前，比特菲尔德是东德主要化学工业区，但是，统一后，该产业在这一地区的重要性和就业都有所丧失。在20世纪90年代中期，该产业重获其重要地位，并成为目前为止相对来说具有最多基础化工制造企业的行政区。

在其他产业中，也可以观察到德国统一带来的类似结果。此处的发现表明，1997~2000年的情况从一定程度上要比1995~1997年稳定。在20世纪90年代中期，一定数量的本土产业集群在东德再次出现。但是，这一过程似乎在大部分产业中已经结束。

（二）光学器材产业

在光学器材产业，用前文中的一般性方法我们在下面地区找到了集群：汉堡、布莱梅、杜塞尔多夫、埃森市、法兰克福（主区）、拉恩—迪尔县、斯图加特、慕尼黑（市）、柏林（西）、柏林（东）和莱比锡。这一结果与文献提出的关于这个产业的发展内容是矛盾的（如经合组织国家2000年对耶拿的分析），这是由WZ73分类的独特特征造成的。根据WZ73分类，所有维修商品的企业都被划分为制造业企业。然而，就汽车和钟表类产业来说，维修这些产品的企业被划分在不同的三位数产业，维修光学产品的企业被划分为光学器材产业，而维修光学产品的企业要比生产光学产品的企业多。因此，光学产品维修企业是该产业的主

本土产业集群

导，并决定了企业的空间分布。

维修光学产品的企业应该被划分为服务业。这一点在后来德国对产业的划分中实施了，并一直延续到今天。但是在 WZ73 分类中并非如此。因此，前文中，光学器材产业的结果与许多其他服务业的结果是相似的：在该产业中，只在一些非常大的城市中有集群存在。

几乎所有维修光学器材的企业规模都很小，所有小的企业都被从数据中剔除，因此，这些企业没有被包括在分析之中。这样的剔除方式也排除了一些制造光学产品的企业。但是，仍有许多制造业企业保留下来。因此，我们对所有拥有10 名以上员工的企业进行了分析。分析结果在表 3-6 中给出。

表 3-6　排除人数不足 10 人的企业后，光学器材产业统计结果

企业数	年份	分布	企业临界数	集群数
相对数	1995	集群	8.7	4
	1997	集群	10.3	3
	2000	集群	10.5	3
绝对数	1995	自然	—	—
	1997	自然	—	—
	2000	自然	—	—

针对相对企业数，我们发现了集群现象，但是就绝对企业数，我们没有发现集群现象。因此，本土集群在光学器材产业中是存在的，但是它们出现在大城市以外的地区。在所有研究的年限中，我们观察到三个本土集群，它们位于下列行政区：拉恩-迪尔县（包括韦茨拉尔）、哈维尔兰（包括拉特诺在内的柏林东）和耶拿。这一点与文献中关于光学器材产业的研究结果是一致的。因此，在一般性分析中所得出的不同结果是由于对光学器材产业数据整合不充分造成的，该数据中包含了修理光学器材产品的企业。这是产业分类不充分带来问题的一个例子，同样的问题也可能出现在其他产业。

（三）汽车配件产业

汽车配件产业在每个区域的企业数量方面都表现出巨大的波动，这一点对东德来说尤其如此。因此，企业空间分布也表现得不是很稳健。两个研究发现确认了这一点：第一，集群现象只在 1997 年出现，在 1995~2000 年都没有发现集群。

第二，本章第三节中所使用的方法将汽车零部件产业的动态性归类为"波动"。

这些结果给解释增加了难度。东德的动态性似乎仍然处于不稳定状态，因此，很难确定最终的企业空间分布会呈现出什么状态。在三年的研究周期中，我们获得了产业分布的最大似然值，该值要比自然分布值大很多。但是似然率的大小应该是可以使该结果呈现显著性的数值。因此，在这一产业似乎出现了一些集群现象。但是，该结果也可能是统计假象。为了更清楚地了解情况，我们需要获取进一步的数据。相似的结果在橡胶硫化产业、有色金属加工与农业机械产业中也有出现。

（四）生物技术与设备

文献中有大量关于生物技术产业本土集群的讨论（Ernst & Young，2000；Braunerhjlm & Carlsson，1999；Lechner & Dowling，1999；Zeller，2001）。因此，对生物技术产业有集群现象的事实似乎不容怀疑。遗憾的是，此处使用的数据并没有把生物技术归类为一个独立的产业，许多属于生物技术产业的企业被划分到设备产业，还有一些企业根据 WZ73 分类被划分到其他产业。那么，我们似乎应该看到更宽泛分类的设备产业表现出集群。

实际上，前文中所做的实证分析在设备产业中找到了本土集群。而且，也明确了集群现象动态性，这意味着 1995~2000 年，集群现象是有所增强的。此外，集群现象在 1995 年并不显著，在 1997~2000 年是显著的。这说明，1995~2000年，设备产业存在一个清晰的向集群现象发展的趋势。

三位数的设备产业中包含几个四位数的产业，如不同种类的测量仪器、控制仪器和医疗仪器。这些产业的企业数量 1995~2000 年增加了 603 个。对于生物技术产业，报告称，1996~2000 年德国在该产业的企业数从 129 个增加到 279 个（Zeller，2001）。因此，我们可以合理假设，尽管生物技术企业所占总比重很小，仪器设备产业的发展是强烈地受到生物技术产业发展影响的，因为仪器设备产业在 2000 年所包含的企业总数达 11384 家。

前文发现，包含仪器设备本土集群的行政区与文献中所找出的生物技术中心不同［关于德国生物技术产业的详细研究在 Zeller（2001）的研究中有详细阐述］。汉堡、图灵根、慕尼黑与西柏林是这些集群所处的位置。对数据进一步的考察发现，在 1995 年已经存在一些地区具有高企业数。慕尼黑与西柏林在当时都曾受益于生物技术产业，这也拉大了这四个区域与其他地区之间的差距（图灵根与汉堡在 1995 年拥有仪器设备产业的最高企业数）。这使集群现象更加明显，也正因此，它能够用本书所采用的统计方法鉴别出来。但是大量处于生物技术产业之外的仪器设备产业的企业数仍主导整个产业的空间分布。

如果只是考虑生物技术企业，整体情况会有一定不同。这里所使用的方法不能反映生物技术产业的发展，因为对产业的划分是由可以获得的数据决定的。然而，对生物技术产业的讨论可以表明两点。第一，尽管对产业的划分是不充分的，但还是可以观察到一些发展前景。这说明子产业的发展会对所考察的产业产生影响，影响的程度是以表现出更高水平的集聚为特征的。此外，这也表明一般性方法，也就是本书采用的方法，的确可以捕捉到即使是很小的发展，却不一定总能找出与所使用数据结构不相契合的发展。第二，生物技术产业的发展只有用本书所使用的方法才可以找到，因为这些发展中的大部分都是发生在仪器设备产业具有很强优势的区域。这说明生物技术企业的发展从某种程度上与仪器设备企业的存在有关联。这种与相关领域的空间关联似乎也不是例外现象，而是一般性特征〔对于这些关系的详细研究见 Brenner（2000）〕。

（五）纸制品产业

纸制品产业的案例似乎是典型的由于产业衰退导致集群消失的案例。该产业的总企业数从 1995 年的 444 家减少到 2000 年的 404 家。企业数量减少现象主要出现在 1995 年包含集群的区域。1995~2000 年，所有区域都经历了企业数量减少。平均下来，这些区域损失了 32% 的纸制品制造企业，这一数值要远远高于该产业的平均下降水平。

根据附录中给出的列表，这个产业的动态性被归类为"平均化"。这也确认了这一产业的集群正在不断弱化的事实。集群弱化直接导致 1997~2000 年出现了显著的集群现象消失。同样的过程也出现在水泥产业、锅炉制造产业、火车车厢制造产业、供暖与烹调设备产业、包装设备产业、挍花产业、丝绸加工产业、乳制品产业。这说明对于所有上述产业，都有发现集群消失的情况。因此，某个产业企业数量减少似乎是本土集群消失的一个必要条件。

（六）数据处理产业

根据前文中的分析，在数据处理产业中存在的本土集群在 1995~2000 年消失了。这个结果是通过企业空间分布分析得出的，同时有"平均化"动态性分类进一步确认。同时，该产业的企业数量从 1995 年的 971 家急剧增加到 2000 年的 1379 家。

该产业企业数量的增加可以主要归结为一个子产业，具体来说就是软件开发与供应产业。如同生物技术产业一样，在一个子产业中发生的动态性的数据是无法获取的。但是，与生物技术产业的发展不同的是，许多软件产业的企业都是在数据处理集群之外建立的。所以在软件产业的案例中，不存在其他子产业与数据处理的存在强关联。

因此，软件产业的动态性破坏了数据处理产业出现集群现象的证据。但是，这一点既不能被解释为数据处理产业集群的消失，也不能被解释为软件产业缺乏集群现象的动力。产业集聚似乎是位于不同的地区，表现出不同类型的集群现象，这几乎使我们无法得出结论。如果一定要就该问题得出结论，就必须获得关于数据处理产业不同子产业的信息。

因此，数据处理产业是一个结果误导的案例，这一结果是通过运用以不充分分类数据为基础的一般性方法获取的。我们这部分详细讨论过的其他产业中的大部分产业所得到的结果与产业相关信息间都有着较好的契合。因此，这种误导的结果似乎是一个例外而不是规律。但是，我们必须记得，这种情况是可能出现的。

第五节　集群的决定因素

在前文中，我们曾经发现，本土产业集群存在于一些产业但并非所有产业。这就带来了一个问题，那就是，哪种产业特征对本土集群的存在起到作用。这个问题与一个更具有一般性的问题，即为什么本土产业集群存在是一致的。

文献中曾给出大量的答案。大部分的研究人员对本土产业集群之间存在差异，而且不同机制在发生作用这一事实已经达成一致。这实际上让回答上面的问题变得更加复杂。但是，本书所采用的一般性方法提供了研究集群产生原因不容错过的独特机会。

本土产业集群

所有三位数产业在前文中都被划分为两大类：包含本土集群的产业和不包含集群的产业。而且，每个产业在内的动态性被划分为三类：集群现象动态性，平均化动态性和其他动态性。如果产业的一些特征导致了本土集群的存在，它们应该在这些表现出集群现象的产业，而不是其他产业中被观察到。这样的话，对从属于不同种类的产业的特征进行比较应该可以使我们找出引起集群现象的原因。当然也存在产业特征组合对本土集群的存在起到至关重要作用的可能。这一点可以通过对不同类型产业进行比较来检验。但是，为了简便，我们只是研究了产业的一些简单特征。关于这类问题的进一步分析可以关注更加复杂的特征组合以及它们对集群现象产生的影响。

情况并没有看起来的那么简单。现有数据的限制，对集群鉴别的不太确定，以及产业动态性和许多影响因素的相关性都使实证分析变得困难。但是，尽管存在这些可能引起结果不具有显著性的问题，还是可能找出产业特征与集群现象之间的一些相关关系。

我们运用逻辑回归来研究产业特征与集群现象之间的关系。关于产业特征的数据是从曼海姆创新专家组和维斯佩根（Verspagen，1997）对溢出效应的研究中获得的。在本节第一部分对这一数据做出了详细的描述。集群现象是根据本章第二节中所描述的静态方法和本章第三节中的动态方法测量的。在上述部分中，对产业的划分最终得出的结论在附录表 A-1 中给出。这些数据的统计特征以及所使用的分析方法在本节第二部分中有所描述。

分析的结果及讨论呈现在本节第三部分。主要的结果如下：根据动态特征分类得出的产业特征与集群现象之间的关联性要比根据企业分布分类得出的关联性更加显著。这也再次验证了前文中所得出的结论，也就是，即使促使本土集群出现的条件已经不存在了，本土集群仍然在持续。研究发现的与集群现象显著相关的产业特征有：产业内部溢出效应的数量，合作，知识流动以及流程创新的数量。

一、实证数据

统计部门并不会收集关于产业特征的数据。因此，我们的方法也没有可以依赖的一般性资料来源。但是，还是有不同的研究对不同产业的某一方面分别进行了分析。有时，这些研究的结果甚至被出版，这些研究中，会有对每个产业的特征的分别描述。三位数产业不同特征的一般性数据源应该是更充分的数据。曼海姆创新专家组至少对一定数量的产业特征来说是属于充分数据。曼海姆创新专家组（MIP）是由欧洲经济研究中心（Zentrum fur Europaische Wirtschaftsforschung）在曼海姆代表德国经济部来管理的。每年大概有 2500 家企业要完成一个问卷调查。问卷主要关注的是企业的创新活动，同时设计了一些相关的其他问题。我们这里使用的数据来自最初在 1993 年和 1999 年进行的调查问卷。1993 年的数据被用在与合作相关的三个特征方面，因为这是唯一的一年，企业被问到和合作活动相关的内容。对于其他产业的特征，我们采用的是最近的 1999 年问卷中的数据。

我们选择曼海姆创新专家组与维斯佩根（Verspagen）研究的数据，因为这些数据可以满足两个条件。第一，在产业的层面，我们可以获得这些数据。第二，这些数据与本土产业集群的出现有关。在文献中和本书的第二章中，有几个要素被认为是造成本土产业集群存在的原因，在这里我们将进行检验。因此，就需要和这些要素相关的数据。大部分文献中提出的原因都具有动态特征，其中一个例子是区域中人力资本的集聚。对于这种动态性的一般性实证研究是不存在的。我们需要找出与这些过程相关性类似的特征。

理论分析表明，和人力资本、创新、溢出效应、企业合作以及初创企业相关的产业特征都应该被研究。对于所有上述要素，除了初创企业，已经找出一些特征类似于它们在某一产业中的相关性。目前，只有针对制造业部门特征的研究，因为在前文研究中也曾提出过，本土集群主要存在于制造业产业，而且大部分的服务业、采矿业和农业都不能用我们采用的方法充分描述。我们将对不同的数据及其来源分别进行讨论。

（一）曼海姆创新专家组

曼海姆创新专家组根据 WZ93 对企业进行分类[①]。我们前文中所使用的数据是根据 WZ73 进行的产业分类。但是，WZ93 分类中的大部分四位数产业都可以轻易被归类在 WZ73 分类中的三位数产业。有个别产业划分无法找到匹配的，下面的分析中就没有将其包括在内。

本土产业集群

---

① WZ93 分类（Wirtschaftszweige 93）是 1993 年德国推出的对产业的分类，现在作为官方数据使用。

通过这样的方式，曼海姆创新专家组调研的企业被归类在 WZ73 分类中，这样就出现了最终归类为每个产业的企业数量的不同。为了能够测度产业特征，我们计算了归类到该产业的所有企业的特征平均值。

如果某个产业中只存在一个企业，那么平均值就由这个企业的特征决定，这样的一个取值是不太可靠的。因此，在所有产业中，曼海姆创新专家组调研中包含少于 5 家企业的产业，在下面的分析中被排除在外。这种剔除方式可以用下面的论证来解释。在曼海姆创新专家组研究中的那些只包含少量企业的产业，也是德国产业中只包含少量企业的产业，这会造成本章第二节与第三节的分析结果不可靠。因此，将这些产业排除在外是合理的。

在排除了所有服务业、采矿业和农业以及在 WZ93 与 WZ73 分类不匹配的产业和所有曼海姆创新小组研究中少于 5 家企业的产业后，还有 60 个产业保留下来。所有的 22 个两位数的制造业产业（根据 WZ93 分类）可以至少由一个三位数产业代表。60 个产业，这个数量可以作为德国制造业部门的充分代表。它们代表了近 85%在曼海姆创新专家组研究中调研的企业。

在曼海姆创新专家组的调研中共找出 13 种不同的特征，在此处将进行研究。它们是[1]：

PRODCYC：企业生产的最重要产品的平均产品周期。

PRODINNO：如果企业进行产品创新，或在过去三年内企业进行了产品创新开发活动，该变量为 1，其他情况，该变量为 0。

PROCINNO：如果企业进行流程创新，或在过去三年中进行了流程创新开发活动，该变量为 1，其他情况，该变量为 0。

INNOEXP：花费在创新项目和与创新项目相关的投资的营业额占比。

REVNEW：通过新产品或经过显著改良的产品获得的收益占比。

INFOINNO：表示来自竞争对手的信息的重要性特征及来自同一产业的企业创新活动信息重要特征的变量（如果该信息被认为对产品或流程创新重要，该变量取值为 1，如果认为该信息对于创新活动不重要，该变量取值为 0)。

SCIEINNO：该变量表示科学知识对创新活动重要性特征（变量取值方式与

---

[1] 这里使用的简写和数据中给出的简写不同，目的是为了让每个简写描述的内容更清晰明了。

INFOINNO 相同）。

    EMPNAT：拥有自然科学学位员工占比。

    EMPSOC：拥有社会科学学位员工占比。

    EMPTECH：在技术学校接受过培训的员工占比。

    COOPCOM：与本地竞争对手合作占比。

    COOPSUP：与本地供应商合作占比。

    COOPUNI：与本地大学合作占比。

最后三个特征的数据是从曼海姆创新专家组在 1993 年所做的研究中获取的，其他数据是从该专家组在 1999 年进行的研究中获取的。

（二）维斯佩根（Verspagen）研究中的溢出效应

在文献中，有多个方法是研究产业间的溢出效应的。这些方法在使用数据方面有所不同。一般来说，专利信息被用来分析研究领域的相互关联。但是，一些研究人员运用的是创造和使用专利的产业的数据（Scherer，1984），其他研究人员利用的是专利被归类为不同产业这一事实（Grupp，1996；Verspagen，1997）。我们此处运用的是维斯佩根（Verspagen，1997）研究所得出的结果。这些结果与我们采用的研究方法最契合，因为针对每个产业分类的分析与我们采用的产业分类非常匹配 ［在 Grupp（1996）的研究中，反倒是使用了对技术领域的分类］，而且，针对欧洲所做的数据也比较新 ［Scherer（1984）的报告中针对美国所做的研究结果大概是从 1980 年开始］。

维斯佩根（Verspagen）计算了溢出效应矩阵，也就是产业间溢出效应率。在本书的研究背景下，只要能够了解在某一产业内部知识溢出的量就足够了。再精确一些说明，就是只要了解产业中的溢出效应对于企业来说有多重要就可以。这并不能由溢出效应矩阵算出。基于维斯佩根（Verspagen）的溢出矩阵既无法算出重要性也无法算出某一产业中溢出效应的总数。

因此，我们必须采用一种能够从某种程度上反映产业间溢出效应重要性的测量方式。在这里我们用的是某一产业中溢出效应与来源于该产业的总的溢出量的比率。在下文中，这一比率被称为产业内溢出比。这一比率可以直接从溢出矩阵中提取出来。维斯佩根（Verspagen，1997）提供了三个矩阵。其中的两个是与欧洲相关的，被标注为"矩阵 A"和"矩阵 B"。相应的产业内溢出比在此处用

本土产业集群

SPILLRATA 和 SPILLRATB 表示。

维斯佩根（Verspagen）所采用的产业分类和 WZ93 分类中的两位数水平非常相似。但是，前文中所选出的 60 个产业的溢出比并不能全部获得。维斯佩根（Verspagen）矩阵中的每个产业间溢出效应比指向 60 个产业中的一个或几个。就这个问题，我们有三种方式可以处理。第一，我们可以对从曼海姆创新专家组研究中所获得的变量和从维斯佩根（Verspagen）研究所获得的变量分别做回归分析。第二，曼海姆创新专家组研究中关于集群现象的观察与发现可以被转换为维斯佩根（Verspagen）所使用的产业分类。第三，维斯佩根（Verspagen）研究所得出的结果可以被归类为上面选的 60 个产业中。

上面提到的每种方法都有一些缺点。我们最终采用了后面的方式，因为它似乎是存在问题最少的一种方法，而且还有一些优势。其中的优势包括在分析中可能采用 60 个产业而不是 22 个产业进行分析，这样得出的结果会更具有显著性；同时还可能在一个分析中研究所有的自变量，而且具有一定企业数量的所有三位数产业（在曼海姆创新专家组的研究中）都可以以同样方式进行考量。

我们所选的方法唯一的缺点是把维斯佩根（Verspagen）研究中的产业归类为上面所选的 60 个产业中。60 个产业可以轻易地归类为维斯佩根（Verspagen）研究所包含的产业，但是反过来做却不容易。因此，维斯佩根（Verspagen）分析中所发现的溢出效应率被转换至所有该研究所包含的产业中。这就意味着，许多值被运用在多个产业。这样做可能会减弱产业内溢出效应与集群现象之间的相关显著性。因此，我们这里选择的方法是保守的，因为它低估了溢出效应的影响力。

二、方法与描述统计

这个分析的目的是研究对本土集群存在有影响力的产业特征。理论文献以及案例分析文献表明，许多不同的机制都会对本土集群的出现有影响。本书所做的实证分析目的是检验在前面研究中所找出的具有集群现象的产业中，这些机制是不是非常活跃。因此，本书探究了产业特征与集群现象之间的关系。在前面内容中我们界定了 15 个变量，这些变量或多或少都反映了文献中提到的机制。现在的任务是检测 15 个变量中的哪些可以预测产业集群现象。

（一）对集群现象的测量

我们必须定义一个变量，用来反映上文中关于每个产业的集群现象的研究发现。在本章第二节，研究将每个三位数的产业都归结为两类：一类是包含本土集群的产业，一类是没有本土集群，至少是不显著拥有本土集群的产业。因此，对所有属于前一类的产业我们可以定义一个变量并赋值为 1，对于属于后一类的产业我们赋值为 0。这一变量在接下来的讨论中被称为 CLUSTEXIST。

在本章第三节，我们研究了三位数产业中的动态性。研究的结果是我们将所有三位数制造业产业归为以下三类：集群现象、平均化和其他。具体结果在附录的表 A-1 中。根据上面的结论，我们将定义两个变量。一个变量为 CLUSTDYN，如果"集群现象"动态性被观察到，该变量取值为 1，如果平均化和其他动态性被观察到，取值为 0。另一个变量为 EQUALDYN，如果平均化动态性被观察到，取值为 1，如果集群现象或其他动态性被观察到，取值为 0。

所有三个变量可以详细说明前面选的 60 个产业。因此，共有三个因变量，15 个自变量和 60 个观测点。

（二）统计过程

自变量只可以取值为 1 或 0。而且第四章第三节表明，本土产业集群的出现是一个随机的过程，在这个过程中，一般来说，产业特征影响集群现象出现的概率，但是，只是在一些真正有集群出现的案例中产生影响。因此，我们这里选择使用的是逻辑回归的方法。

逻辑回归意味着，假设以自变量为基础，可以预测因变量为 1 的可能性。我们用 X_i $(i \in \{1, 2, \cdots\cdots, 15\}$（来表示自变量，用 Y_j $(j \in \{1, 2, 3\})$ 来表示因变量。然后，假设的相关可以由下式得出：

$$P(Y_j = 1) = \frac{1}{1 + \exp\left[\sum_{i=1}^{15} \beta_i \cdot X_i\right]} \tag{3-19}$$

其中，β_i 为回归相关系数。

自变量的选择方式是它们能够反映文献中所表明的影响集群现象出现的不同过程，具体来说是人力资本的聚集、创新、溢出效应、知识流动和企业间合作。对于上面所提到的每个要素，都选择了能够衡量这些过程的几个变量。对于每个过程选择不同的测量方式，是因为不确定这些过程如何才能够被精准测量。但

本土产业集群

是，这也意味着会存在一些变量群测量结果几乎相同。因此，这些变量应该是高度相关的。因此，我们就必须考虑到多重共线性问题。

在附录的表 A-2 中给出了所有自变量之间的相关关系。和同一过程相关的变量在大部分的案例中都得出了显著相关的结果。但是只有在变量 PRODINNO 和变量 PROCINNO 与 REVNEW 之间得出强相关结果（>0.65）。因此，下面将研究如果每组相似变量中只采用一个变量时，回归分析结果的显著性是不是会发生改变的问题。

创新：PRODCYC，PRODINNO，PROCINNO，INNOEXP，REVNEW。

信息源：INFOINNO，SCIEINNO。

人力资本：EMPNAT，EMPSOC，EMPTECH。

合作：COOPCOM，COOPSUP，COOPUNI。

溢出效应：SPILLRATA，SPILLRATB。

回归被做了多次，每次都包含了四组变量中的所有变量，和剩下一组中的一个变量。检测表明，多重共线性问题对于三个变量 PRODINNO，PROCINNO 和 REVNEW 是有问题的，对于其他变量都没有问题。结果发生显著改变，我们在这里把它称为有显著影响的变量改变，但是只有在包含变量 PRODINNO，PROCINNO 和 REVNEW 发生改变时出现。因此，下文中给出了包含所有变量的完整模型回归的结果，和受限于一个变量 PRODINNO，PROCINNO 或 REVNEW 的回归结果。

（三）描述统计

表 3-7 列出了所有自变量的平均值和方差。

表 3-7　对自变量的描述统计

变量	均值	标准差
PRODCYC	10.51	5.57
PRODINNO	0.702	0.179
PROCINNO	0.634	0.175
INNOEXP	0.0532	0.0395
REVEW	15.42	9.45
INFOINNO	0.120	0.109

变量	均值	标准差
SCIEINNO	0.246	0.128
EMPNAT	0.0890	0.0650
EMPSOC	0.0231	0.0132
EMPTECH	0.0968	0.0377
COOPCOM	0.040	0.069
COOPSUP	0.150	0.0181
COOPUNI	0.020	0.054
SPILLRATA	0.398	0.142
SPILLRATB	0.284	0.163

因变量是二进制变量。它们取值为"0"和"1"的频次在表 3-8 中给出。

表 3-8　对因变量的描述统计

变量	值出现频次	
	0	1
CLUSTEXIST	27	33
CLUSTDYN	44	16
EQUALDYN	35	25

三、结果与讨论

(一) 逻辑回归结果

上文界定了三个因变量。对于所做的四个逻辑回归中的每一个：一个是包含所有自变量，三个是包含自变量 PRODINNO、PROCINNO 或 REVNEW 中的一个，和所有其他自变量。回归是根据 Huber 与 White 使用鲁棒协方差来完成的，所以异方差性产生的问题应该不会出现。变量 CLUSTEXIST 的统计结果在表 3-9 中给出，变量 CLUSTDYN 的统计结果在表 3-10 中给出，变量 EQUALDYN 的统计结果在表 3-11 中给出。

表 3-9　变量 CLUSTEXIST 逻辑回归结果

自变量	完整模型	简化模型	简化模型	简化模型
常量	−2.80 (0.19)	−1.76 (0.35)	−3.49 (0.05)	−1.69 (0.28)
PRODCYC	−0.12 (0.09)	−0.07 (0.23)	−0.07 (0.20)	−0.09 (0.16)
PRODINNO	−1.45 (0.68)	−0.86 (0.74)	—	—
PROCINNO	4.46 (0.10)	—	3.11 (0.19)	—
INNOEXP	−19.3 (0.15)	−16.7 (0.17)	−19.0 (0.14)	−18.5 (0.15)
REVEW	−0.06 (0.38)	—	—	−0.04 (0.41)
INFOINNO	0.97 (0.75)	−0.74 (0.84)	−3.01 (0.48)	−0.19 (0.82)
SCIEINNO	−3.37 (0.48)	0.36 (0.90)	−0.06 (0.98)	0.91 (0.76)
EMPNAT	−13.1 (0.19)	−12.8 (0.13)	−15.9 (0.08)	−10.4 (0.26)
EMPSOC	56.1 (0.11)	59.7 (0.07)	56.4 (0.09)	55.9 (0.09)
EMPTECH	19.0 (0.12)	16.7 (0.15)	19.4 (0.11)	16.3 (0.17)
COOPCOM	−4.00 (0.45)	−1.83 (0.71)	−3.97 (0.45)	−1.74 (0.73)
COOPSUP	−1.38 (0.44)	−0.74 (0.66)	−0.97 (0.57)	−0.92 (0.59)
COOPUNI	3.13 (0.64)	3.49 (0.57)	2.45 (0.72)	3.66 (0.55)
SPILLRATA	**7.26** (0.05)	6.57 (0.07)	6.31 (0.07)	6.53 (0.06)
SPILLRATB	−0.06 (0.98)	−0.29 (0.91)	−0.20 (0.94)	0.03 (0.99)
R^2 (Cox 与 Snell)	0.242	0.196	0.219	0.204

注：p 值在括号中给出，显著结果（显著水平为 0.05）用黑体表示。

表 3-10　变量 CLUSTDYN 逻辑回归结果

自变量	完整模型	简化模型	简化模型	简化模型
常量	**−17.9** (0.01)	−8.25 (0.05)	**−17.1** (0.01)	**−7.91** (0.02)
PRODCYC	0.03 (0.82)	0.13 (0.22)	0.22 (0.06)	0.03 (0.82)
PRODINNO	−10.3 (0.23)	−1.11 (0.78)	—	—
PROCINNO	**18.4** (0.01)	—	**9.16** (0.03)	—
INNOEXP	−71.1 (0.10)	−20.5 (0.41)	−49.2 (0.16)	−20.3 (0.41)
REVEW	−0.26 (0.10)	—	—	−0.15 (0.10)
INFOINNO	16.1 (0.10)	**15.6** (0.05)	17.0 (0.07)	14.6 (0.06)
SCIEINNO	8.03 (0.20)	1.11 (0.77)	−0.83 (0.84)	5.27 (0.26)
EMPNAT	6.15 (0.64)	−0.70 (0.94)	−5.60 (0.65)	4.58 (0.68)
EMPSOC	−5.11 (0.93)	12.8 (0.72)	−1.58 (0.97)	4.06 (0.91)

自变量	完整模型	简化模型	简化模型	简化模型
EMPTECH	17.6（0.33）	−3.65（0.78）	3.32（0.81）	−1.47（0.91）
COOPCOM	−0.53（0.95）	3.87（0.48）	2.05（0.74）	4.21（0.47）
COOPSUP	**10.7**（0.03）	**8.26**（0.01）	**10.8**（0.01）	**8.07**（0.02）
COOPUNI	**42.0**（0.01）	**21.9**（0.01）	**27.7**（0.01）	**25.6**（0.01）
SPILLRATA	**21.6**（0.03）	7.47（0.16）	12.5（0.10）	7.89（0.14）
SPILLRATB	−0.22（0.97）	−0.32（0.93）	−0.65（0.89）	1.84（0.63）
R^2	0.494	0.338	0.407	0.370

注：p 值在括号中给出，显著结果用黑体表示。

表 3–11　变量 EQUALDYN 逻辑回归结果

自变量	完整模型	简化模型	简化模型	简化模型
常量	3.17（0.11）	0.94（0.63）	**4.90**（0.03）	1.355（0.38）
PRODCYC	0.03（0.66）	−0.05（0.45）	−0.08（0.20）	0.000（1.00）
PRODINNO	4.82（0.20）	2.90（0.31）	—	—
PROCINNO	**−10.1**（0.01）	—	−4.96（0.08）	—
INNOEXP	−10.1（0.35）	−11.3（0.25）	−11.1（0.25）	−9.24（0.30）
REVEW	0.13（0.08）	—	—	0.11（0.07）
INFOINNO	−1.13（0.82）	−6.23（0.12）	−2.33（0.58）	−5.74（0.17）
SCIEINNO	1.22（0.71）	2.52（0.40）	3.20（0.29）	1.31（0.68）
EMPNAT	1.34（0.89）	1.64（0.85）	5.18（0.56）	−3.24（0.73）
EMPSOC	−9.07（0.83）	8.04（0.83）	14.9（0.69）	15.2（0.67）
EMPTECH	−0.66（0.96）	−1.96（0.88）	−2.46（0.85）	−1.68（0.90）
COOPCOM	−12.7（0.08）	**−16.2**（0.03）	−12.20（0.07）	**−15.6**（0.03）
COOPSUP	−2.13（0.33）	−2.174（0.23）	−2.91（0.15）	−1.69（0.36）
COOPUNI	−8.34（0.22）	−7.83（0.20）	−5.72（0.37）	−9.21（0.15）
SPILLRATA	−7.83（0.07）	−4.75（0.20）	−3.88（0.28）	−5.00（0.18）
SPILLRATB	3.83（0.26）	2.14（0.45）	2.58（0.37）	1.56（0.59）
R^2（Cox 与 Snell）	0.386	0.267	0.296	0.300

注：p 值在括号中给出，显著结果用黑体表示。

就因变量 CLUSTEXIST 而言，只有一个自变量，即变量 SPILLRATA 得到了显著结果。

这个正相关在三个变量 PRODINNO、PROCINNO 和 REVNEW 中的两个被排除时消失。

就自变量 CLUSTDYN 来说，变量 PRODINNO、PROCINNO 和 REVNEW 对回归结果的影响很小。变量 PROCINNO、COOPSUP 和 COOPUNI 对"集群现象"动态性的概率有强正向显著影响。INFOINNO 与 SPILLRATA 的影响取决于是否包含变量 PRODINNO、PROCINNO 和 REVNEW。

在对变量 EQUALDYN 的研究中，变量 PRODINNO、PROCINNO 和 REVNEW 也会起到影响。PROCINNO 在所有自变量都考虑的情况下有积极影响，如果只考虑一个变量时，这种影响力会消失。而且，COOPCOM 对于模型设定有显著负向影响。对于所有其他变量，没有发现显著相关性。总的来说，就 EQUALDYN 来说，没有发现稳健显著相关性。我们所选的变量在解释"平均化"动态性时没有解释"集群现象"时更具有充分性。

（二）集群以及趋向集群现象的动态性

对上文所描述的统计结果，我们将先比较变量 CLUSTEXIST 与变量 CLUST-DYN 的结果。这样做是出于两个原因。第一，不同的拟合质量确认了本章第四节的研究发现，具体内容将在下面解释。第二，对两个结果的分析与比较使我们进一步了解了产业特征（自变量）对集群现象（因变量）的影响。

在本章第四节，我们讨论了德国本土产业集群的空间分布，并提出了许多集群所在地区出现过促进集群出现的条件，但是，现在这些条件已经不存在。在第二章的理论方法研究中，我们也反复提出过类似的观点。这些观点表明，只有在集群出现期间，条件和过程才很重要。一般来说，引起集群出现的原因消失后，集群仍会存在很长一段时间。

在这里，真实的产业特征（1997~1999 年）被用来解释真实的集群现象（1996~2000 年）。根据前文的观点，这种解释对于趋向集群的动态性应该是可能的，对集群现象的存在却不一定。后者只有当产业特征不发生变化或集群是近期才出现的情况下才可能。因此，对于变量 CLUSEXIST，基于真实产业特征的解释应该没有基于同一特征的对变量 CLUSTDYN 的解释更丰富。

表 3-9 与表 3-10 中记录的发现确认了这一点。R² 值在后一个回归中更大，更多的自变量可以更显著解释 CLUSTDYN 的值而不是 CLUSTEXIST 的值，因此，产业特征似乎的确对本土产业集群的出现起到作用，尽管它们几乎很少甚至不对集群的持久性产生影响。

这一点对自变量和因变量之间的因果关系也有重要意义。这里所做的回归分析只能得出变量之间关系的结论。因此，我们可以提出这样的观点：集群的存在一定程度上加快了产业进程，因此，也在某种程度上影响了产业特征。这一点对于前面所用的一些自变量是合理的。但是，这种因果关系意味着，变量 CLUSTEXIST 比变量 CLUSTDYN 与相关产业的相关性更强。因此，从一般层面上讲，我们可以说，这种方法中的大部分自变量与因变量之间的关系都是由一个自变量对一个因变量的影响所造成的。下文将对不同变量分别进行讨论。

（三）人力资本

人力资本的重要性是用员工中具有不同教育类型的人所占比重来衡量的。这里所考量的所有教育类型包括：大学自然科学教育，大学社会科学教育和大专技术教育。并未发现不同类型的教育背景对变量 CLUSTEXIST、CLUSTDYN 和 EQUALDYN 产生影响。

因此，我们没有找出证据来说明人力资本聚集对产业集群出现来说很重要，但是这并不排除人力资本聚集和产业集群出现有关系的可能。第一，这里的结果只说明没有找出这种关系的实证证据。第二，这里检验的变量只是与在企业外创建的、被企业运用的人力资本相关。工作经历以及从工作中获得的策略和知识也可能起到作用，但是这些变量在这里并没包括。第三，我们也有必要质疑这里使用的测量方式是不是对产业中人力资本重要性的一种好的测量方式。只是现在还没有其他的测量方式存在。因此，我们只能说，产业中员工拥有大学或大专学位既不太可能使产业表现出集群现象也不太可能使产业表现出集群现象动态性。

（四）创新

创新在一个产业中的重要性可以由几个不同的值来衡量。对于此处采用的不同类型的度量方式，我们需要加以区分。它们是：对产品生命周期长度的测量，对创新数量的测量，对创新花费的测量以及对创新产品占销售额比重的测量。

只有在流程创新数量方面我们获得了强显著结果。高频次的流程创新似乎与

"集群现象"动态性的高概率以及"平均化"动态性的低概率相关。同时，与集群存在的高概率不相关。根据前面的讨论，这一点指出了流程创新数量与本土集群之间存在因果关系。因此，高频的流程创新似乎是与本土产业集群出现相关的一个因素。

同样情况对于产品创新并不成立。产品创新方面并没有呈现显著结果，即使是在流程创新相关变量被排除分析的情况下，产品与流程创新似乎对本土集群的出现产生不同的影响。

对于创新的全部花费（INNOEXP），产品生命周期长度（PRODCYC）与新产品占企业销售额的比重（REVNEW），都未发现显著结果。

（五）溢出效应

溢出效应影响本土产业集群存在的假设的基础是企业必须彼此邻近才可以从溢出中受益的观点。溢出效应的相关性不直接由变量 INFOINNO、SCIEINNO、SPILLRATA 和 SPILLRATB 来测量。然而，如果溢出效应导致了企业在选址上的邻近，接收到最多溢出效应的企业就应该在位置上相互邻近。如果它们是从产业内部获得了最多的溢出效应，那么它们就该与处于同一产业的企业在位置上相互邻近。这应该能够造成本土集群的存在。如果它们是从其他产业获得更多的溢出效应，在产业内位置的邻近就不那么重要。

因此，如果前面的观点正确，产业内溢出效应比（SPILLRATA 与 SPILL-RATB）以及竞争对手间的信息流动（INFOINNO）应该是对本土产业集群存在与否的一个很好的预测变量。SCIEINNO 测量的是从大学流出的知识的重要性。

SCIEINNO 与 APILLRATB 的回归没有表现出这些变量与因变量之间的任何显著相关关系，而 INFOINNO 的回归与一个因变量在简化模型配置中表现出显著的相关关系，而且这一简化模型是最不充分的一个（根据所获得的 R^2 值判断）。只有变量 SPILLRATA 得出了显著结果。以 SPILLRATA 为形式测量的产业内溢出似乎可以解释本土产业集群的存在，以及集群现象动态性的出现，尽管这些发现的显著性在模型配置变化时表现得并不是很稳健。

因此，我们可以得出结论，溢出效应似乎与本土产业集群的存在有关联。因果关系可能是双向的。溢出效应可能引起企业协同定位，协同定位也可能带来溢出效应。这里采用的实证研究方法不能够区分因果关系的两个可能方向。后一种因果关系在实证研究中被证明是存在的（Anselin，Varga & Acs，1997）。但是，Verspagen 与 Schoenmakers（2000）也曾表明以专利引证为形式的溢出效应受到技术距离比空间距离的影响更稳健。这一点为因果关系也会在相反方向存在提供了一些证据。这将意味着，产业内溢出效应的重要性影响本土产业集群的存在和出现。

变量 INFOINNO、SPILLRATA 和 SPILLRATB 的不同结果表明某种类型的溢出效应是重要的。INFOINNO 测量的是以潜在创新知识流动为形式的溢出效应。SPILLRATA 测量的是在多大程度上，被归类为几个不同产业的专利都属于同一个两位数产业。SPILLRATB 测量的是在多大程度上补充专利分类也属于作为主要分类的同一两位数产业。因此，变量 INFOINNO 测量的是对知识的运用，而另两个变量测量的是在不同产业中的知识的相关性。对于本土产业集群的存在来说，某一产业的技术的开发与同属于两位数产业的其他子产业相关似乎是很重要的。创新是否带动同一产业其他企业的创新，或者所使用的技术是否主要与所属的同一两位数产业相关似乎并不是很重要。大学中流出的知识似乎也不相关（见 SCIEINNO 的结果）。

（六）区域合作

本土合作在文献中通常被认为是本土产业集群背景下的一个重要因素。但是实证证据给出的结果是混合的，而且也没有给出关于这一影响力的证明［关于这个问题的讨论，见 Grotz 和 Braun（1997b）］。已经有研究发现，企业认为本土伙伴之间的合作很重要，而且占企业所有合作中的很大比重（Koschatzky，1998；Oerlemans，Meeus & Boekema，1998；Sternberg，1998；Firtsch，1999；Keeble，Lawson，Morre & Wilkinson，1999）。但是，这不能证明本土合作引起了本土产业集群的出现。它更多的是表明本土产业集群的存在可能会带来合作数量的增加。

在这里，我们提供了本土合作对本土产业集群出现的证据。变量 COOPSUP 和 COOPUNI 分别测量了在同一地区，与供应商和大学合作所占比重。它们都表现出对 CLUSTDYN 的显著正向影响，同时对 CLUSTEXIST 没有表现出显著影响。根据上文的讨论，这意味着高比例的本土合作会在本土产业集群出现的时候出现，却不会在本土产业集群存在时出现。因此，如果合作主要在本土的某个产业中出现，集群现象就更有可能出现。

本土产业集群

这一点并不是对所有不同类型的合作都成立。只是在供应商（COOPSUP）和大学（COOPUNI）的合作中发现了正向影响。在竞争对手的合作（COOP-COM）中没有发现任何影响。因此，没有证据说明竞争对手间的本土合作是本土集群的特征，或者对集群的存在很重要。这样的论述在意大利的工业园区文献中被反复提出（Dei Ottati, 1994）。

（七）总结

在前文中，我们研究了产业具体特征与本土产业集群的出现及存在的一致性。研究发现，那些具有高数量的流程创新的产业，具有大量的以专利共类为形式的产业内溢出效应的产业，和具有高比例的与供应商和大学的本土合作的产业更有可能表现出集群现象动态性。对代表本土集群存在（CLUSTEXIST）和代表本土集群出现（CLUSTDYN）的因变量的同时研究，可以使我们得出关于这些关系之间的因果关系的方向。它表明许多流程创新和区域内与供应商和大学的合作对于本土产业集群的出现有积极影响。就产业内溢出效应来说，情况不是很清晰。

就所有其他我们考察的产业特征来说，无法得出结论。研究没有发现这些特征的显著结论。但是，这也可能是由于这些特征本身与本土产业集群的出现及存在没有关联，或者是受限于数据以及观测点较少等事实造成的。R^2 值如果在 0.4 左右，说明除了我们考察的因素外，还有更多的因素决定了本土集群的出现。

这里所使用的方法是首次尝试用一般性的方法找出集群现象的决定因素。我们也希望有更多类似的方法能够被提出来，会有更多的证据被收集，这样我们就可以对本土产业集群为何会存在有一个更好的理解和做出更好的回答。

第一节　目标和方法

本章将会根据第二章的理论讨论建立一个模拟模型。为此，该模拟模型将涵盖第二章第四节识别出来，作为区域化产业集群存在的潜在原因的所有区域机制。产生的模拟模型可用于分析区域过程的动态特征和影响这些过程的因素。

使用模拟模型很容易导致由特定的参数选择来确定所有发展的可能性。这常常引起人们对模拟模型的强烈批评。本书的模拟模型将包含多个参数。因此，所有风险都可能存在，而界定好该方法的目标以及恰当地选择结果分析方法非常重要。下面将详细讨论这些因素。

一、目标和范围

前面几章说明，区域化产业集群的出现和发展是一个复杂的过程。许多机制都与这个过程相互关联、相互作用。在区域化产业集群的背景下，可能存在各种问题。例如，为什么区域化产业集群会存在，它们何时何地会出现。这些问题都会在本书中得到解答。而模拟可以从多个方面强化其必要分析。此处，模拟的使用会受一个无法进行实证研究的因素的制约：区域产业集群出现的随机特性。

前两章多次指出了产业间的集群差异。另外，每个产业也具有迥异的特性。因此，对于每一组特性，实证数据为我们提供了时间路径。同时，区域产业集群的产生所涉及的许多过程也具有明显的随机性。所以，假如时间可以重复，即使产业特性完全不变，其动态性也可能呈现差异。因而，我们无法获取与区域产业集群出现的随机性相关的实证数据。

模拟则提供了一种可能性。模拟可以进行反复操作，但模拟模型的结果非常依赖参数的选择。因此，这一选择必须谨慎。在目前的情况下，有两个原因使得参数不能以实证方式固定下来。一方面，不是所有参数都适合通过实证方法进行研究；另一方面，参数因产业不同而不同。在此，我们不针对某一产业。为与本书整体概念保持一致，我们会在一般性层面进行模拟研究。

然而，参数范围可以根据该范围内某些价值反映出的所有产业特性确定。这些范围必须谨慎选择，它们会制约模拟可能产生的结果，因为不是所有情况都成立。然后，便可以讨论可能结果的范围，通过确认经验观测到的结果是否在此范围内来检验模拟模型。

一旦完成，我们便可以认为那些在模拟中被发现具有普遍性并独立于参数集的所有特性能够很好地描述实际情况。因此，模拟方式可以研究那些不能通过实证研究的统计特性。我们会解答三个问题。第一，区域集群的存在是确定性的还是随机性的。第二，区域集群的数量是否为预先决定的。第三，集群位置在何时以何种方式被确定下来。

二、可能性和问题

模拟似乎能够为各种复杂系统的建模提供无限可能。随着计算机速度的不断提升，一切好像皆有可能。然而事实并非如此。当然，每种机制原则上都可以被引入模拟，复杂的机制组合也可以随意被建模。但模拟建模者的共识是模拟模型应该尽量保持简单，至少建模者应该能够理解模型中的情况。这就限制了模拟模型的适用性。

这与模拟模型常被用在过于复杂无法用解析方式研究的待检系统的事实相悖。有时能够分析多维过程非常有益，而这样做的唯一方法就是采用模拟。我们现在就面对这种情况。文献认为，许多区域机制在区域化产业集群中发挥着重要作用，而基于实证研究是无法拒绝多数说法的。因此，用模拟检验这些说法背后的论点是非常有效的。因为不同的区域机制相互作用并共同发挥其影响，所以机制必须都包含在一个模拟模型中。

结果是，我们很难追踪模拟中的过程。为了简化这项任务，模拟模型以模块集合的形式建立起来。每个机制可以很容易地被纳入或剔除。这使得我们可以单独研究机制，并进一步了解它们产生的影响。随之，我们可以追踪包含所有机制的完整模型的结果。

（一）检验直觉和论证方式

总体上说，模拟是检验直觉的最佳工具。理论经济学和其他理论科学借助因果关系来进行论证。其常常以逻辑论证和直觉为基础。除了数学分析和实证研究，模拟也可以用来检验这些关系。为此，原因会被纳入模拟中，并接受其是否会影响结果的检验。

这种方式有两个主要制约因素：

第一，模拟只能解答某个原因是否与某种影响有关，不应将其混同于是否某种影响由某个原因产生这一问题，模拟无法解答后者。各种模型和规范数量无限，其中许多不同的模型都可能产生同一种效应。每个模型都可能是实际中的决定性原因，并且总可能存在尚未进行检验的原因。然而，所有理论以及实证方式也都面临同样的情况。理论方法、实证研究和模拟只能剔除那些由于某些情况无法产生所考察效应的原因。

第二，模拟需要设定清晰的被检验因素。语言表述具有模糊性，但模拟中的过程和因素必须准确界定。这既是优势，又是劣势。一方面，它要求研究人员必须形成确切的论证过程；另一方面，它使得对语言表述的检验变得十分困难。对于一个被检测的因素，即使其因果关系被模拟拒绝，其语言表述也不会随之被拒绝。一种常见的观点是：如果换为另一种设定，其因果关系也许会成立。加入模拟得到否定结论的设定越多，其因果关系的正确性就越弱，但不会被完全拒绝。然而，当论证需要更精确地被阐述时，其论证设定是可以被拒绝的。

因此，模拟无法证明一个因素对某个效应的产生具有决定性。另外，模拟也无法证明一个表述模糊的因素不能引起某种效应。在使用模拟时，应时刻谨记以防止其过度使用。然而，模拟研究是非常有益的。它们可以表明一些因素可以产生某些效应，而其他精确设定的因素则不能。

（二）模拟和实证数据的比较

在与实证数据做比较时，前文的观点仍然成立，甚至更有意义。有人试图通过削弱模拟结果和实证数据的差异将模拟应用于实践。这是一种误导。前文提到，许多模型设定被发现可以产生与实证结果相似的结果。识别出其中某个设定并不意味着已找到过程的正确形成的方式。

但是，我们可以根据模拟结果的特征对设定进行分类。现实中的特性研究可以借助实证数据完成。接下来可以通过比较实证和模拟结果来区分哪些模拟模型的设定会产生符合实践的结果，哪些模拟模型不会。如果被考察的特性针对不同的现实系统（在本书分析中，如针对不同的产业），这种比较更有利于根据模拟模型可能代表的现实系统对其研究规范进行分类。

然而，就像本书使用的带有诸多参数的模拟模型一样，它的问题并非所有变量都可以借助实证数据进行设定。这意味着对于每一个现实系统，只有其中一些参数能够被确定下来，而其余许多设定则无法根据实证数据来确定。这些设定将无法得到检验，并且没有人有把握能找出所有设定令模拟结果和现实相匹配。

三、模拟结果的分析方法

前文讨论的问题说明我们必须谨慎选择模拟结果的分析方法，之前找到的最重要的问题是可能的设定太多。尽量限制可能的设定至少在某种程度上可以弱化这一问题。我们使用文献中的实证研究来界定每种参数的范围，该范围应该既包括现实中发生的所有情况又尽可能保持最小。

借助模拟来解答的问题在此会有明显差异。因此，使用的方法也会不同。一些问题会根据描述性统计来回答，另一些问题则会通过回归分析来解决。但是，所有研究都面临着参数设定的可能性太大的问题。

（一）实验设计

文献中的所谓实验设计会被用来解决前文讨论的问题［Winer（1971）对这一方法做出的综合描述］。这种方法为每个参数在其范围内界定某些值，通常至少会选出两个极值。根据被选出的参数值的数量，固定其他值，这样就能等距划分其范围。通过这种方法，每个参数都可以得到某些数值。每种数值组合，都要

本土产业集群

138

进行模拟，并且报告所要进行研究的特性。这些特性会作为因变量，而参数会作为自变量。回归分析可用于研究不同参数对模拟结果各个方面的影响。

要进行模拟，仅使用这个方法是不够的。在模拟模型中有 31 个参数。哪怕只为每个参数选择两个值就意味着需要进行二十一亿四千七百万次模拟，因此，还需要另一种方法。

（二）蒙特卡罗模拟

除了前文描述的结构良好的实验设计外，还可以根据特殊的蒙特卡罗模拟法来决定所使用的参数组。通过这种方法进行的每次模拟，所有参数都能在其范围内随机确定，并会不断重复多次。每次进行模拟，会再次报告其使用的参数和模拟结果的特性，产生的数据可以当作实证数据并借助回归分析和其他统计方法进行研究。

第二节 模拟模型

一、概念

模拟模型是基于第二章的理论开发出的模型建立的，它关注某个特定行业的企业及其发展情况。与理论建模一致，这些公司被认为与本土环境相互影响并随之产生自我扩张过程。虽然第二章中关于这些自我扩张过程的模型非常抽象，但是这些过程会在本章中详细地建立模型。

第二章第五节已识别出潜在机制背后的自我扩张过程。这些内容在该部分已被详细讨论过，并在第三章第五节进行了实证研究。有证据表明其中一些机制与本土产业集群的产生有关。其中包括区域人力资本积累、局部溢出和衍生企业。模拟模型明确包含了这些机制。对本土环境的动态性将分别建模，并对它们与企业之间的总体交互作用将进行模拟和分析。

另外，模拟模型不会局限在一个区域。相反，德国的 439 个行政区域[①] 都是研究对象。除了每个区域内的交互作用，区域间及其空间特性间的交互作用也在模型的考虑范围之内。借此，目的是勾勒出一个颇具现实意义的图景，从空间上描绘一个产业中企业总体的发展情况，至少是对企业空间分布有重要作用的所有因素。

已有学者对相似的模拟模型进行研究（Camagni & Diappi，1991；Jonard & Yildizoglu，1998；Caniels & Verspangen，1999；Brenner，2001b；Brenner & Weigelt，2001；Brenner，2003）。这些研究根据模型中的本土机制和它们要解决的问题而有所差异。下面的模型中只包含了人力资本积累、局部溢出和衍生企业等机制。现有文献中的模拟模型还涉及企业与舆论和政策、与本土风险资本市场之间的交互作用、企业间的合作（Jonard & Yildizoglu，1998；Brenner，2001b；Brenner，2003），以及企业间的协同效应（Camagni & Diappi，1991；Brenner & Weigelt，2001）。本书所使用的模型则侧重详细研究所考虑的三种机制。已有文献还研究过动态性的特征（Jonard & Yildizoglu，1998；Brenner & Weigelt，2001），发展中的空间结构（Camagni & Diappi，1991；Caniels & Verspangen，1999），参数的影响（Brenner，2001b；Brenner & Weigelt，2001）以及政策措施的影响（Brenner，2003）。本书则研究发展的路径依赖和随机特性。

二、模拟模型

（一）企业及其特性

模拟时现有企业的数量会因为其进入和退出情况而发生变化。尽管如此，为了方便识别，每家企业用一个自然数 n［∈N(t)］来代表。数集 N(t) 随时间变化并永远只包含部分自然数集。t 表示时间，并假定其逐步递增，因此也是自然数（t∈IN）。一个时间间隔意味着模拟中的一天。不足一天的时间段对于企业退出或进入、创新、生产和销售等过程似乎没有那么重要。因此，使用离散时间并以一天为时间的基本单位足够了。

---

① 与第三章的实证研究相反，西柏林和东柏林在此进行了合并，因为只能得到联合数据。除此之外的区域的确定都是根据 1995~1997 年的实证数据进行的。

在任意时间 t，企业 n 的状态特征由其劳动力 L（n，t）（∈IN）、技术进步 T（n，t）（∈IR+）、产业 i_n（∈ {1，2，…，I}），即该企业属于哪个行业、区域 r_n（∈ {1，2，…，R}）、所在地等因素决定。根据下文界定的过程，企业的劳动力和技术会随时变化，但企业所在地和所属产业则保持不变，模拟模型不包括企业的迁移。这里进行的模拟只考虑一个产业，因此，尽管多数参数取决于该产业，下文会忽略对 i 的依赖性。

（二）地理空间

为了能够对模拟结果和第三章的实证分析结果进行比较，这里使用同一个空间构建。行政区划在这里用来代表区域。因此，439 个区域的发展情况都经过了模拟和结果分析。

模拟会明确使用这些区域的一些特性。从空间角度来看，两个区域之间的地理距离是很重要的。这里会根据区域的重心来计算其间的距离，区域的重心根据区域的实际空间形态计算，并标注在 x 和 y 坐标轴上。这意味着区域 r 的地理位置由 x(r) 和 y(r) 给定。另外，我们会使用区域内的人口和学生人数等数据（见本节下一部分）。

（三）企业规模

前文提到的受雇劳动力 L（n，t）被用作变量之一来界定企业状态。这里的固定技术系数是假定的。这意味着一定量的劳动力有其必需的资本对应额度。因此，资本额总是随着企业雇用的劳动力数量成比例地增加或减少。所以，可以明确地只考虑劳动力。

假定企业会调整其劳动力和资本以适应其面对的需求。因此，一家企业雇用的劳动力数量 L（n，t）会适应其产品需求。也就是说，我们认为企业可以完全根据市场情况调整自己的行为。它们不会主动决定增加其销售额，而是会以生产成本决定的价格为市场提供产品并对其需求做出反应。前瞻性企业战略在此不做考虑。

假定劳动力和资本投入可以快速降低，而其增加速度的最大幅度 λ·L（n，t）会被限制在一个时间间隔，也就是一天的范围内。这意味着企业可能面临它们无法满足的需求。

（四）需求

为了让模型尽量简单，本书并未使用需求函数。我们认为总需求为恒定或外生性改变，并由 D 来表示。假设企业提供的产品价格并不影响总需求 D（t），构建的模拟模型有助于企业空间分布的发展。必须将消费者行为包括进来，因为它对这一发展存在影响。因此，我们认为价格可以影响对产品的选择，但不会影响产品的消费总量。

同一产业中的所有企业都在争夺产业内的需求 D（t）。假定需求是全球性的，因而企业的所在地不会影响其产品的需求。但是，我们认为不同企业的产品是不同的，消费者是异质的。而 Hotelling 模型已经成为文献中描述这种情况的常用工具（Norman & Thisse，1999；Foros & Hansen，2001）。产品的特性在一维空间中被界定，其值介于 0 和 1 之间。每家企业 n 生产某种产品，其特点表现为 $g(n)$（$0 < g(n) < 1$）。根据每次 t，即每天有 D（t）个消费者这一假定建立需求 D（t）的模型。c 用来表示消费者。每个消费者偏爱某种产品，用 $g(c)$ 表示，但他/她也接受其他产品。那些和产品 $g(c)$ 更相似的产品要比不太相似的产品更受青睐。通过以下效用函数对其建模如下：

$$U_c(g(n),\ p(n)) = \bar{p} - p(n) - \pi \cdot |g(n) - g(c)| \tag{4-1}$$

其中，$\bar{p}$ 代表保留价格，$\bar{p}$ 可以设定其为无穷大，因为我们假定每个消费者愿意购买产品。而我们假设消费者数量等于总需求。此处，只对人们购买产品的决策进行建模。p（n）代表一家企业 n 提供产品的价格，而 π 可以决定一个产品与被期待产品的相似性对于消费者的重要性。

最后，我们假定消费者不愿意更换为他们提供产品的企业。营销文献中，品牌和品牌忠诚度间的变化得到广泛的研究［已有关于这一庞大数量的文献的概述，如 Mellens、Dekimpe 和 Steenkamp（1996）］。因此，变量 n（c，t）被引入来描述时间 t 中的消费者 c，n（c，t）表示消费者在时间 t 购买的产品所属的企业。消费者行为建模由 n（c，t）的变化建模来决定。构建方式如下。

假定消费者每天会查看相应行业中所有企业的一定比重 η。那么，η 代表消费者关于其他企业的报价消息灵通的程度以及他们确定存在一个优于其目前使用产品的速度。消费者查看的企业数量由 $\eta \cdot N(t)$ 表示，其中 N（t）指时间 t 在被考虑的产业中的企业数目。如果 $\eta \cdot N(t)$ 不是一个自然数，那么下一个会用到的

本土产业集群

是更大还是更小的自然数将随机决定。那些被查看的企业会从所有企业集里被随机抽调出来。

对于一家选定的企业ñ，消费者 c 会比较该企业供应的与企业 n（c，t）具有相同特性的价格和产品种类 g(c)。如果效用差异超过某值 ρ，消费者会将其选择的企业 n（c，t）改为 n（c，t）=ñ。其在数学意义上意味着关于企业的更改会出现，如果：

$$-p(n(c，t)，t) - \pi \cdot |g(n(c，t)) - g(c)| + \rho < p(\tilde{n}，t) - \pi \cdot |g(\tilde{n}) - g(c)|$$

$$(4-2)$$

其中，ρ 代表消费者更改企业的勉强程度，即便新选择的企业产品能更好地满足他们的需要。

如果一个消费者之前没有购物经历，他选择了第一家企业，这家企业还可以满足其更高的需求。一家企业 n 的产能由 Δ（n，t）表示。每个时间间隔后，产能设定为：

$$\Delta(n，t+1) = (1+\lambda) \cdot d(n，t)$$

$$(4-3)$$

其中 d（n，t）代表在时间 t 企业 n 销售的产品数量。前文假定企业会调整其规模以适应当前需求。另外，一家企业规模（劳动力）的增长速度不可能超过当前规模的比例 λ。式（4-3）反映出这一事实。d（n，t）表示在时间 t 从企业 n 购买某产品的消费者数量，这是由前文描述的过程决定的。只有当消费者的实际数量小于 Δ（n，t）时，在时间 t 一个新消费者才能被接受。这意味着一家企业规模（生产的产品数量）的可能性增长并不完全等于 λ·d（n，t），而是另一个更大的自然数。因此，一家企业能够以至少每个时间间隔来增加其生产产品的数量。如果达到最大产能（d（n，t）>Δ（n，t）），想要更换企业的消费者会被拒绝并保持之前的状态。

（五）定价

假设企业使用成本加成定价法。也就是说，产品价格由生产成本决定。根据前文的需求建模，相对价格才是重要的。因此，假设成本加成定价对于同一产业的所有企业都一样，那么成本加成定价对模型就没有任何影响。可以对其进行任意设定并在模拟中假定其为 1.1。

两个因素被明确引入模型来影响生产成本，它们是劳动力成本和所使用的技术。我们假定同一区域同一产业的所有企业的劳动力成本相同，因此，在时间 t 企业 n 的劳动力成本由 $w(r_n, t)$ 表示。确定它们的方式将在下文标题为"人力资本"的部分进行详细讨论。我们假定其他所有成本（如资本、材料、能源等）与劳动力成本同比例或者随着每个生产单位增加或保持不变。这样就可以忽略这些成本，原因是相同的：只有价格之间的关系是重要的。

技术发展能够产生不同的结果。它可能提高劳动生产率，提高产品质量，减少每个生产单位所需的原料投入量等。为了简便起见，我们假定在时间 t 企业 n 的技术进步由变量 $T(n, t)$ 表示。当在平均水平以下时，技术就被设定为数值 1。企业的技术 $T(n, t)$ 越先进，其生产成本就越低。这种关系在模型中用式 (4-4) 中的成本除以 $T(n, t)$ 来解释。企业随时间的技术进步会在下文标题为"创新"的部分进行详细描述。

另外，我们必须考虑的因素是规模经济，它由式 (4-4) 中的最后一部分表示。我们假定成本由劳动力规模决定（其等同于生产规模）。规模经济的形态会由两个参数决定，我们假设它们对一个行业中的所有企业是相同的：$\beta_\uparrow(\square\ IR_+)$ 和 $\beta_\downarrow(\square\ IR_+)$。假设 $\beta_\uparrow \geq 1$，那么即使企业规模很小，也不会出现规模不经济的情况。但是，如果企业规模扩大，规模不经济可能会出现（这取决于 $\beta_\downarrow$ 的值）。它反映出生产成本对企业规模的依赖性呈 S 形。

企业 n 的产品价格由下式给出：

$$p(n, t) \propto \frac{\omega(r_n, t)}{T(n, t)} \cdot L(n, t)^{\beta_\uparrow - \beta_\downarrow L(n, t) - 1} \tag{4-4}$$

（六）创新

一家企业的技术 $T(n, t)$ 由创新过程和追赶过程驱动。每家企业都有一个基本创新率来反映企业内部的研究成果。这意味着不考虑研发支出变化的可能性。我们假设所有企业都会根据其规模，也就是员工数量成比例地支出研发费用。文献发现企业的创新数量常常取决于企业规模（Audretsch & Acs, 1991; Anselin, Varga & Acs, 1997; Blind & Grupp, 1999），尽管事实不总是这样（Schulenburg & Wagner, 1991）。一些实证研究发现创新率对企业规模的依赖性呈 U 形（Audretsch & Acs, 1991; Bertschek & Entorf, 1996）。而关于创新率对企业规模二次价值的依赖性，一些研究则得出了负值（Audretsch & Acs, 1991;

Ray & Bhaduri，2001）。这个结果与 U 形创新率相悖。因此，我们认为内部创新率是两个值的总和：一是常数 μ_0（$\square IR_+$），此值对于所有企业都相同；二是 $\mu_L \cdot L(n, t)$（$\mu_L \square IR_+$），它与企业员工数成一定比例。

除了内部创新率 $\mu_0 + \mu_L \cdot L(n, t)$ 之外，技术溢出效应也会产生创新。许多实证研究（Anselin，Varga & Acs，1997；Audretsch，1998；Blind & Grupp，1999）证明，其他企业的研发行为会影响一家企业的创新输出。另外，还有实证证据表明技术溢出效应随企业间距离的增加而减少（Jaffe，Trajtenberg & Henderson，1993）。最后，我们认为企业产生的溢出效应越大，其规模就越大。也就是说溢出量随创新企业的员工数量的增加而增长［如 Anselin、Varga 和 Acs，（1997）的文献发现溢出效应随着相应企业的科研支出的增加而扩大，并与该企业规模成正比］。我们界定参数 σ（$\square IR_+$）为能够决定产业内部发生溢出效应的规模。这一界定表明了企业 n 通过对比其内部创新率对在同一位置的另一家企业 $\bar{r}$ 的创新概率的影响［见式（4-6）］。

溢出效应随着企业间空间距离的增加而减弱。在另一区域的企业要比在同一区域的企业对一家企业的影响小。然而，它们的影响仍然值得考虑。我们认为另一区域的企业 $r \neq r_n$ 会对企业 n 产生溢出效应，这种效应会随着区域 r 和 r_n 的距离的增加而减弱。区域 r 和 r_n 的地理距离由下式给出：

$$z(\bar{r}, r) = \sqrt{(x(\bar{r}) - x(r))^2 + (y(\bar{r}) - y(r))^2} \tag{4-5}$$

溢出效应随企业间距离的增加而减弱可以表示为：$\exp[-\zeta spill \cdot z(\bar{r}, r)]$，$\zeta spill(\in IR_+)$，是决定这种影响强度的参数。

在时间 t 企业 n 进行创新的概率 $P(n, t)$ 包含所有这些内容，并由下式表示：

$$
\begin{aligned}
P_n(t) = \mu_0 + \mu_L \cdot L(n, t) + \\
\sum_{\bar{n}=1 \, \bar{n} \neq n}^{N(t)} \{\sigma \cdot [\mu_0 + \mu_L \cdot L(\bar{n}, t) \cdot \\
\exp[-\zeta_{spill} \cdot z(r_n, r_{\bar{n}})]\}
\end{aligned} \tag{4-6}
$$

企业 n 在时间 t 是否可能创新是一个随机事件。这种事件的概率由式（4-6）给出。我们认为所有创新都是增量式的。因此，一项创新会一定程度地提高企业 n 所使用的技术 $T(n, t)$。

为了对追赶过程建模，来自创新的技术是否增长取决于该企业的技术与技术前沿的差距有多大。当差距越大时，如果进行创新，其步伐就会越大。技术前沿用 $T_{max}(t)$ 表示。假设存在一个基础创新步伐 τ（$\square IR_+$），相对技术前沿，这一幅度是可能实现的技术进步程度。我们认为创新幅度的扩大与其同技术前沿的距离呈线性关系，该因素由 τ_c 表示。所以，在时间 t 一项创新的影响由下式给出：

$$T(n, t+1) = \{1 + \tau[1 + \tau_c \cdot (T_{moz}(t) - T(n, t))]\} \cdot T(n, t) \qquad (4-7)$$

我们假设进步程度随当前 $T(n, t)$ 值成比例变动，那么，创新对企业生产率的影响会随时间保持不变。因此，$T(n, t)$ 可以以每个时间间隔的方式减少，这样它们的平均值就等于 1。这样做是为了正态化并且保证对模型的动态性没有影响，因为我们只考虑企业间的价格比较。

（七）企业的退出和进入

如果企业的产品需求 $D(n, t)$ 降为 0，那么我们就假定该企业会退出该产业。我们会考虑两种企业进入类型：独立型初创企业和衍生企业。

我们认为初创企业的产生会基于该区域的人口规模的特定概率。这种概率表示为：$\epsilon_0 \cdot \dfrac{\Phi(r)}{\sum_{\bar{r}=1}^{R} \Phi(\bar{r})}$（$\epsilon_0 \in IR_+$），其中，$\Phi(r)$ 指该区域内潜在的企业创建者的数量，这里分母是该区域的劳动力总数。根据这一概率初创企业会以每个时间间隔随机地在各区域建立起来。

这些企业的初始变量界定如下。一家初创企业使用的技术会落在现有企业使用的技术范围内。为此，在时间 t 产业内任何企业所使用的最落后的和最先进的技术表示为：$T_{min}(t)$ 和 $T_{max}(t)$。初创企业可能以一项原始创新为开端。因此，该初创企业的技术会从 $[T_{min}(t), T_{max}(t) \cdot (1+\tau)]$ 这一范围内进行随机抽取。最初的雇员数也是随机确定的，其范围是 1 到 Λ（$\square IN$）。一家初创企业 n 生产的产品 $g(n)$ 会从 $[0, 1]$ 的集合中随机抽取。最后，在为一家新企业建立模拟程序之前，我们使用演算法确认是否每家企业都可以吸引到对应的消费者数量。为此，我们列出了一份消费者清单。对于每个消费者，演算法会确认他是否会转向新的企业。一旦发现消费者的数量与这家新创立的公司的最初雇员数量相匹配，这些消费者就会更改选择，该企业就会建立起来。如果没有获得必需的消费者数量，该企业就不能建立。所以说，不是每个企业的创建过程都是成功的。

本土产业集群

一家企业 n 以某种概率建立一家衍生企业ñ。该衍生企业最开始使用的是企业 n 目前采用的技术：$T(ñ, t) = T(n, t)$。雇员的最初人数同样在 1 到 Λ 的统一分布中抽取。衍生企业生产的产品 g(ñ) 会从 [0, 1] 的集合中随机抽取。检验衍生企业的创建过程是否成功会以针对初创企业的同种方式进行。

一家衍生企业的概率取决于企业 n 的员工数。一家企业拥有的员工越多，其员工就更有可能创立自己的公司。衍生企业的总频率由参数 ϵ_{spin} 来表示。于是，来自企业 n 的衍生企业的概率由下面的式子给出：

$$\epsilon_{spin} \cdot \frac{L(n, t)}{\bar{L}(t)} \tag{4-8}$$

其中，$\bar{L}(t)$ 表示所讨论的产业中的总就业人数。衍生企业常常位于其创建者工作过的企业附近。借此，衍生企业在某一区域选址的可能性会随着该企业与其来源企业间距离的增加而成倍降低。衍生企业ñ在区域 r 选址的概率由下式表示：

$$P(r_ñ = r) = \frac{\exp[\zeta_{spin} \cdot z(r, r_n)]}{\sum_{r=1}^{R} \exp[\zeta_{spin} \cdot z(r, r_n)]} \tag{4-9}$$

其中，我们在式（4-5）中对 z (r, r_n) 进行了界定，参数 ζ_{spin}（$\in IR_+$）用来表示衍生企业的区位黏性。

（八）人力资本

在前一章，我们已经区分了人力资本的两种类型：可转移人力资本和不可转移人力资本。尽管不能完全匹配，我们还是会使用知识和技能这样的术语，并且假定知识只可通过公共教育系统获取，而技能只能在工作中习得。这种简化主要用来区分在实际中明显相互关联的因素。这样，两个因素的影响就有可能在各自的模拟中得到检验。

假定某个产业的产品生产需要这两种人力资本。我们认为生产一个产品所需的两种人力资本量具有固定性和产业特定性。具备相应知识的必要员工数量用 ω_k（$\in [0, 1]$）表示。生产一个产品必需的有技能的员工数量用 ω_s（$\in [0, 1]$）表示。

另外，我们假定每次只有一小部分员工会在区域间迁移，这暗示出本土劳动力市场必须得到考虑。在每一个时间点，本土可获得劳动力的特征都体现在三个要素上：潜在员工的总量 $\Phi(r)$，知识型人力资本 $K_k(r, t)$ 和技术型人力资本 $K_s(r, t)$。假定一个区域内潜在员工的数量 $\Phi(r)$ 为固定值，这一方法不考虑人口的变化，而因为在下文中建模的内生过程，两种人力资本会随时间而变化。

前文假定知识型人力资本只能产生于公共教育系统，每个时间间隔接受产业特定知识教育的人数用 $K_k(r, t)$ 表示。职业培训学校和大学是主要的贡献者。下文描述了 $K_k(r, t)$ 如何随时间而变化。

最后，假定人力资本会因为退休、技术变革和劳动力跨产业迁移的发生而部分地减少。这一比率由 K_d（$\square$ [0, 1]）表示。同时，人力资本的基数也来源于其他产业的劳动力。这一基本率被表示为 $K_b \cdot K_d \cdot \Phi(r)$。这样，至少区域内部分员工 κ_b（$\square$ [0, 1]）具有产业特定知识。因此，知识型人力资本的动态表示为：

$$K_k(r, t+1) = (1 - \kappa_d) \cdot K_k(r, t) + \kappa_b \cdot \kappa_d \cdot \Phi(r) + k_k(r, t) \tag{4-10}$$

技术型人力资本的动态可以相似方式建立模型。然而，不同点还是存在的。根据前文的假设，员工只能在工作中获得技术。而说到人力资本的减少，技术会涉及与知识一样的过程。因此，我们选择具有同样参数的相同模型。

技能创造于企业。因此，技能的增加依赖于一个区域的企业和雇员的数量。但是，企业可以试着调整教育投入以适应其需求。在一个区域中所需的具有技能的劳动力表示为 $\omega_s \cdot \overline{L}(r, t)$。可以假定企业努力提供这一数量的技能。但显而易见，一些员工会迁移到其他企业或产业，所以企业也要培训更多的员工，并由参数 k_e（$\square IR_+$）表示。如果企业培训的具有技能的员工多于需求，则该值大于1；如果企业培训的具有技能的员工少于需求，则该值小于1。于是，区域 r 的企业在时间 t 要培训 $k_e \cdot \omega_s \cdot \overline{L}(r, t) - K_s(r, t)$ 的员工来填补所需的具有技能的员工数量和实际数量之间的差距。

然而，企业在培训如此规模的员工方面不会即刻获得成功，培训员工需要时间。因此，可以说技能的产生是由曾经的决策确定的。具有技能的员工的实际数量由 $k_s(r, t)$ 表示，这个数值会缓慢改变。根据目标数值调整该值的速度由 k_a（$\in IR_+$）表示。$k_s(r, t)$ 的动态表示为：

$$k_s(r, t) = (1 - \kappa_a) \cdot k_s(r, t-1) + \kappa_a \cdot [\kappa_e \cdot \omega_s \cdot \overline{L}(r, t) - k_s(r, t)] \tag{4-11}$$

如果式（4-11）产生的结果为 $k_s(r, t) < 0$，那么可以设定 $k_s(r, t) = 0$。

我们假设同样存在一个创造技能的基本比率。为简化起见，对于技能和知识来说，这一比率是完全一样的。其他产业也被视为这种人力资本的来源。技术型人力资本的动态表示为：

$$k_s(r, t+1) = (1 - \kappa_d) \cdot k_s(r, t) + \kappa_b \cdot \kappa_d \cdot \Phi(r) + k_s(r, t) \tag{4-12}$$

（九）劳动力迁移

我们假定人们会在区域间迁移。就总体劳动力来说，我们认为迁移不能产生净影响。而关于技能和知识，相应地，雇员则被认为具有流动性，这种流动性受三方面限制。第一，人们只会选择从工资较低的区域迁移至工资较高的区域。第二，如果区域间距离很短，那么这种迁移就更有可能发生。我们对从一个区域迁移到另一个区域的可能性随参数 ζ_{mobil}（$\square IR_+$）成倍地减少进行建模。第三，那些随时可能迁移到其他区域的员工有人数上限。可能迁移的具有产业特定知识的员工的最大比重用 $k_{mobil,k}$（$\square IR_+$）表示。因此，在时间 t 从区域 r 移动到区域 $\bar{r}$ 的知识所占比重表示为：

$$P_{mobil,k}(r \to \bar{r}, t) = \begin{cases} \kappa_{mobil,k} \cdot K_k(r, t) \cdot \exp[-\zeta_{mobil} z(r, \bar{r})] \\ \text{if} \quad w_k(\bar{r}, t) > w_k(r, t) \\ 0 \\ \text{if} \quad w_k(\bar{r}, t) \leqslant w_k(r, t) \end{cases} \tag{4-13}$$

可迁移员工的最大比重或许和上文界定的有所不同，但除此之外，同样的情况也适用于具有技能的员工，用 $k_{mobil,s}$（$\square IR_+$）表示。在时间 t 从区域 r 移动到区域 $\bar{r}$ 的技能所占比重表示为 $P_{mobil,s}$（$r \to \bar{r}$）。类似式（4-13），$P_{mobil,s}$（$r \to \bar{r}$）表示为：

$$P_{mobil,s}(r \to \bar{r}, t) = \begin{cases} \kappa_{mobil,s} \cdot K_s(r, t) \cdot \exp[-\zeta_{mobil} z(r, \bar{r})] \\ \text{if} \quad w_s(\bar{r}, t) > w_s(r, t) \\ 0 \\ \text{if} \quad w_s(\bar{r}, t) \leqslant w_s(r, t) \end{cases} \tag{4-14}$$

（十）工资

一个区域中人力资本的可获得性会影响该区域中企业必须支付的工资。文献通常认为闲置工人的比重会决定工资曲线，我们也采纳这一观点。有三种不同的工人，但对于每一种，我们认为他们的失业工资弹性都是相同的。由 ω_e（$\square IR_-$）

表示。因此，在时间 t 区域 r 的人力资本所需求的工资分别表示为：

$$w_k(r,\ t) = \left(\frac{K_k(r,\ t) - \omega_k \cdot \overline{L}(r,\ t)}{K_k(r,\ t)} \right)^{\omega_e} \tag{4-15}$$

和

$$w_s(r,\ t) = \left(\frac{K_s(r,\ t) - \omega_s \cdot \overline{L}(r,\ t)}{K_s(r,\ t)} \right)^{\omega_e} \tag{4-16}$$

就总体工人而言，我们假定所讨论的产业与其他产业之间存在竞争关系。为简化起见，其他产业被假定为每个区域都需要同样数量的工人。由 Φ（□ [0, 1]）表示。假定其与上文的工资函数类型相同，总体劳动力的工资为：

$$w_g(r,\ t) = \left(\frac{(1 - \phi) \cdot \Phi(r) - \overline{L}(r,\ t)}{\Phi(r)} \right)^{\omega_e} \tag{4-17}$$

区域 r 中的一家企业所需支付每个生产单位的工资总数表示为：

$$w(r,\ t) = \omega_k \cdot w_k(r,\ t) + \omega_s \cdot w_s(r,\ t) + (1 - \omega_k - \omega_s) \cdot w_g(r,\ t) \tag{4-18}$$

（十一）公共教育

上文已经讨论过本土的公共教育会影响一个区域人力资本的可获得性。公共教育主要取决于政治决策，大体上可以将其理解为接受公共学校和大学教育并适应就业市场需求的人数，尽管这种适应常常是滞后的。但是，公共教育也可能无法提供企业恰好所需受教育的人数。这一偏差用 k_r 表示。因此，在任何给定时间 t，教育系统旨在为区域 r 创造 $k_+ \cdot \omega_k \cdot \overline{L}$ (r, t) $-k_k$(r, t) 来缩小所需知识量与现有知识量之间的差距。

与技能相比，有两种知识提供方式：通过地方学校以及通过大学。在大学进行的教育所占比重用 k_u（□ [0, 1]）来表示。那么，在地方学校进行的教育所占比重用为 $(1-k_u)$。这里假定地方学校的教育会适应区域内的需求，而位于特定地点的大学教育适应的是全国范围的需求。因此，可以分别来看知识的缺口。

在全球层面，该缺口表示为 $\kappa_+ \cdot \omega_k \cdot \overline{L}(t) - \sum_{r=1}^{R} K_k(r,\ t)$，且我们仍然假定不太可能充分估测需求。于是，我们可以用 $k_u(t)$ 来表示大学教育的总量，它应该可以解释在全球知识缺口中 k_u 所占的比重。然而，因为需要时间，所以教育仍然不能即刻达到所需水平。教育系统适应劳动力需求变化的速度表示为 k_s（□ [0, 1]）。

本土产业集群

该参数被假定适用于地方学校和大学的情况。因此，所有大学中的教育动态表现为：

$$k_u(t) = (1 - \kappa_s) \cdot k_u(t-1) + \kappa_s \cdot \kappa_u \cdot \left[\kappa_+ \cdot \omega_k \cdot \overline{L}(t) - \sum_{r=1}^{R} K_k(r,\ t) \right] \tag{4-19}$$

大学位于某些特定区域。因此，每个区域都包含被界定为 u(r)（□ [0, 1]）的特定比重的大学。我们认为这一比重会随时间保持不变，这意味着大学只会在规模上同时变化，这样它们的相对规模会在其学科范围内保持不变。那么，由大学教育带来的区域 r 中的知识增加表示为 $u(r) \cdot k_u(t)$。

假定地方学校的教育要解决本土知识缺口 $k_+ \cdot \omega_k \cdot \overline{L}(r,\ t) - K_k(r,\ t)$。它也需要根据上文描述所形成式（4-19）的同样规则来进行。因此，地方学校的教育表示为：

$$k_l(r,\ t) = (1 - \kappa_s) \cdot k_l(r,\ t-1) + \kappa_s \cdot (1 - \kappa_u) \cdot \left[k_+ \cdot \omega_k \cdot \overline{L}(r,\ t) - K_k(r,\ t) \right]$$

$$\tag{4-20}$$

在时间 t 区域 r 的知识创造的总量表示为：

$$k_k(r,\ t) = k_l(r,\ t) + u(r) \cdot k_u(t) \tag{4-21}$$

三、参数

前文建立的模拟模型包括 32 个不同参数，而其中一些参数又依赖于区域。原则上，它们都能反映一些实际中可测量的因素。但是，这种测量已经超远了本项研究，那么采用这一方法就必须依赖其他实证研究。一些参数可以根据文献提供的实证结果来确定，而对于其他参数，则没有相关的实证研究。但是，即使对于那些可以确定的参数，其结果也常常因产业或区域而不同。因此，需要界定所有参数的范围。我们将这些范围应用在所进行的所有模拟中，并在下文进行讨论。

一些参数范围取自文献中的实证研究结果，一些则根据不同论证推导出来。本书根据其描述的区域机制来呈现这些范围，因为许多参数以单位时间来描述变化，所以需要牢记该单位时间已被设定为一天。

（一）企业成长和定价

参数 λ 确定一家企业在每个时间间隔会增加多少劳动力。德国的实证研究发现，多数初创企业的年增长率在 0% 到 25% 之间（Almus & Nerlinger，1999）。但我们感兴趣的是企业的最大增长率，也就是在没有需求限制下产生的增长率。根据实证结果（Almus & Nerlinger，1999），最大年增长率似乎至少在 200% 以下，可以求出其值 $\lambda = 0.003$。另外，许多企业的年增长率在 20% 左右，这意味着最大年增长率似乎至少是 20%。由此得到 $0.0005 < \lambda < 0.003$。

我们可以在文献中找到多关于规模经济的研究（Schroeder，1992；Clark & Speaker、Hardwick，1994；Rhine，2001；Khaled，Adams & Pickford，2001）。但是，这些学者考虑的都是现有企业的规模经济。那么，他们会为给定值 L（n，t）估测前文模型中的 $\beta_\uparrow - \beta_\downarrow \cdot L$（n，t）值。多数研究发现该值介于 0.8 和 1.6 之间。理论上常常假定小型企业的规模经济大于 1 并随着企业规模而减少。如果接受这一假定并结合实证结果，那么 $\beta_\uparrow$ 的范围可确定为 $1 < \beta_\uparrow < 1.6$，$\beta_\downarrow$ 的范围可确定为 $0 < \beta_\downarrow < 0.01$。这意味着规模经济不会超过 1.6。该值可能小于 0.8，但具有这种规模经济的企业迟早会从该市场中消失。

（二）需求

在第二章中不断提及的观点是当一个产业的产品需求增加时，就会产生区域产业集群。需求在前五年会增长，之后会保持不变，我们借此建立模拟。需求的增长被假定为 s 型，那么，该需求表示为：

$$D(t) = \begin{cases} \dfrac{\hat{D}}{1 + \exp\left[9.125 - \dfrac{1}{100}\right]} & \text{if } t \leq 1825 \\[4mm] \hat{D} & \text{if } t > 1825 \end{cases} \qquad (4\text{-}22)$$

其中，$\hat{D}$ 代表约五年后需求达到的最大值，在其他模拟中需求一直保持这一水平。为了简化模型，假定企业雇用的劳动力等于对其产品的需求。这意味着如果所有需求得到满足，那么一个产业中的劳动力总数等于 D（t）。在德国的二位数字行业中，总就业人数在 1000 到 500000 之间，即 $1000 < \hat{D} < 500000$。

产品的异质性由参数 π 确定。Hotelling 模型在文献中被频繁使用，实证研究并没有对其参数进行研究。因此，π 必须根据逻辑论证来确定。$\pi = 0$ 表示一个存在完全替代品的情况，模拟中的价格几乎统一，企业间的价格差异基本在 0.1 左

本土产业集群

右。那么，π＝1 表示根据其特性而非价格，有大约十种不同产品会被选中。现实中可能存在更多的利基市场，因此我们假定 $0.001 \leqslant \pi \leqslant 2$。

ρ 确定那些促使一个消费者转换其购买产品的效用差异。ρ 的最小自然数值为零，也就是说消费者总是购买那些提供给他们最大效用的产品。然而，忠诚度在营销领域中是众所周知的。实验研究发现，价格下降 25% 就能引起消费者从最青睐的产品转向最不喜好的产品（McConnell，1968）。因此，这里 $0 < \rho < 0.25$。

一个消费者每次比较的企业比重 η 确定了消费者识别出更好的选择的速度，并不存在关于消费者每次比较企业数量的实证研究。而认为消费者不会每天对所有可能的备选进行比较，似乎也是有道理的。一个今天被认为次优的生产者明天可能就不会再有人问津。由于缺乏实证支持，这里我们假定企业在平均 1 个月到 3 年之后会被重新考虑，其表示为 $0.001 \leqslant \eta \leqslant 0.03$。

（三）创新

文献对企业的年创新数量有非常深入的研究，这些研究发现了该数量对企业规模的依赖性具有差异，这里假定其为线性相关。关于企业的年均创新数量的研究发现，该值在 0.1 和 10 之间（Fritsch，Bröskamp & Schwirten，1996；Evangelista，1999）。那么，μ_0 被限定在 $0.001 < \mu_0 < 0.03$。

对于因素 μ_L，文献发现其平均值在 0.001 和 0.002 之间（Audretsch & Acs，1991；Blind & Grupp，1999）。因产业的不同，其值每年在 0.0005 和 0.01 之间（Acs & Audretsch，1990）。因此，这里采用 $0.0000015 < \mu_L < 0.00003$。

在实证文献中对溢出效应的研究很多。Henderson 和 Cockburn（1996）研究了一家企业的专利在多大程度上可以由其竞争者的专利数量解释。他们发现其值在 0.01 和 0.11 之间。也就是说，研发效应的 1%~11% 会转化到其他企业。因此，$0.01 < \sigma < 0.11$。

实证文献提供了几种关于溢出效应空间范围的探索［Anselin、Varga 和 Acs（1997）及 Orlando（2000）给出了例子］。但是，这些探索并没有研究溢出效应与地理距离的指数依赖关系。相反，他们研究的是对于不同距离溢出效应影响的显著性。Orlando（2000）研究了 6 种不同距离，这样就得到了关于溢出效应随距离而减弱的详尽知识。研究发现，相同的四位数产业内的溢出效应对超过 25 英里的企业没有作用。这意味着如果企业在 25 英里外，溢出效应会降至小于 5%，

其可能数值为 $\zeta_{spill} \approx 0.06$/公里。而就不同的四位数产业间的溢出效应而言，其作用的减弱会更为缓慢。800 英里的距离之外似乎可以达到本地值的 30% 左右。因此，这里采用 0.0008/公里 $< \zeta_{spill} < 0.06$/公里。

τ 代表一项创新带来的生产成本的减少量或生产产品价值的增加量。实证文献并没有对其进行直接测量，但还是可以找到一些针对该值进行的估测。研究发现，创新企业营业额的增长比非创新企业高出 1%（Smolny & Schneeweis，1999）。另外，进步与创新还会带来 1%~2% 的商业收益，同时，新产品和过程突破会带来 5%~7% 的收益（Barlet，Duguet，Encaoua & Pradel，2000）。由于后者只占所有创新的一小部分，这里采用 $0.01 < \tau < 0.05$。

没有研究以创新附加利益来检验追赶过程的影响。因此，必须再次使用逻辑分析来限定该参数。数值 $\tau_c = 20$ 和 $\tau = 0.05$ 表示每项创新会使企业接近技术前沿。那么必须达到 $\tau_c < 20$。$\tau_c = 0$ 表示没有追赶效应产生。因此，可以假定 $1 < \tau_c < 20$。

（四）初创企业和衍生企业

实证文献表明在德国二位数产业中每年新增初创企业数最多为 3600 家（Audretsch & Fritsch，1999）。现在的探讨是基于三位数产业。因此，初创企业最大值会更低。另外，初创企业数在产业间区别很大，一些产业是不会出现初创企业的。

然而，在此处进行的模拟中，初创企业率用来界定每年打算建立企业的企业家人数。在开办企业前，需要检验潜在市场的状况。只有当企业预计能获得消费者时，创业才会开始。因此，由 $\square_0$ 表示的比率是可能存在的最大值。根据 Audretsch 和 Fritsch（1999）的研究结果，这里假定其范围介于 10 和 1000 之间。

$\square_0$ 代表了不因其他企业的存在而产生的初创企业数。实证研究已经发现 25%~40% 的初创企业是由在私营企业供职过的人创建的（Christensen，1993；Pleschak，1995）。其他多数初创企业的创立者则来自大学或研究机构，这意味着多数企业创建者来自相应产业的经济活跃地区。因此，50%~95% 的企业被认为是因该区域或周边地区企业的存在而产生的。这些企业被称作衍生企业，那么就得到 $0.01 < \square_{spin} < 3$。而另外 5%~50% 的初创企业被认为独立于现有企业群体而出现，那么 $0.001 < \square_0 < 1$。

对于初创企业的位置，研究人员发现约 78% 的企业位于其创建者曾居住地

本土产业集群

22 公里以内（Schmude，2001）。假设独立的初创企业和衍生企业在这方面没有差别，那么同样比重的衍生企业也会位于其孵化企业的 22 公里以内。对于上文选择的指数模型来说，这意味着 ζ_{spin} 应为约 0.07/公里。为了将在半径 22 公里的区域外的企业与在该区域内的企业之间的关系增强或减少至实证平均值的五倍，ζ_{spin} 必须相应增加或降低 0.05。因此，这里假定 0.02/公里 $< \zeta_{spin} <$ 0.12/公里。

我们设定初创企业和衍生企业的最大初始劳动力为 $5 \leqslant \Lambda \leqslant 30$。有关德国初创企业的实证研究表明，小规模劳动力最初会有 30 名以上雇员（关于初创企业规模分布，见 Almus 和 Nerlinger，1999）。Λ 确定最大初始劳动力，其值小于 5意味着该产业中新成立企业的雇员人数都没有超过 5 名。

（五）人力资本

第三章第五节使用的曼海姆创新小组提供了关于拥有自然科学学位的雇员占比的信息。这一比重介于 5% 到 8% 之间，我们可以用它来代表拥有产业特定知识的雇员比重。这里假定 $0.03 < \omega_k < 0.2$。因为没有类似的数值可以用来代表具有技能的雇员比重，为了简化，这里使用同样的范围。也就是假定 $0.03 < \omega_s < 0.2$。

人力资本的损耗由 k_d 来表示。人力资本的损耗产生的主要原因包括：受过教育的人退休，淘汰旧知识和技能的技术发展，以及人们迁移到其他产业或工作中却无法使用他们现有的知识和技能。后一种原因比较少见，所以在此处不作考虑。人们会工作 30~50 年，因此，每年大约 2.5% 的劳动力会退休。这会产生每个时间间隔（每天）$k_d = 0.00007$ 的人力资本损耗率。另外，技术发展会淘汰人力资本。飞速的技术发展可能每五年就会使人力资本贬值，这意味着额外的损耗率为 0.00053，这里假定 $0.00007 < k_d < 0.0006$。

K_a 表示企业内部教育的调整速度。文献中没有关于此的实证研究。这里假定人们需要至少一个月的时间具备技能，内部培训项目常常持续 1~3 年，因此，假定人们最多需要 3 年时间具备技能。因此，假设 $0.001 < k_a < 0.03$。

k_b 代表在一个区域中由相关产业、大学或研究机构或由于模型中没有包括的原因而迁移至该区域的具备技能的雇员的基本比重。这一具备技能的雇员基本比重使初创企业能够找到其初始劳动力。数值 $k_b = 0.00005$ 表示所有区域中至少存在一名技能熟练员工。由于只有一名员工的企业需要 0.03~0.2 的技术，所以数值 $0.000002 < k_b < 0.00001$ 足够创办一家小型企业。

k_e表示企业培训的多出或少于其需要的员工数量。相应地，实证研究并不存在，但是，Brenner 和 Murmann（2003）根据合成染料产业的历史数据对一个相似参数进行了估测，他们发现其范围为 1~1.2。我们也使用这一范围，那么假定 $1 < k_e < 1.2$，这一范围同样适用于 k_+，所以 $1 < k_+ < 1.2$。

关于雇员流动性的文献发现，大约 5% 的雇员在 3 年内会更换雇主（Hübler & König，1999）。我们假定这一流动性同样适用于具有技能的员工和具备产业特定知识的员工。因此，我们将流动性设定为 $0.00002 < k_{mobil,k} < 0.0001$ 和 $0.00002 < k_{mobil,s} < 0.0001$，代表每年人力资本移动率在 0.7%~3.5%。

关于德国国内移民的文献也测量了一个与 ζ_{mobil} 相同的参数（Haag，Munz，Reiner & Weidlich，1988），结果为 0.00218/公里。因此，这里假定 0.001/公里 $< \zeta_{mobil} < 0.003$/公里。

（六）工资

我们将每个区域中潜在员工的总数 $\Phi(r)$ 设定为该区域人口总数的 50%。人口数据从德国建筑及国土规划局获得[①]。在过去的 20 年中，德国的失业率在 5% 和 10% 之间变化。因此，根据该值，我们限制需求以及由此在明确建模的产业中的雇员数量，最多占劳动力的 1%。所以，这里假定所有模型中没有明确考虑的产业共占到劳动力的 90%~95%，那么，$0.9 \leq \Phi \leq 0.95$。

文献中还有几项实证研究估测了德国的失业工资弹性（Buettner，1999；Bellmann & Blien，2001），得到的数值介于 -0.11 和 -0.015 之间。对于其他国家，观测到的数值为 -0.17 到 -0.04（Blanchflower & Oswald，1994；Deller & Tsai，1998；Pekkarinen，2001）。我们将德国的结果作为基准应用于此，我们设定 $\square_e$ 的范围为 $-0.11 < \square_e < -0.015$。

（七）公共教育

$u(r)$ 表示区域 r 中的所有大学教育的比重。我们用每一个区域中学生的实际人数来计算这些比重，数据来源于德国建筑及国土规划局。

接受过大学教育的员工比重因为被考察的产业而变化不一。有些产业几乎不雇用具有大学文凭的人。而其他行业则几乎只雇用具有大学文凭的人。因此，这

① "城乡发展最新数据"报告提供了该数据。

里假定 $0<k_u<1$。

教育系统对合格劳动力的需求变化的调整速度 k_s 因不同的学校或大学而异。在某些情况下，可以看出当接受高等教育的人数和企业需要的合格员工数量不匹配时，那些得到允许接受高等公共教育的人数会进行调整。如果是这样，调整所需的时间大致等同于该教育持续的时间，这意味着 3~5 年的延迟时间。而在另一些情况下，负责者会表现出一些远见卓识，并对预期的变化做出反应。如果他们的预见准确，教育系统就可以随即调整来满足对合格员工的需求。虽然准确预测不太可能，但这里假定延迟时间最短可能为 1 个月，也就是说 $0.0006<k_s<0.03$。

（八）参数变化

在下文中，我们会使用蒙特卡罗法研究模拟结果。也就是说对于在前文界定的范围内每一次随机进行的模拟，其参数是确定的。常见的方法是在参数范围内明确一个均匀概率分布并从该分布中随机抽取一个数值进行模拟。然而，对于所有参数，仅均匀分布是不够的，一些变量会因不同的数量级而变化。例如，最大需求量可以在 1000 与 500000 之间变化。上文的方法意味着超过 80% 的模拟是在数值 $\tilde{D}>100000$ 下进行的。而在 1000 与 10000 之间的变化值只会出现在大约 2% 的模拟中。

因此，当一个参数的最大值至少是其最小值的 10 倍时，我们会采取另一种做法，自然对数函数可用来帮助转换范围。之后，我们会采用均匀分布来随机选择数值。最后，再用自然指数函数还原该值。这会使每个数量级上的数值具有同等可能性。

表 4-1　所有模型参数的范围及其数值的确定方式（a 代表算数，g 代表几何）

参数	下限	上限	类型
$\beta\uparrow$	1	1.6	a
$\beta\downarrow$	0	0.01	a
$\hat{D}$	1000	500000	g
$\square_0$	0.001	1	g
$\square_e$	−0.11	−0.015	a
$\square_{spin}$	0.01	3	g
κ_a	0.001	0.03	g

参数	下限	上限	类型
κ_b	0.000002	0.00001	g
κ_d	0.00007	0.0006	a
κ_e	1	1.2	a
$\kappa_{mobil,k}$	0.00002	0.0001	a
$\kappa_{mobil,s}$	0.00002	0.0001	a
κ_s	0.0006	0.03	g
κ_u	0	1	a
κ_+	1	1.2	a
Λ	5	30	a
λ	0.0005	0.003	a
μ_0	0.0003	0.03	g
μ_L	0.0000015	0.00003	g
η	0.001	0.03	g
π	0.001	2	g
ϕ	0.9	0.95	a
ρ	0	0.25	a
σ	0.01	0.11	g
τ	0.01	0.05	a
τ_c	1	20	g
ω_k	0.03	0.2	a
ω_s	0.03	0.2	a
ζ_{mobil}	0.001/公里	0.003/公里	a
ζ_{spill}	0.0008/公里	0.06/公里	g
ζ_{spin}	0.02/公里	0.12/公里	a

表 4-1 给出了对于一个参数会使用算数法还是几何法，同时总结了所有模拟中随机确定的参数范围。

第三节　模拟动态分析

涉及地方产业集群产生的许多过程都具有随机性。这意味着我们无法对这些过程的结果进行预测。由于它们不是具有确定性的环境结果，那么能做的就是去预测某种结果的概率。然而，我们观测到一个事实，也就是随机过程的真实情况，要从这一情况归纳出其背后随机动态的相关知识并不容易。因此，整体上说，实证研究无法分析随机过程的特性。

下面我们将对因素进行解释。这一分析以关于模拟的总体陈述作为开始，我们将讨论模拟结果在多大程度上会与第三章中的实证结果保持一致。然后，我们会研究那些本土产业集群出现所具有的随机性的不同方面。三个问题会得到解答：第一，研究集群是由产业特性决定的还是一种随机事件的结果；第二，检验真实情景间的差异在多大程度上会影响集群数量的变化；第三，解答最终状态对早期事件的依赖程度有多大。

主要结果如下。首先，研究表明模拟中包含的三个局部过程——衍生企业、溢出效应和人力资本积累——能够共同促使本土产业集群的出现（本节第一部分）。其次，研究发现本土产业集群的产生是一个随机过程。这不仅只适用于集群地点，如果对同样的情景进行再次模拟，本土集群的数量也会变化（本节第三部分）。甚至在许多情况下，本土集群是否会出现也不是产业特性能够决定的（本节第二部分）。最后，研究表明，早期动态对集群位置有很大影响。几年之后，在需求停止增长之前，区域会分成产生集群区域和落后区域（本节第四部分）。

一、模拟结果和实际

模拟常常遭遇批评，人们会认为使用这种方法无法得到确定的结果。在笔者看来这只是一种错误的观点，或者说它只适于某种用于进行模拟的程序。如何进行模拟对于其结果以及对结果进行解释是很重要的。所以，这里我们会详细讨论该程序。

（一）模拟程序

在本章第一节，模拟被认为是检验某种机制和过程是否能产生某种结果的完美工具。这种检验需要两步法。第一步，需要建立模拟模型并确定参数。我们必须建立起模型以便体现待检验的假设中的原因。第二步，必须进行模拟并且分析其结果。这正是本书采用的模拟运行方式。

首先，是建立模拟模型，这在本章第二节第二部分已给出。其次，本书用文献中的实证研究和逻辑论证来决定参数范围，这在本章第二节第三部分已给出。本书用一些初始模拟运行来识别过程及其执行规范中的错误，这会给模型带来一些细微变化。在这期间，早先已具体说明的参数范围不会发生变化。本书没有检验是否存在支持性的结果。在确定最终模拟模型后，模拟按以下描述的方式运行。

（二）对结果的解释

笔者认为这种模拟程序很重要，因为它可以确保"不是所有的都行"。不同的参数组可能会得到不同的结果。但在现实中，产业具有迥异的特性，并且迥异的产业特性与模拟中的不同参数组相符。

为每个参数明确范围也会限定可能结果的范围。因此，不是任何结果都会出现。另外，每个结果的可能性是由蒙特卡罗模拟中的参数范围来确定的。于是，模拟中观测到的结果组就是模型中应用的机制能够产生的结果。每一个结果的频率代表了参数范围产生该结果的概率。

因此，根据上文所描述的方式进行模拟研究能够分析出应用的机制可能产生何种影响。如果存在关于参数范围和分布的知识，也可能根据所应用的机制得到某一特征发生的概率。这里采用并详细讨论了布伦纳与默尔曼尼（Brenner & Murmann，2003）提供的方法。

（三）模拟展示和实际

只有非常少数的文献提供了有关参数范围和分布的信息。这就限制了分析某种特征产生频率的可能性。参数范围的选择要保证包含所有可能存在的实际情况，也就是说参数范围也许会太大但绝不会过小。因此，如果接受模拟的机制产生某些效应，那么这些效应应该体现在模拟中。如果这些效应没有出现在模拟中，那么模拟机制间的假定因果关系及其结果会被拒绝〔在 Brenner（2001b）

中，不同机制就是以这种方式得到研究的]。

一个吸引人的结果是产业集群。下文的分析表明所采用的机制可以产生集群，其结果见表4-2。许多可能引发本土产业集群产生的过程已在第二章第四节进行了报告。只有其中一些被运用在模拟模型中，即衍生企业、溢出效应和人力资本积累。模拟结果显示，这三种本土自我扩张过程能够产生本土产业集群。

而表4-2中的结果也表明只有一些参数组会引起这种集群的出现。在所有运行的模拟中只有大约25%的模拟观测到了集群的产生。与之相比，第三章中的实证研究发现，大约40%的产业存在集群。两种情况采用了同样的空间单元和集群识别统计方法。对该结果有三种可能的解释。第一，包含在模拟模型中的三种本土自我扩张过程只能解释现实中的部分产业，第二章第四节建议的其他过程可能会增强集群活动。第二，出于某些原因，参数可能更为频繁地落入那些产生集群的参数范围。第三，以特定方式运行的三种本土自我扩张过程可能在现实中表现不同并更为高效。

关于哪种解释是正确的这一问题，模拟方式不会给出任何最终答案。第一种解释得到了布伦纳（2001b）报告的模拟结果的支持，认为其他过程也会对集群产生影响。现有的证据无法拒绝或支持另外两个解释。

二、本土产业集群的存在

在第三章第二节，本土集群在一个产业中的存在是作为产业特性呈现出来的，这意味着一个产业的情况决定了本土是否会出现集群。还存在另一种观点，本土产业集群的产生可以被假定为一个随机过程，这样在同样的条件下，本土产业集群可能在某种特定的情况中产生。也就是说，如果历史可以以同样的产业特性重演，本土集群可能会出现在另外的产业中。如果这种说法成立，那么产业特性仍可决定产业集群产生的可能性，但不会决定它们是否会出现。

实证方法无法确认产生本土产业集群的路径依赖的假定，模拟则可以不断进行重复，那么如果参数保持不变，就可以研究其结果是否也相同。

（一）方法

要研究本土产业集群的存在是否是一个随机事件，模拟会以同样的参数组进行多次运行。创建企业的随机过程、创新的发生以及顾客对备选企业的搜寻会让运行模拟的情况有所差异。然而，如果本土集群的存在是由产业特性决定的话，那么本土集群应该以同样的参数组出现在每个模拟中或者完全不会出现。

因此，每个模拟进行 2555 个时间间隔（七年）。[1] 随后，根据第三章第二节使用的方法，我们分析了企业在区域中的分布（这一方法的详细描述和讨论已在第三章第二节中给出）。我们检验了"自然"（假设没有集群化），或者"集群"（假设集群存在）分布，哪一个能更充分描述模拟结果。我们也检验了这些分布是否能充分描述该结果。因为在本项研究情境下，分析的模拟都没有得到拒绝。所以，我们确认产业理论上的区域间企业分布可以足够用于模拟情境中。

表 4-2 以同一参数组重复五次的蒙特卡罗模拟结果。报告了不同 α 检测水平上，在重复五次的特定数量中找到集群化的参数组数量。

表 4-2　以同一参数组重复五次的蒙特卡罗模拟结果

呈现出集群化的运行	0	1	2	3	4	5
频率（α = 0.05）	22	6	3	2	2	2
频率（α = 0.1）	21	5	2	5	1	3
频率（α = 0.5）	16	3	5	3	4	6

检验两个理论分布会得到一个可能的陈述：本土集群是否出现。模拟参数主要反映了产业特性。因此，如果本土产业集群的出现由产业特性决定，那么以同样参数重新运行模拟应该会带来关于集群存在的相同结果。所以，模拟需要以同样参数组运行五次，结果可能因不同的参数组而异。于是按照上文描述，本书采用蒙特卡罗法。

（二）结果

本书将前面描述的方法应用在 37 个参数组中。[2] 对于每个参数组，执行五次模拟并得到五个结果。那么，本土集群会出现在 0、1、2、3、4 或 5 次模拟结果中。该结果列在表 4-2 中。

本土产业集群

---

① 根据第四章第二节部分中需求 $D(t)$ 的定义，产业在前五年增长。随后在多数模拟运行中情况很快趋于稳定。研究发现在多数运行中，七年后几乎没有变化。

② 将有模拟回答的问题可以基于 37 个参数组得到充分解答，因此，没有进行更多次的模拟。

（三）讨论

在表 4-2 中报告的结果表明，对于许多参数组，在五次模拟运行中没有观测到任何集群。即使显著性水平降至 $\alpha = 0.5$，也是如此。针对这五种情况，本书另外进行了十次模拟，只在一种情况中观测到了集群。因此，这里存在不能产生集群的参数组，这意味着存在着阻碍本土集群出现的产业特性。

同时，对于两个参数组，本书在五次模拟中，观测到所有具有显著性（$\alpha = 0.5$）的集群。这些参数组被进一步用作下文的分析（除了另外两组之外）。对于这些参数组，每组进行了 30 次模拟。对于其中一个参数组，本土集群出现在了 30 次运行中，对于另一个参数组，本土集群出现在了 29 次运行中（显著性水平：0.1）。因此，参数组的存在总是导致本土集群的出现。这意味着，某种产业特性会决定本土集群的产生。

但是，对于大约一半的参数组，情况则并不那么清楚。一些运行会产生集群而在另一些运行中则不会出现集群。因此，本土集群的出现取决于这些情况中的随机事件。这可能是集群统计检验的结果，它对企业总体的变化相当敏感（其详细讨论已在第三章第二节中给出）。但是本土集群的出现是一些参数组的随机特征的这一发现在不同显著性水平上稳健性很强（见表 4-2）。这意味着存在促使本土集群产生的参数组。因此，可以预期现实中也存在促使本土集群产生的产业。在这些情况下，本土产业集群的存在是路径依赖的。

这里所进行的研究无法推断出那些表现出这些特性的产业数量，因为并非所有与本土集群的出现相关的过程都包含在模拟模型中，也因为有关参数分布的知识并不充分。

尽管本土产业集群的产生具有随机特性，本土集群的存在并不是一个完全随机的事件。由于一些产业特性，它永远不会出现；因为另一些产业特性，它总是会产生；而对于所有其他产业特性，它出现的特定概率则由该产业特性决定。

三、本土产业集群的数量

上文显示出至少本土集群存在的可能性是由产业特性决定的。这意味着本土产业集群的存在在某种程度上被预先决定并只是部分取决于某些区域的具体发展情况。同样的情况是否适用于一个产业中本土集群的数量这一问题在这里得到解答。

在不存在路径依赖的情况下，一个过程应该趋近于这一相同情况，而非初始发展时。但是在第二章第三节，本书认为历史是重要的。两个方面可能引起本土集群数量的路径依赖。第一，在第二章第五节，我们认为一旦一个区域超过了临界规模，本土集群就会出现。一个区域的发展依赖企业创建和创新产生等随机事件。因此，在每次模拟运行中，区域数量可能会超过临界规模。第二，如果在每次模拟运行时集群出现在不同区域中，它们的规模可能因区域规模的不同而有所差异。所以，本土集群可能需要满足其不同程度的需求。

（一）方法

这里应用了本节第二部分中所使用的相似程序，这次针对每个参数组进行30次模拟，并同样使用根据第三章第二节开发的统计方法对结果进行分析。但是，这次只采用4个参数组。这些参数组是从上文中使用的参数组中选出的。采用的是那些在上文5次模拟运行中至少4次出现集群的参数组（$\alpha = 0.1$）。由于要研究集群结构，那些没有产生集群的参数组不起作用。对于其中三个参数组，所有运行中都没有出现集群。因此，我们进一步将模拟执行到30次，在其中产生了本土集群（在一个情境中1次、在一个情境中6次、在一个情境中9次额外模拟运行是必需的）。

对于所有出现本土集群的模拟运行，本书根据第三章开发、使用和描述的方法进行识别。这种分析法提供了很多信息。这里有两个信息很有意思。第一，可以得到集群地点。第二，可以计算本土集群的数量。

（二）结果

首先，我们研究同样参数组产生集群的数量是否不同。对于所有4个进行分析的参数组，它们区别非常大。对于所有4个参数组，模拟运行得到了少于5个本土集群，而同样对于所有4个参数组，模拟运行发现七年后有超过30个集群存在。因此，可以拒绝本土集群可能由产业特性决定的假设，尤其对于那些在每次模拟运行中都会产生本土集群的产业特性。

对于不同参数组，本土集群的数量以分类方式呈现在表4-3中。为了检验产业特性是否对集群数量有影响，本书对4个参数组的结果进行了比较。

为了比较四个参数组的结果，本书将观测到的集群数量分派到表4-3中标明的九个范围中。

表 4-3　观测到的相应集群数量的运行次数

参数设定	集群数量								
	1~5	6~10	11~15	16~20	21~25	26~30	31~35	36~40	>40
第一组	7	5	2	1	12	1	2	0	0
第二组	2	4	3	5	3	6	4	2	1
第三组	8	10	4	3	4	0	0	1	0
第四组	3	4	2	1	2	3	6	7	2

现在可以借助用于两个实证分布比较的 Kolmogorov-Smirnov 检验来考察落入每个范围的运行次数是否在参数组间有所差异。本书对参数组的结果进行成对比较。这意味着对得到的累积分布函数 $F_i(n)$ 进行比较，本书将该函数界定为第 i 个参数组中出现的等于或小于 n 个本土集群的运行比重。其最大差值根据下面公式计算：

$$D_{ij} = \max_n \left| F_i(n) - F_j(n) \right| \tag{4-23}$$

如果这个值太大，那么就可以拒绝不同参数组中集群数量的分布是相同的这一假设。结果在表 4-4 中给出。

表 4-4 不同参数组中集群数量的累积分布函数的最大差值 D_{ij}。具有显著性的差值以黑体形式给出（* 表示显著性水平为 0.01）。

表 4-4　不同参数组中集群数量的累积分布函数的最大差值 D_{ij}

	第一组	第二组	第三组	第四组
第一组	—	0.33	0.33	0.50*
第二组	0.33	—	0.47*	0.27
第三组	0.33	0.47*	—	0.57*
第四组	0.50*	0.27	0.57*	—

在表 4-4 中，本书通过一些比较发现了显著性差值。这为产业特性影响集群数量提供了依据。通常一些产业中预期会比另一些存在更多集群。但是，集群数量因模拟运行而变化，每个集群出现的参数组会产生几乎所有可能的集群数量。

上文已阐明集群数量可能取决于它们产生的区域规模。下面本书将对这一假设进行检验，再次对四个参数组进行 30 次模拟。对于这 120 次模拟中的每一次，我们计算了出现集群的区域的平均规模。其值由 $\bar{s}(i, j)$ 来表示，即第 i 个参数组和第 j 次模拟运行。观测到的第 i 个参数组的第 j 次模拟运行的集群数量由 $n(i, j)$ 表示。然后，就可以检验 $n(i, j)$ 值是否可以被 $\bar{s}(i, j)$ 解释。本书进行回归分析。该相关性可能会被产业特性，也就是被选择的参数所影响。因此，对于每个参数组 i，分别进行回归。回归方程表示为：

$$n(i, j) = \alpha_0(i) + \alpha_1(i) \cdot \bar{s}(i, j) \tag{4-24}$$

四个参数组中的每组回归结果在表 4-5 中给出。该结果如果与相应地区的规模过小则集群数量会增加的观点相悖。事实上，对于一个参数组，我们得到了相反的结果。对于其他参数组，没有观测到集群数量与其所在区域规模之间的显著相关性。

表 4-5　本土集群数量与其所在区域规模之间的相关性回归结果

参数组	$\alpha_0(i)$	$\alpha_1(i)$	p 值	调整判定系数
1	16.4	−0.000009	0.90	−0.035
2	−20.2	0.00074	0.003	0.24
3	8.72	0.000057	0.393	−0.009
4	44.9	−0.00034	0.151	0.039

（三）讨论

前面的研究表明产生的集群数量并不取决于产业特性。但是，产业特性对集群数量有一定影响。平均来说，一些产业要比另一些产业出现更多的本土集群，而一个产业内部的差异是非常大的。如果历史可以重演，在条件不变时，我们可能会观测到非常不同的本土产业集群的数量。

这意味着本土集群的产生是一个明显的路径依赖过程。如果有更多的区域偶然超过了临界规模，将会产生更多的本土集群。这样我们可以拒绝上文提到的这一假设：如果集群在更大的城市出现，它们可能包含更多家企业，这样我们就需要更少的集群来供给市场。

集群数量不预先取决于产业特性似乎是集群的基本特性。区域中的随机事件非常重要。因此，在第二章第五节讨论过的区域间的竞争就显得不再那么独特。如果出于某些原因一个区域以不同的方式发展而出现本土集群，那么并不一定要存在另一个没有集群产生的区域，尽管其发生的概率是存在的。

四、集群和路径依赖的出现

第二章的理论分析表明，滞后现象可能产生于区域层面。也就是说，满足某些条件（产业必须满足其中一些条件）的区域会趋近于两种稳定状态中的一种。它趋近的状态不止取决于其特性，区域的最终状态也依赖于其初始发展。历史很重要，换句话说，区域的发展是路径依赖的。

出于不同的原因，本土系统的历史在许多方面都显得很重要。但是，第二章中的模型和讨论识别出区域进一步发展可能选择两个方向之一的时间点。因此，将注意力集中在分叉点上。根据第二章第三节的讨论，当一个产业的需求增长，本土集群出现时，就会达到分叉点。一些本土系统会超过临界规模并趋近产业集群，而另一些本土系统会保持在临界规模以下，并趋近于产业中不活跃的稳定状态。

这些过程可以在实证研究中得到检验。需要对一个产业中企业空间随时间的分布进行分析。为得到一个全面的情况，需要进行几次这样的研究。类似的研究在文献中比较少［Murmann（2003）是一个例外］。因此，在这里借助模拟来研究相应过程。

（一）方法

我们再次进行四个参数组的 120 次模拟运行，因为其中都有集群出现。但是，这次随时间的分析十分有趣。因此，企业在区域间的分布按 365 个时间间隔（每年）来记录。由于要为 2555 个时间间隔（七年）进行模拟，每次运行都会得到七个企业分布。我们应用三种不同方法来分析本土产业集群出现的时机。

第一，本书检验了哪个区域会成为集群所在地的决策时间点。前文反复使用的集群识别方法被应用在为每次模拟运行所记录的所有七个企业分布中，可以预期最初没有发现集群，但集群最终出现是因为本书只研究了那些导致本土集群产生的参数组。那么，可以识别出首次产生集群的前一年的年份。我们对 120 次模拟进行了识别，表 4-6 中以每个参数组为基础分别给出结果。

第二，本书研究了本土集群开始保持不变的时间点。另外，本土集群由第三章中开发的统计方法进行识别。七年之后的集群地点与前几年的集群地点连续进行比较，以六年后的结果开始比较，然后再使用五年后的结果等。本书一直进行这种比较，直到结果中出现关于集群数量或其地点的差异。观测到这种差异的年份被称作集群稳定年。

第三，本书检验了最终包含集群的区域是否是最初包含最多企业的区域。为此，本书根据 7 年后的情况对区域进行分类，最后分成两类，一类是包含一个产业集群的区域，一类是 7 年后不包含这种集群的区域。之后，本书研究了在 1 年、2 年、3 年、4 年、5 年或 6 年之后第二类有多少区域比至少前一类中的一个区域包含更多企业。

（二）集群产生的时间

在显著的统计学意义上，120 次模拟运行中首次观测到集群的年份被记录在表 4-6 中。研究观测到在多数情况下，集群会在第 2 年或第 3 年出现。虽然参数组间存在一些差异，但在这里意义不大。

表 4-6　对于四个参数组的每组在某一特定年份集群出现的频率

参数设定	出现年份							平均值
	1	2	3	4	5	6	7	
第一组	0	17	12	0	0	1	0	2.0
第二组	5	21	3	1	0	0	0	1.5
第三组	0	10	12	6	2	0	0	2.5
第四组	0	8	16	6	0	0	0	2.4

考虑到模拟中最初五年需求会增长，集群会产生于这期间的中期或更早的某一时间。这意味着本土集群在产业增长时已经出现，而并非出现在由于需求停止继续增长而导致竞争加剧的阶段。

（三）本土产业集群的稳定化

关于集群位置变化的研究表明，情境的稳定化需要更多的时间（见表 4-7）。在多数模拟中，在第 3 年、第 4 年或第 5 年情况会趋于稳定。在一些模拟运行中，我们可以观测到稳定化在第 7 年发生。然而，在这些例子中，情况往往虽早已稳定，但一些发展会偶尔扰乱该情况。而即使集群的数量和位置在一段时间保持稳定，变化还是可能发生的。本土集群不存在完全稳定性。

表 4-7　对于四个参数组的每组在某一年份集群数量和位置稳定化的频率

参数设定	稳定年份							平均值
	1	2	3	4	5	6	7	
第一组	0	1	3	13	6	5	2	4.1
第二组	0	1	2	13	10	1	3	4.1
第三组	0	0	4	9	12	2	3	4.2
第四组	0	0	6	15	4	0	5	3.9

在对产业产品需求增长的五年内，本土集群的稳定化会在这期间的第 2.5 年发生。尽管集群现象会很早显现，本土集群的位置和数量的稳定化只会在之后产生。因此，非常关键的是要了解集群位置在显现出来前是否已经确定或者变化而在情况稳定后就不再会发生。

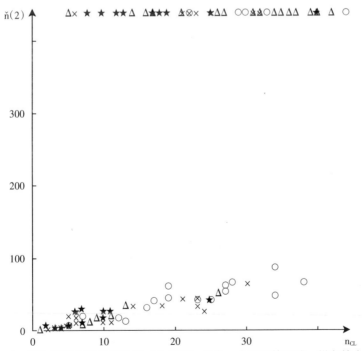

图 4-1　两年后包含至少与最终（七年后）包含一个集群的区域一样多的企业
（相对它们的规模）所在的区域数量

说明：符号★、×、○、Δ 代表第一、第二、第三和第四个参数组的结果。

（四）区域内的路径依赖

为此，本书研究了最终包含一个本土集群的区域历史。我们根据区域包含的相对企业数量对区域进行年度排名。在所有区域中排名最低的，即七年后存在一个本土集群的区域可以得到确认。之后，我们计算包含至少相对来说相同企业总数的区域数量。我们以每年年末为准来进行计算。得到的数字表示为 t 年的 ň（t）。因为所有最终包含一个集群的区域满足以上条件，所以 ň（t）≥n_{CL} 总是成立，其中 n_{CL} 表示集群数量。

在几乎所有模拟中，第 1 年后那些最终包含本土集群的区域中至少有一个区域里没有企业存在。在第一和第二参数组中只有一个例外。因此，一年之后，其发展远远没有确定。

第 2 年后，区域的划分更为明确。在一些例子中那些最终形成集群的每个区域包含的相对企业数量要比其他区域更大。但这只在几个例子中成立。在图 4-1 中，我们将每个模拟运行用一对 ň（2）和 n_{CL} 描述。模拟间的结果差异很大。在一些例子中，最终包含集群的区域在两年后早已处于领先位置，而在其他例子中，拥有企业最少的区域（意味着在该时间点没有企业）仍可能成为包含集群的区域。

本土产业集群的产生所涉及的过程是随机性的。随机过程的结果包括：有时没有发展的集群在两年后可能最终包含集群，而有时不会发生这样的情况。图 4-1 给出的结果需要解释为总体而言两年之后情况仍会有所变化，没有企业的区域仍然可能成为集群区位。虽然可能性不如存在许多企业的区域大，但仍然是可能的。

第 3 年变化非常显著。在所有模拟运行中，我们观测到在没有任何企业的区域中只有三个在三年后成为了集群区位（其中两个观测来自第三参数组，一个来自第一参数组）。但是，三年后，仍然存在排在 80 位的区域中最终出现集群的情况（见图 4-2）。然而，本土集群可能出现的区域群体被限定到至少占所有区域的 1/5，在这 1/5 的区域中，企业数量相对最大。三年后，一些分支也产生；一些区域落后并不太可能追赶上。

这个情况在第 4 年变得更为确定。在多数模拟运行中，那些四年后相对包含最多企业的区域 n_{CL} 是那些最终被发现存在产业集群的区域。例外的数量在表 4-8

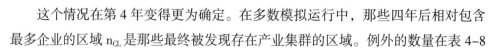

中给出。其数量很少，且在这些例子中的差异ň（4）-n_CL也很小。它总是在 11 以下并在多数例子中小于 5。这意味着只有那些四年后相对包含最多企业的区域可能最终产生产业集群。还可能存在几处区域在四年后的进一步发展并不清晰。在这些例子中，该情况会在第 5 年明确。

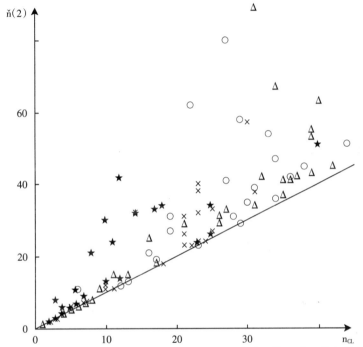

图 4-2 三年后包含至少与最终（七年后）拥有一个集群的区域一样多的企业（相对于它们的规模）所在的区域数量

说明：直线描绘了只有最终拥有集群的区域能满足这个条件。符号同图 4-1。

在 120 次模拟运行中，没有发现一个区域是在七年后拥有集群而五年后不属于拥有相对最多企业的 n_CL 区域中的。因此，产业集群区位最终会在五年后确定下来。

（五）讨论

本土产业集群出现的时机与政治有关。要支持本土集群的出现，了解在何时这种支持有可能成功是很重要的。上述研究表明，集群出现需要一些时间。集群在两年或三年后早已出现（见表 4-6）。同时某些落后区域可以作为最终集群的候选区位进行排除。两年后，某些区域会产生集群的可能性减小，因为其他重要发展并没有在这些区域出现。但是，产生本土区域仍然是有可能的。三年后，至少可以排除 4/5 的区域产生集群。因此，在第 3 年，排除了来自潜在集群区位清单的许多区域后的第一批集群分支出现。

表 4-8　那些四年后最终成为集群区位并且未包含相对最高企业数量的区域模拟运行次数
（每个参数组运行 30 次模拟）

参数设定	频率		
	$\check{n}(4) > n_{CL}$	$0 < \check{n}(4) - n_{CL} \leq 5$	$\check{n}(4) > n_{CL} + 5$
第一组	3	1	2
第二组	4	4	0
第三组	5	3	2
第四组	3	2	1

但是，那些包含足够产生本土集群的企业数量的区域要多于最终出现集群的区域。本土产业集群的区位最终会在第四年或最多第五年确定下来，这也是在所有模拟运行中观测到的集群数量和区位稳定化的时期（见表 4-7）。

这表明本土产业集群的产生是一个渐进过程，这一期间越来越多的区域落后，直到另一些区域取而代之并最终拥有本土集群。政策对这一过程影响的可能性也随时间降低。对那些落后区域进行成功扶植随着时间的推移变得越来越不可能。

关于本土产业集群产生的确切时间，实践和模拟观测可能有所差异。这取决于需求动态。但是，关于过程时机的所有其他参数是在反映现实的范围中选择的。所以，如果至少没有其他机制可以强烈影响这些动态又没有被考虑在模拟模型中的话，可以预期在此发现的动态与实际中的很相似。

本书要解答的主题颇为复杂。因此，在回答诸如为什么存在本土产业集群以及它们何时何地出现等问题时，我们使用了不同的方法。本书不能对这些问题给出最后的答案。但是，可以为已有的文献加入一些新的见解。本章对文献和本书所包含的关于本土产业集群的知识进行概述，并对其政治含义和一系列仍需回答的重要问题进行讨论。在第一节，总结了已知的关于何时何地本土产业集群出现的原因。在第二节，讨论了关于本土产业集群知识的正式含义。最后，在第三节，提出了一些未来研究应该解决的开放性问题。

第一节　关于本土集群的知识

关于本土产业集群的大量文献仍在迅速增加。以部分篇幅给出对所有文献的完整总结是不可能的。因此，本书提供的总结仅限于诸如本土产业集群是否和为什么会出现，以及出现的时间和地点。

一、本土产业集群的存在

（一）存在的实证依据

关于本土产业集群的存在，文献并无争议。这些本土系统的许多情境在不同国家和产业得到研究。因此，关于本土产业集群存在的问题似乎显得过多。但是文献中对本土产业集群识别的研究是基于主观评价和特别条件的。它并没有回答本土产业集群是否存在这一问题，而是假定它们存在。要回答这一问题，必须开发出以实证方式识别集群的标准。

关于"本土产业集群"现象的特性，文献进行了全面讨论。诸如产业区域、创新情境、本土集群以及地区性创新系统等存在的许多不同概念强调了不同的特性［对这些概念的讨论，见 Camagni（1995）、Rabellotti（1997）、Braunerhjelm 和 Carlsson（1999）］。该文献是基于来自案例研究所得到的信息。它成功得出那些案例研究所检验的一些或许多区域所共有的特性。基于这些特性，开发出了必须由相应本土系统满足的条件。它们被应用在一些国家，这样就识别出了存在的本土产业集群［例如，Sforzi（1990）对意大利的报告以及 Isaksen（1996）对挪威的报告］。

然而，人们常常认为没有概念可以涵盖所有地区和集群，需要对清晰说明这些区域的特性和形成包含所有区域的概念做出权衡取舍。另外，按实证观测建立在文献中用来识别本土产业集群的条件。这意味着对本土产业集群要进行递归性界定。所需条件由那些待识别的本土系统的特征推导出来。因此，这里推荐使用两步程序。

第一，在抽象层面对本土产业集群建模。借此，建立起统一的理论。从理论角度，对某些关于区域间的产业企业分布做出预测。这些预测可以通过实证方式进行检验。结果表明，理论方式可以充分描述现实。随后，研究德国所有三位数产业，其结果表明理论预测 149 个三位数制造产业中有 70 个得到了证实。这可以证明本土产业集群的存在。另外，它也显示出不是所有产业都存在集群。存在集群的产业在第三章第二节中列出。

第二，采用产业企业分布来识别所有德国本土产业集群。这意味着对于每个产业，可以从实证角度推导出不同的条件。这使得识别与本土集群的研究都少一些独断，并且结果更合理。第三章第四节将其应用于德国。

（二）存在的原因

在文献中往往由一些本土机制来解释本土产业集群的出现，它们以本土自我扩张过程和特定的本土先决条件为特点。在本书第二章，我们对本土产业集群存

本土产业集群

174

在的原因及其区位的决定因素做出了明确划分。我们发现具体本土情境主要与回答本土产业集群出现地点这一问题相关，而本土自我扩张过程则主要与回答它们存在的原因这一问题相关。

因此，对本土产业集群存在原因的搜寻可以被限定至本土自我扩张过程。不同的作者支持不同的机制组合，这意味着开发出一个统一理论是很困难的。

第二章表明，可以以抽象方式进行开发，这样能够捕捉到本土产业集群形成背后机制的理论。第三章中的实证分析确认了这一理论可以描述事实。但是，实证分析也表明集群的细分甚至程度因产业不同会有非常大的差异。通过比较文献中的案例分析，我们可以观测到集群也会在国家间因时间的不同而不同。这种差异不仅存在于集群化中，也存在于它所存在的原因里。另外，不是所有产业都会出现本土产业集群。

因此，有两个问题必须得到解决。第一，应该开发一系列可能促使本土产业集群出现的机制。第二，应该获得一些知识用来解释在哪些产业、在什么时间以及在哪些国家这些机制会产生重要作用。

也许解释本土产业集群的一系列机制可以通过收集文献中提及的所有过程来建立。本书在第二章第四节完成了这一任务。文献提出的本土自我扩张过程是本土隐性知识的积累，针对特定技能的本土劳动力市场的发展，服务产业的共同显现，由更好的风险投资供应或日益强烈的企业家精神所引起的初创企业和衍生企业数量的增加，本土组织、溢出效应和本土人口增长创新性的共同进化，以及经济和政治体系间的相互依存。

在解答何时何地以上哪个机制在哪个产业中重要的问题上，文献显得不够全面，案例研究则提供了具体回答。收集所有这些问题可能提供一个更为详尽的图像。但是，研究尚未做到这个程度。与第四章所进行的相似的模拟也能提供一些答案（Brenner，2001b）。

在此，本书采用两种研究来提高相应的知识。第一，对上文列出的过程在理论层面进行全面研究。第二章第二节的抽象统一理论被用来检验前面提及的每一个机制是否从整体上满足已识别出的条件。为此，本书对于每个机制可用的实证依据都进行了检验。在第二章第四节，我们做出了关于不同机制关联性的说明。但是，主要的发现还是我们对多数机制所知甚少。

第二，本书采用对德国不同产业集群的实证分析来研究这种集群产生的原因。在第三章第二节，我们识别出那些存在本土集群的产业。随后，在第三章第五节，我们研究了这些产业在某些特性上是否与其他产业存在差异。研究表明与公共研究机构和供应商间有本土重要合作的，与过程创新关系密切的以及具有很大产业内部溢出效应的那些产业更有可能呈现出空间聚集，似乎能最好地解释集群化产业与没有集群存在的产业之间差异的机制是企业间的溢出效应机制。在本土集群产生过程中出现最多的机制是本土合作机制和过程创新机制。

（三）总结

这里进行的分析表明，本土产业集群是一个可以通过实证清晰识别的现象。结果显示：

● 在德国存在本土产业集群。

● 包含产业集群的地区与其他地区可以通过实证方式得到清晰区分。

● 不是所有产业中都存在本土集群，但大约一半的制造产业中存在集群。

文献提出了可能产生本土产业集群的许多过程。在此，我们整理了那些满足理论角度识别出的要求的过程，将它们列在表 5-1 中。我们讨论了对于它们的影响是否存在实证依据。另外，我们检验了它们是否在出现集群的那些产业中更强。

表 5-1　本土产业集群存在的可能原因及它们是否有文献和本项研究的实证依据
（"√"代表实证支持，"—"表示没有可获得的实证依据）

提出的过程	效应证据	在集群化产业中更强
衍生企业	√	—
初创企业的支持	√	—
溢出效应	√	√
创新的重要性	—	√
合作	—	√
产业间的依赖性	√	—
人力资本的积累	√	—
企业—公共研究/教育互动	—	—
风险投资	—	—
本土对创业的态度	√	—
企业—政策互动	—	—

本土产业集群

176

二、集群产生的时机

文献很少讨论本土产业集群出现时间这一问题。当然，多数案例研究综合讨论了集群出现的情况。但是，文献中还缺少整体上对本土产业集群在某时间出现原因的研究。我们采用在第二章第二节开发出的一般性理论来推导一些观点。结果表明，理论上只有四种变化会引起本土产业集群的产生：全球或全国性需求的增长、技术变革、本土自我扩张过程的增强以及区域吸引力的增强。

多数案例研究表明，需求或技术的变化对集群出现的时机有影响。通常本土集群出现的企业在集群出现之前已经可以满足集群产生的必要条件。但是，只有在市场超过一定规模时本土集群才会出现。它的发生或者由于全球性市场的增长、允许特定区域的企业供应更大比重的全球性需求的市场全球化，或者因为技术变革带来的市场转向。这意味着在每个产业中本土产业集群只在某些时间出现，它们出现的时间则由全球市场的规模和结构的相应变化来决定。

区域内的变化也可能引发本土产业集群的产生。但是，在第二章第五节中的分析表明必须是整体上很大的变化。只有在某些时间，通常当市场规模增长时，区域的吸引力才会至关重要。因此，区域吸引力的变化不太会导致本土产业集群的出现，但如果其他过程如市场规模的增加也同时出现时，它可能对这种集群的出现提供重要支持。

理论上，本土自我扩张过程的变化也可能引起本土产业集群的产生。如果这些自我扩张过程增强，那么产业可能从没有集群转变为存在集群。但是，这种变化并没有在与本土产业集群相关的实证研究中有所描述。

三、产业集群的区位

关于本土产业集群的文献旨在回答两个问题：为什么某些区域在经济方面比另一些区域更成功，以及一个区域成功的先决条件是什么。后者与这里讨论的内容很相似。因此，在试图回答本土产业集群出现地点的问题时存在大量不应被忽略的文献。然而，这里采用的角度与文献中采用的角度不同。本书的分析是基于第二章开发的抽象理论。这一理论为本书所有研究和解决不同问题的结构提供了框架。理论视角区分了三个因素：市场形势、本土自我扩张过程和区域吸引力。

当回答本土产业集群出现地点的问题时，可以分别考虑这些因素。下文将总结在第二章的理论分析中得到的一些观点。

（一）区域间的竞争

如上文所述，市场形势的变化常常引起相应产业中产生本土集群。也就是说，对于一个产业来说，本土集群会在某些时期产生。第四章第三节中的模拟研究表明，尽管所有影响范围很广，但集群数量受到产业特性的约束。所以，只有一些区域会成为这些集群的区位。

因此，如果我们想要了解为什么集群会出现在某些区域而不是另一些区域中，对区域进行分别检验是不够的。集群会在特定时间特定行业出现，而区域会为成为这些集群的区位而展开竞争［相似的观点见 Maggioni（2002）］。这里的竞争是一种隐喻，因为区域往往不会主动竞争。但是，产业集群只会在其中几个区域中出现，也就是说一些区域会超过另一些。这意味着只根据本土先决条件来解释本土产业集群的出现是不可能的。一方面，必须考虑相应全球性或全国性市场的发展；另一方面，必须将本土先决条件与其他区域的先决条件进行比较。

但是，比起其他区域，更优的先决条件和市场必要的改变并不能随之暗示本土集群的出现。在一个区域中使事情得以开始的许多事件都是随机事件，它们取决于个体的决定，并且不能根据总体形势来预测。这些事件包括：企业的创立、几个关键人物的协作，以及关键性创新的出现。更好的先决条件使得这些过程和本土集群产生的可能性更高，但不具有确定性。这意味着，区域间的差异会导致其成为产业集群区位的概率不同。下面的段落将讨论这一情境中重要的差异。

（二）自我扩张过程的差异

根据第二章第四节和第五节的讨论，区域在自我扩张过程的强度及其吸引力方面有所不同。这里我们首先对第二章第四节讨论的自我扩张过程强度差异进行总结。

上文已列出自我扩张过程。关于这些过程强度的详尽研究比较缺乏，因此，我们只能推测企业间关于这些过程的差异。在一些过程中，假定国家间、区域间的差异很小。另一些过程虽然在国家内部并无多大差别，但可能在国家间差异很大。一些过程甚至可能在区域间差异明显。

在第二章第四节，我们识别出影响本土自我扩张过程的三个主要因素，它们

本土产业集群

分别是不同的文化、区域政策的差异以及现有大学和公共研究所。前两个因素对本土自我扩张过程的强度有影响，它们会增加或减少区域内产生本土产业集群的可能性。后一个因素代表了在一些产业中发生本土自我扩张过程的必要条件，它将潜在产业集群区位集合中的某些区域排除在外。

（三）区域的吸引力

产业集群区位的主要决定因素在于区域间吸引力的差异。如上文所说，区域相互竞争以便成为新兴集群的区位，这种竞争的结果部分取决于区域吸引力。在此，我们将这种吸引力定义为与具有持久特点的被关注产业有关的一个区域所有优势和劣势的总和。这包含了在集群产生时没有显现出的或历史罕有的所有因素。符合这一类别的因素有地理位置、人口规模、文化独特性、政治体系（如果它足够稳定）、大学和研究机构的位置（如果它们是持久的），以及其他经济活动的出现，如对被关注产业很重要的其他产业。

第四章第四节表明这些因素对产业集群出现的位置影响很大，每一个因素的影响取决于被关注的产业。在一些产业中，某一因素可能很关键。例如，大学和研究机构的存在在许多产业中是产生集群出现的必要条件，如电信和生物技术 [Rosegrant 和 Lampe（1992）以及 Dalum（1995）报告了大学和公共研究的重要性]。在这些情况下，区域的某些特性将其分为两组：一组是产业集群可能产生的区域，一组是这种集群不会出现的区域。

在其他产业，上面的因素则不太重要，或者说在区域间只产生相当小的区别，使某些区域更可能成为新兴集群区位，而另一些则不太可能，在印刷机制造业产生的集群 [Porter（1990）的报告] 就是符合这种情况的例子。在这种情况下，因素的结合常常能够决定其吸引力进而决定该区域成为集群区位的机会。一些劣势可能由其他优势来弥补。

然而，区域吸引力会明确决定产业集群的区位。第二章第五节中的讨论表明随机历史事件对集群区位有巨大影响。许多案例研究也证明了这一点。有些发展既不属于本土自我扩张过程，也不是区域持久特性的一部分，它们包括本土促进者或者小型群体促进者、应用于区域的具体政策措施以及历史特殊事件 [例如，Trigilia（1992）认为农民的处境是意大利北部产业地区发展的重要因素]。从一般性模型的角度，这些因素必须作为随机影响因素来处理。要在总体上预测它们的出现是不可能的。

一些本土人的协作行为常常会引发本土产业集群的产生，这些人具有关于未来产品或区域前景经济活动的愿景。特别是在 19 世纪末 20 世纪初出现的集群中，我们可以频繁观察到这种情况（如耶拿的光学产品集群以及斯图加特的汽车集群）。因此，个体或小型群体可以促进区域的某些发展，借此，它们可能会使该区域在与其他区域的竞争中具有决定性领先地位。根据该区域的情境产生的理论难以预测这种个体的存在。从一般性理论角度，他们是发生在一些区域中的随机事件，并且提高了未来在这些区域中产生产业集群的可能性。

相似事件也可能出现在本土政治层面上。一些政策制定者可能意识到区域发展的某些机会，并可能采取相应行动。如果这些行动合理并在正确的时间出现，那么它们可能引起产业集群的出现〔Dalum（1995）报告了在奥尔堡进行电信技术应用研究的机构成立的例子〕。是否实施这些政策措施还要取决于一个或多个人以及他们对未来发展的愿景。从一般性理论模型角度来看，这些在一些区域出现的随机事件会给该区域带来优势。

最后，历史特殊事件可以增加某些区域的吸引力。例如，针对硅谷地区企业产品的多项政府命令（主要来自国防部）（Saxenian，1994）或者意大利北部农村人口的具体情况（Trigilia，1992）。这些历史特殊事件仅在一定时期与集群的出现相关。如果这一时期对产业内本土集群的出现很关键，那么历史特殊事件对集群区位就会有很大影响。总体而言，很容易通过实证方式来识别历史特殊事件，但很难对其预测或将其纳入一般性理论模型。

这三个因素，尤其是第一个，使得对本土产业集群出现地点的预测成为不可能，可能的只是对某些地点的可能性进行大概表述。越了解一个区域以及区域中的相关主体，对该区域可能性的估测就越好。但是，除了上文的因素，区域内部的发展依赖于市场中相应企业的成功。它们的创新和它们开发的产品变得具有决定性。在集群出现时，竞争区域中往往只有少数企业，这些企业的成功变得非常重要。因此，当集群出现时的发展取决于个体事件，进而颇为难以预测，而一旦本土产业集群建立起来，情况就会变得越来越稳定。

（四）总结

产业集群区位由区域间的竞争决定，这种竞争往往不由区域主动发起。然

本土产业集群

而，一些区域能够在被关注产业的经济发展方面超过其他区域。有三个因素影响区域的成功。第一，存在必要的本土环境。它们非常依赖被关注的产业，不能提供这些环境的区域都不会有机会成为产业集群的区位。这些因素有：

- 大学的存在
- 研究机构的存在
- 自然环境（资源、地理）

第二，存在决定区域吸引力进而决定产业集群发展可能性的因素。这些因素有：

- 文化因素（创业、创新）
- 政治因素和法律
- 地理位置
- 区域类型（城市或乡村）
- 大学和研究机构
- 相关产业的经济活动

第三，存在根据本土情况无法在发生之前预测到的发展。这些应该当作只能在本土产业集群产生后以案例研究形式来理解而在整体上无法被预测的随机影响因素。这些因素有：

- 本土促进者的存在
- 具体的政策措施
- 历史特殊事件
- 路径突破性创新的产生
- 关键企业的创立

第二节　政治含义

上文总结的本书结论可以用来建言政策制定者。最近几年，政策制定者对本土产业集群越来越感兴趣。由于理论研究常常认为这些集群至少在一定时期在其所处的区域中代表着经济成就，区域性政策制定者尤其期待在自己的后院建立本土产业集群［Rehfeld（1999）讨论了区域性政策制定者日益强烈的兴趣］。因此，政策制定者有兴趣得到关于如何建立这种本土产业集群的建议。

但是，如何建立这种集群不应该是这个情境中唯一吸引人的问题。其他一些因素也必须考虑进来。首先，我们应该讨论通过本土产业集群出现可能获得什么。其次，我们需要检验政策措施是否会产生影响以及它们在什么环境中会成功。最后，我们应该讨论不同政策措施的有效性和充分性。

一、影响集群产生的效应

在我们讨论可以用来影响本土产业集群产生的措施前，我们必须回答的问题是政策措施能否创立这样的集群。本书得到的两个结论在该情境中显得尤为重要。第一，即使给定某些先决条件，也不能保证本土产业集群会出现。第二，集群区位是在区域间的竞争过程中确定下来的。

（一）本土产业集群的建立

第一个结论暗示因为一些因素，不能随意通过提供一些特定的先决条件而建立起本土产业集群。如第二章第五节所讨论，本土产业集群往往出现在它所供应的产业和市场表现出某些动态时，如需求增加、技术变革或本土自我扩张过程的重要性增强。这些方面不太受到政治措施的影响，但不能完全排除这种影响，因为法律和税收可能改变市场。所以，总体而言，政策措施的效应取决于那些政治影响触及不到的发展。这些发展可以为政策制定打开机会之窗，我们会在下一部分详细讨论。

即使市场和本土自我扩张过程的发展有助于本土产业集群的出现，政策措施也不能保证在特定区域可以建立起这样的集群。可以考虑在此识别出的包括外部条件、自我扩张过程、区域吸引力和历史特殊事件等因素，政策措施主要能影响某些区域的吸引力。这可以通过教育机构、基础设施的变化或者使企业更容易创建或成长来完成。但是，上文已经说明，虽然不是确定的事件，但区域吸引力的增长会使该区域中更有可能出现产业集群。

政策要改变一个产业内本土自我扩张过程的力量是更为困难但仍有可能的事。这可以在全球性、全国性或区域性层面完成。如果是在全球性层面上，它并不会影响产业集群产生的区位。在本地区层面上，只有几个因素可以受到政策措施影响，即企业家精神的发展、一些本土机构的共同演进以及企业间的溢出效应。其结果是，在相应区域产业集群出现的可能性在增加。

最后，政策制定者可以试图直接影响那些在前文中称为随机影响因素的方面，它们是区域促进者的存在、具体的政治环境、本土参与者的协调以及区域中企业的市场成功。其中最后一个因素不会受到政策措施很大的影响，它依赖于企业进行适当的创新并生产恰当产品的能力。区域促进者的存在至少会受到本土政策的影响。如果区域中有区域促进者，政策制定者可能主动支持它们或它们之间的互动。政治环境和协调活动当然在政策制定者的范围内。如在第二章第五节我们认为的，这可能促使本土产业集群的出现。然而，它并没有排除对随机事件，如对区域中企业成功的依赖性。

我们将在下文详细讨论支持本土产业集群的各种可能性。在此，我们可以说这些措施没能在特定区域中创建一个产业集群，而能够做到的是增加在特定区域产生产业集群的可能性，或者在之前没有出现集群的产业中产生集群，但这些并不能确定集群出现的地点。我们接下来要讨论这两个可能的政策措施结果是否可取。

（二）影响产业内集群

上文表明影响市场或本土自我扩张过程的政策措施可能使从未出现集群的产业中产生集群。当然，相反情况也可能正确。总体上，增加或减少产业中存在的本土集群数量是可能的，这使相应产业内的经济活动或多或少具有地理集中性。经济活动的地理集中性有利有弊，其优势体现在企业通过协同定位所获得的互利，它们总体上与产生本土产业集群的自我扩张过程有关。而劣势则来自导致成本增加的空间和人的稀缺性。如果集群规模的增长超过某个水平并能够防止集群无限增长及产业只集中在一个区域的话，这些效应就会变得非常显著。

因此，应该存在一个由这两个相反过程来确定的集群的自然数。但是，第四章第三节中的模拟表明区域间的产业企业分布显示了路径依赖性。产业中存在的集群数量取决于它们出现时具体的发展情况。大范围的集群是稳定的，只有当现有集群数量不在这个范围内，才会进行下一个过程；否则只要外生性条件（主要是市场形势）不变，本土集群就会很稳定。

这意味着政策措施可能改变产业中出现的集群数量。但是根据目前关于集群的科学知识，我们很难判断出这些变化会使该情况有所强化还是恶化。因此，由于当前的科学知识，我们不能推荐这样的政策措施。也可能存在一些例外，其改进的方向由于某些原因很明显。但是，目前我还没有见过任何这样的情况。

(三) 影响产业集群的位置

如果政策措施支持集群在某一特定区域的产业中出现，那么情况会有所不同。如果这样的措施成功，可能会得到两种结果：要么建立一个新增集群，要么在受到支持的某个区域而不是另一个区域中产生集群。

如果新增一个集群，我们就会遇到上文讨论的问题。我们很难判断这种新增集群是否在经济上有优势。当然，利于新增集群的政治原因可能会存在。同时，也存在经济成本、政策制定的成本以及经济形势转好或转坏的变化。所有区域或所有国家的实例都表明新增集群这一情况尤为棘手。其可能的结果是达到能够稳定化的最大集群数量或者已经由长期政策措施稳定了的更多集群。这种情况绝对不是最优的。因此，只有当政策措施在几个区域中实施，其结果才可能呈现经济中立，政治原因才能证明措施的成本是合理的。

相似的观点可能应用在这一情况：一个区域得到支持于是产业集群在其中而不是另一区域中产生。平均来看，经济结果是中立的。但是，我们必须考虑一些其他因素。本土自我扩张过程的力量可能因区域而异。因此，一些区域中的企业可能比其他区域中的企业在协同定位中获得更多利益。另外，一些区位可能比其他区位获利更多，如因为具体的地理位置、其他产业中企业的存在，或者第二章第五节中深入讨论的区域吸引力的其他因素。关于企业的成功，最好的情况是在最受益区域中出现集群。

如果要估算特定区域中协同定位的企业收益的话，我们进行的分析给出了一些关于应该考虑哪些方面的启示，主要是区域的地理位置、文化方面，如人们的创新性、他们对于创业的观点、他们对于被关注产品的态度、其他相关产业的存在以及大学和研究机构的存在，我们会在下一部分更详细地进行讨论。另外，我们必须考虑到，一些区域在区域发展之前就出现了一些集群。这意味着区域间的竞争，其中一些区域和相应企业最终会失败。早些出现集群似乎更可取，这样在其他区域中的资源不会被浪费。这可以证明支持几个必须在"适当"区位中的区域的合理性。但是，根据可获得的关于所涉及过程的知识，不可能有最终结论。

另外，我们或许可以根据某区域出现产业集群的偏好来确定政治原因。一个原因是滞后区域的存在。但是，这些对集群来说也常常是不适当的区位。如果这些区域因为其历史而不是其吸引力或本土自我扩张过程力量中的劣势而得不到充分发展，那么支持产业集群的出现可能是促进经济发展的合理措施。

但是，区域性和全国性政策制定者往往愿意看到产业集群出现在他们自己的区域。如果他们均支持各自的区域，那么无效竞赛会导致大量资源的浪费。所以，与上文观点不同，至少在考虑到全球经济有效性时，我们不应该在许多不同区域同时支持同一产业。这意味着，即使是对本土产业集群出现的支持，也只能在超国家或至少国家层面进行协调。在本土层面组织的措施会存在导致区域间无效竞争的危险。

二、政策措施成功的可能性

之前的讨论已经表明本土产业集群的经济可取性取决于它们在何时何地产生。这一讨论的基础性观点是相应政策措施在创建本土产业集群方面很成功。但是，我们发现不能随意建立本土产业集群。不存在先决条件或措施可以保证这种集群出现，可以实现的是它们出现的可能性会提高。政策措施的有效性非常依赖区域、时间以及它们被应用到的产业。因此，我们应该谨慎选择这些因素。下文给出了一些关于应如何选择区域、时间和产业的启示。

（一）选择正确的产业

本土产业集群会在某些时间、某些产业中出现，因此，政策措施应该每次只应用于一个或几个产业。我们在下文将讨论该时机。结果表明不是所有产业都能显现出集群，支持那些没有显现任何集群的产业产生本土集群是一种资源浪费。第三章第四节给出了一份当前在德国呈现出集群的详细产业清单。这当然不排除未来其他产业中出现本土集群的可能性。

本土集群主要出现在需求增长迅速的新兴产业中。因此，颇为重要的是能够预测新兴产业是否会显现集群。上文已经讨论了集群产生的原因，表5-1列出了潜在原因。但是，本土集群存在的原因仍然没有得到充分研究。前面的清单只能让我们猜测新兴进化产业是否可能显现集群。要得到具体预测，进一步的研究很有必要。

(二）选择正确的区域

上文中的一个观点是只有最多几个区域应该得到支持。那么，如何选择正确的区域这一问题就出现了。根据本书的分析，区域在其吸引力和本土自我扩张过程能力方面有所不同。前文的观点是总体上那些吸引力更大并且自我扩张过程更有力的区域应该更倾向于拥有集群。这一部分的讨论则是基于政策活动是否成功或能否成功这一问题。在该情境下，成功意味着政策措施会产生没有政策干预时不会出现的本土集群。上文已经讨论了这一效应是否可取。

如果政策措施被应用在某一特定区域，那么关于本土产业集群，有三件事情可能发生：

● 可能出现的集群即使没有政策措施也可能出现。

● 可能出现的集群如果没有政策措施就不可能出现。

● 没有集群会出现。

假定政策措施不会使情境变得更坏的话，本土产业集群的出现就不会受到政策措施的阻碍。因此，上文最后的情况意味着没有政策措施就不会产生集群。

在三个可能的结果中，只有第二个是可取的。如果集群不依赖政策措施而出现，那么该政策措施是多余的并且是浪费资源的。如果集群没有出现，那么该政策措施就不会产生期待的效应。因此，我们只应该选择那些出现集群可能性很高的区域。这暗示我们应该避免那些不依赖政策措施便出现集群的可能性很高的区域，以及不太可能出现集群的区域。

在第二章第五节的一个观点是本土产业集群出现的可能性取决于区域吸引力。该吸引力越大，集群就越有可能出现。因此，政策措施会在那些既不是非常吸引人也不是非常不吸引人的区域中得到最为成功的应用。

我们区分了两类情境。第一，进行研究的产业刚刚产生，于是几乎没有既有的企业。在这一情境中，区域吸引力必须根据地理位置、文化特性、政治体制、大学和研究机构的位置以及如其他产业的经济活动的存在等因素进行估测。我们应该选择那些根据这一评估排名靠前并且与被研究的产业有关的经济相对不活跃的区域。

第二，我们必须考虑已经出现一些集群的情况。这意味着在一些区域中，集

本土产业集群

群的出现变得显而易见，这些区域不是正确的选择。在那些有吸引力的区域中，政策措施更有效，但至今只显现了一定程度的发展。没有发现任何发展的区域也是不够充分的，因为政策措施没有任何依据。在这样的区域中出现产业集群是不可能的。

（三）选择正确的时间

上文只讨论了两种情况，没有包含在被关注产业中本土集群已经出现并保持稳定的情况，对这一情况进行排除是有充分理由的。第四章第三节中的模拟已经表明本土产业集群相当稳定。另外，我们发现在每个产业中集群的最大数量都是有限的。因此，在情况稳定的产业中支持集群出现不可能会成功。如果要应用一些政策措施，它们应该在相应产业中集群正在出现时得到执行。

这意味着在每个产业存在某些机会窗口。根据第二章第五节的理论分析，这些机会窗口往往出现在对该产业生产的产品需求明显增加的时候，只有在这种时期，政策措施才有可能成功。

即使在这些时段内，政策措施的有效性也是因时而异的。Brenner（2002）研究了这些差异，发现影响初创企业数量的措施应该在一个新产业刚刚出现时实施，而影响企业间合作的措施反而在首批集群开始成形时更有效，其他诸如影响区域人力资本积累和企业创新性的措施在集群出现的整个期间也有相似的效果。我们没有发现在产业状况稳定后存在明显有效性的措施。

这一情境下我们不应该忽略一个问题：当最初的本土产业集群成形时检测机会窗口要比最初企业出现时更容易。所以，在之后有效的措施可能更有吸引力，因为可以更好地分析该情况，所以在这时更容易集中精力。但是，结果也表明总体上政策措施实施得越早就越有效。

三、充分的政策措施

我们从两个方面界定充分的政策：第一，必须识别出能够被影响的经济过程；第二，必须研究它们如何被影响。有大量文献涉及不同的经济过程，如创新、教育、初创企业等受到政策措施影响的方式。讨论这一文献或者全面呈现结果超出了本书的范围。所以，此处不考虑经济过程如何受到影响。相反，下文要集中讨论的一个问题是应该通过影响哪些经济过程来建立本土产业集群。

这一问题在文献中鲜有解答［我们可以在 Miller 和 Coté（1985），Maggioni（2002）和 Barca（2003）中发现一些例外］。贯穿本书所进行的分析提供了一些关于如何支持本土产业集群出现的启示。但是，下文的讨论应该以上文的一些观点为基础。政策措施只有在正确的时间被应用到正确的产业和区域时才会有效。我们强烈建议聚焦在一个或几个区域以及一个或几个产业上。下面的观点是基于恰当选择产业、区域和时间以及存在合理的政治干预的假设而提出的。另外，必须记住总体而言政策措施不能创造本土产业集群，能够实现的是增加这种集群出现的可能性。

本书一直在强调三个不同因素它是外生条件，主要是市场形势、本土吸引力以及本土自我扩张过程。现在我们再次对这三个方面分别进行探讨。

（一）对市场形势的影响

需求的增长对于本土产业集群的出现非常关键。但是，通过政策措施影响这一因素很困难、可能性不大并且存在风险。如果公共机构是一种产品需求的重要来源的话，情况可能会有所不同（硅谷出现时就是这种情况）。在这种情况下，需求可以受到政策制定者的直接影响，它们可能有利于某些企业或区域。但是，只有当相似产品的私有需求独立于公共需求且有所发展时，形势才会变得稳定。这种情况很罕见。

另外，需求会受到税收、政府补助和法律的影响。有时，这些会被用来促进新的或适宜环境的产品和技术。这种措施涉及两个风险。一方面，这些措施只影响需求面。因此，它们会决定集群出现的时机并可能决定集群的数量。集群的位置只在两个条件存在时会受到影响。一是措施必须应用在一个区域或国家以便产生区域差异。二是市场必须这样，本土企业才会从本土需求的增长中获得比区域外企业更多的成效。如果没有给出后一条件，政策措施促使本土产业集群的出现，但不能决定这些区域出现的位置。

另一方面，某些技术支持可能在中长期被证明是不利的。如果技术和产品经常改变，本土产业集群的灵活性对于它们的持久性就非常必要了。税收、政府补助和法律可能促使它们将自己与某些产品或技术捆绑得过紧。这可能阻碍其适应新发展［Grabher（1993）和 Isaksen（2003）描述了这种发展的例子］。

本土产业集群

（二）提高区域吸引力

本书中时常发现区域吸引力决定了其内部产业集群出现的可能性。因此，提高区域吸引力是支持在该处产生集群的适当方式。界定区域吸引力的因素因产业而异，第二章第五节列出了潜在候选对象。

我们从案例研究中获得了一些有关其重要性的启示，它们表明主要决定因素包括大学和研究机构的存在、人们的创业态度、区域的地理位置和可进入性、风险资本的可获得性以及区域中相关或不可或缺的产业中企业的存在。它们的相对影响因产业而异。

当区域吸引力在本土集群中出现并尚未确定它们的位置时是非常重要的。根据第二章第三节的理论讨论，高吸引力会促使区域在市场条件非常有利的时候超越外生条件的关键值。在需求快速增长并且供给不能跟上这种增长时，市场条件最为有利。如果要影响本土产业集群的出现，影响区域吸引力的政策措施在此时必须有效。

问题指向了对区域吸引力的支持。必须在集群开始出现或至少在这种过程初始时应用相应的政策措施，政策制定者必须早些识别出这些发展。因此，这里讨论的方法对政策制定者的能力很有要求。他们必须理解产业内的发展并必须在早期意识到本土集群的出现。另外，他们必须能够从新兴集群潜在区位的角度对区域进行比较。最后，必须估测可能影响区域吸引力的不同因素的相对影响力以便充分聚焦政策措施。

（三）支持本土自我扩张过程

第二章第四节和第五节发现本土自我扩张过程的力量不仅会决定本土产业集群的存在，如果该力量因区域而异的话，也会影响它们在某一区域中出现的可能性。那么，区域自我扩张过程的强化会增加本土产业集群出现的可能性。

本土自我扩张过程会决定本土集群的产生，因为它们增强了初期积极的发展。这意味着只有产生某些发展，它们才会变得活跃。一些企业必须在相应产业和区域表现得活跃才能引发集群通过这些过程而出现。

因此，所有聚焦在本土自我扩张过程的政策措施都需要被关注区域和产业中存在一些初始活动。结合区域吸引力，本土自我扩张过程的力量会对表现出某些初始发展的区域间的竞争产生决定性作用。

总体上，自我扩张过程在区域间只会存在微小差异。但是，政策措施可能增强它们在某些区域中的力量。受到政策措施影响的过程是企业与公共研究和教育机构、衍生企业、企业间的溢出效应，以及本土公共舆论的共同演进的互动。企业与公共研究和公共研究与教育的内容互动可以受到政策制定者的直接影响。

我们可以通过风险资本和为初创企业提供建议的形式来支持衍生企业。另外两个过程，溢出效应和公共舆论的变化更难影响。经验表明，鼓励企业间持续性合作和信息的相互交换是很困难的。另外，据笔者所知，目前尚没有政策措施成功影响本土公共舆论的案例。

另一个可能性是关于已经引发初始发展的那些本土行动者的支持。上文阐述了区域性促进者常常在集群产生方面起到重要作用。这有两个要求：他们的存在以及他们对该区域的显著影响。后者可以得到政策措施的支持。如果存在本土促进者，也可能集合一些促进者以便达到可以影响区域发展的临界规模。

聚焦本土自我扩张过程的优势必须在初始发展已经显现时得到执行。但是，前文提出的所有其他问题仍然存在。政策制定者必须能够估测区域吸引力并评估初始发展和本土促进者及行动者的资质。在任何情况下，这里讨论的政策措施的有效性都特别依赖对产业、区域和时间的正确选择。一旦完成，政策措施可能会集中在区域吸引力、本土自我扩张过程的力量或者或许更好的情况：二者的结合。

第三节 开放性问题

科学文献对本土产业集群现象进行分析到现在已经超过 20 年了，我们得到了许多见解。但是，对于如何能得到充分支持这种集群的出现这一问题，我们显然还需要进一步的研究。这可能是因为不同本土产业集群出现背后的原因不同。本土条件的异质性、历史发展和相关过程使整体的理解很困难。另外，有些问题得到关注的同时，可能忽略了其他重要问题。

因此，相当数量的问题仍然没有得到充分解答，对于最重要的问题可能观点迥异。那么，任何进一步研究的前景都是主观的。下文提出的一些话题并非意味着会出现这些可能。本书所建议的是那些在撰写本书的过程中没有获得大量信息的话题，它们主要出现在一般性理论的发展、相关过程的确认以及政策暗示的建议中。

一、总体特征和统一方法

多数文献或者关注某些本土因素，如知识、劳动力市场、创新性和行动者之间的关系，或者关注一个区域内部的具体发展。而试图识别出相似性或将不同结果统一在一个系统的方法中却很罕见［在 Porter（1990）和 Panccia（1998）中可以找到例外］。对于实证研究尤为如此。所以，在未来需要更多的进行两种实证检验：区域间的比较研究以及通过一个总体方法检验整个国家的研究。

近期，相当多的实证工作涉及不同国家的一些区域。比较研究对于科学家们似乎变得愈加具有吸引力。很重要的是这些研究以相同方式界定所有区域中接受检验的过程和对原因的假设，它可以帮助识别那些本土产业集群共同存在的过程和原因，将区域包含进没有产业集群的研究中也是很重要的。目前，较不成功的区域常常被忽略掉。但是只有将这些区域包含进来，才能识别出本土产业集群出现的必要条件。

能够接近那些支持本土产业集群出现的本土环境的另一种方式是将区域划分成存在集群的区域以及不存在集群的区域。之后，可以从本土特性、初始状态和历史发展方面研究这些区域群之间的差异。这种方法需要关于不同时间点的不同因素的数据，从而我们可以获得一些关于影响本土产业集群产生可能性的知识。

这两种研究可以在很大程度上让我们更好地了解本土产业集群产生的地点和方式。尤其是，关于必要或有益的本土先决条件的问题，我们可能得到比目前更为全面的答案，这也会帮助政策制定者将他们的行动集中在适当的区域和适合的措施上。

二、本土机制的详细研究

多数文献和本书的研究强调了本土自我扩张过程的重要性。这种过程决定了本土产业集群的出现，并引导这些集群获得经济成就。但是，文献中提出了不同的机制。关于这些机制，现有的知识几乎无法让人了解其在不同环境中对本土产业集群的出现和成功有多大程度的贡献。上文提出的研究会提供一些额外的知识，但是我们似乎还需要更多。

而且最近几年这一方面的某些方法得到采用。研究涉及尤其是本土溢出效应、借助雇员和私下接触的知识迁移以及区域中企业家精神的发展（Audretsch & Stephan，1999；Verspagen & Schoenmakers，2000；Zellner & Fornahl，2002；Fornahl，2003a）。但是，许多问题仍未得到解答。为了理解不同情境下本土产业集群的产生，必须全面理解所涉及的本土机制。运行模拟使其非常清晰，模拟过程需要其功能的详细知识，不是与本土产业集群出现的所有过程中都可获得。我们不能充分理解尤其是衍生企业机制、区域人力资本积累、企业间合作效应、产业间相互依赖、风险资本可获得性与本土企业人数间的相互依赖、公共研究和产业企业人数的共同演进，以及企业和公共和政治舆论间的互动。应该得到解答的问题包括：

● 什么会决定一家企业可以创造的衍生企业数量？

● 哪种人力资本对企业很重要，他们如何积累以及在这个情境下的位置有多重要？

● 本土合作者可获得性在多大程度上会增强合作，以及企业借此受益的程度有多少？

● 哪些产业显现出本土共同演进，以及这种共同演进如何进行？

● 现有企业在多大程度上影响风险资本的可获得性？

● 区域中进行的公共研究如何对本土企业数量的发展做出反应？

● 企业如何影响及在多大程度上影响公共和政治舆论？

本书没有在使用该方法时获得此处列出问题的答案。当然，还有其他重要且相关的问题。上面的许多问题在文献中没有得到解答。但是，笔者认为回答这些问题是非常重要的，因为可以全面了解本土产业集群出现的原因，随时间、产业或区域可能如何变化，以及它将如何受到政策措施的影响。只要我们还不能充分理解不同本土机制的作用，我们就不可能判断它们的相关性。因此，在未来潜在机制，尤其是在它们的自我扩张特征方面，应该得到更全面的研究。

本
土
产
业
集
群

三、政策措施的讨论

迄今为止，关于本土产业集群的实证文献主要研究可能影响它们产生的本土环境以及它们成功的原因。从此处可以推出一些政策启示。但是，这些启示主要基于对成功区域的观测，并且很难迁移到其他具有不同先决条件的区域中。

这里我们提出另一个理解政策措施可能存在影响的方法。许多不同政策措施近年得到应用，因为本土集群对政策制定者吸引巨大。关于这些措施效应的比较研究可能提供关于适宜政策的信息。对此，必须检验由政策措施所引起的动态。由这些措施引起的发展必须区别于得到支持的发展。这意味着分析需要考虑区域的状态。根据上面的分析，政策措施的结果会强烈依赖它们所应用的区域、产业和时间。那么，估测不同政策措施的效应不会很简单。相反，我们必须了解这些效应对于何地、何时在什么产业应用该措施这一事实存在的依赖程度。

如果对相似政策措施在不同时间应用在不同区域和产业的情况采用比较研究，我们就会得到这种结果。另一个可能的方法是研究应用在相似情况中的不同政策措施的效应。总之，笔者将这种研究的比较特质视为一个关键元素，否则我们将不能客观地判断政策措施的效应。我们可以期待近年来建立起的大量政策项目会用来更好地理解它们如何有效运行以及它们所适宜的环境情况。

一、数学

（一）第二章的证据

1. 引理 1 的证据

动态系统（2–2）、（2–3）和（2–4）的定态 $(\check{f}, \check{c}, \check{s})$ 必须同时满足 $\dfrac{df(t)}{dt}\bigg|_{st} = 0$，$\dfrac{dc(t)}{dt}\bigg|_{st} = 0$ 和 $\dfrac{ds(t)}{dt}\bigg|_{st} = 0$ ["st" 用作 $(f(t), c(t), s(t)) = (\check{f}, \check{c}, \check{s})$ 给出的定态缩写]。这暗示条件：

$$\check{c} = \left(\frac{a_{fc}}{\phi_c}\right)^{\frac{1}{\rho_c}} \check{f}^{\frac{a_{fc}}{\rho_c}} \tag{A–1}$$

$$\check{s} = \left(\frac{a_{fs}}{\phi_s}\right)^{\frac{1}{\rho_A}} \check{f}^{\frac{a_{fc}}{\rho_s}} \tag{A–2}$$

和

$$a_{ff} \cdot \check{f}^{a_{ff}} + a_{ef} \cdot \check{f}(e) - a_{ef} \cdot \check{f} + a_{ef} \cdot \check{c}^{a_{cf}} + a_{sf} \cdot \check{s}^{a_{sf}} - \phi_f \cdot \check{f}^{\rho_f} = 0 \tag{A–3}$$

将式（A–1）和式（A–2）代入式（A–3）得到：

$$a_{ff} \cdot \check{f}^{a_{ff}} + a_{ef} \cdot \check{f}(e) - a_{ef} \cdot \check{f} + a_{cf}\left(\frac{a_{fc}}{\phi_c}\right)^{\frac{a_{cf}}{\rho_c}} \cdot \check{f}^{\frac{a_{cf} \cdot a_{fc}}{\rho_c}} +$$

$$a_{sf} \cdot \left(\frac{a_{fs}}{\phi_s}\right)^{\frac{a_{cf}}{\rho_s}} \cdot \check{f}^{\frac{a_{cf} \cdot a_{fs}}{\rho_s}} - \phi_f \cdot \check{f}^{\rho_f} = 0 \qquad\qquad (A\text{-}4)$$

式（A-4）决定所有定态的 $\check{f}$ 值。对于每个 $\check{f}$ 值，$\check{c}$ 和 $\check{s}$ 的准确值由式（A-1）和（A-2）确定。因此，式（2-2）、式（2-3）和式（2-4）给定的动态与式（A-4）的解有完全同样的定态数。我们假定参数 a_{ff}、α_{cf}、a_{sf}、α_{fc}、α_{fs}、ρ_f、ρ_c 和 ρ_s 都是有理值，不会限制能够以任何可以描述事实的关键方式建模的动态。随之可以发现自然数 η，这样 $h_c = \frac{\alpha_{fc} \cdot \alpha_{cf}}{\rho_c} \cdot \eta$，$h_s = \frac{\alpha_{fs} \cdot \alpha_{sf}}{\rho_s} \cdot \eta$ 和 $h_\rho = \rho_f \eta$ 就是自然数。新的变量 x 由 $x = \check{f}^{\frac{1}{\eta}}$ 界定。于是式（A-4）可写为：

$$a_{ff} \cdot x^{h_f} + a_{cf} \cdot \hat{f}(e) - a_{cf} \cdot x^\eta + \left(\frac{a_{fc}}{\phi_c}\right)^{\frac{a_{cf}}{\rho_c}} x^{h_c} + \left(\frac{a_{fs}}{\phi_s}\right)^{\frac{a_{cf}}{\rho_s}} x^{h_s} - \phi_d \cdot x^{h_\rho} = 0 \qquad (A\text{-}5)$$

式（A-5）等号左边是 h_ρ 阶多项式。这个多项式的 h_ρ 阶导数是一个没有零的常数函数（多项式中最后一项的 h_ρ 阶导数）。我们现在依次考虑从多项式 h_ρ 阶导数到一阶导数的每个导数，并且考虑 $x_0 > 0$ 时的所有零 x_0。多项式的 r 阶导数在下文由 $P_r(x)$ 表示。让我们假设当 x > 0 时，$P_r(x)$ 有 n_r 个零。这里区分了两种情况：$P_{r-1}(x)$ 或者有同样数量的项，或者比 $P_r(x)$ 多一项。在第一种情况中，$P_{r-1}(0) = 0$。因此，n_{r-1} 与 n_r 几乎同样大，因为 $P_r(x)$ 是 $P_{r-1}(x)$ 的导数，也就意味着当 x > 0 时，$P_{r-1}(x)$ 有 n_r 个极值点。在第二种情况中，如果 $P_{r-1}(x)$ 比 $P_r(x)$ 多一项，则这一项是一个常数。因此，$P_{r-1}(0) \neq 0$。然而，当 x > 0 时，$P_{r-1}(x)$ 有 n_r 个极值点。另外，当 $x \to \infty$ 时，每个多项式 $P_{r-1}(x)$ 变为负值。所以，零的数量或是 $n_{r-1} = n_r$，如果 n_r 是偶数并且 $P_{r-1}(0) > 0$ 或者 n_r 是奇数并且 $P_{r-1}(0) < 0$；或是 $n_{r-1} = n_{r+1}$，如果 n_r 是偶数并且 $P_{r-1}(0) < 0$ 或者 n_r 是奇数并且 $P_{r-1}(0) > 0$。在式（A-5）等号右边有两个负数项和四个正数项。最后一项决定了我们以之开始的多项式 $Ph_\rho(x)$。因此，$P_{r-1}(0) < 0$ 在一种情况下成立，$P_{r-1}(0) > 0$ 在四种情况下成立。所以，至多有三种情况下零的数量会增加一个。那么，当 x > 0 时，这个多项式会有至多三个零。由式（2-2）、式（2-3）和式（2-4）给定的动态会永远在 f(t) > 0、c(t) > 0 和 s(t) > 0 的范围内这一事实可以很容易得到验证：如果 f(t) 接近零，

那么 $\dfrac{df(t)}{dt}$ 为正，而如果 $c(t)$ 和 $s(t)$ 各自接近零，那么只要 $s(t)>0$，$\dfrac{dc(t)}{dt}$ 和

$\dfrac{dc(t)}{dt}$ 为正。另外，条件 $\rho_f>\alpha_{ff}$，$\rho_f\cdot\rho_c>\alpha_{fc}\cdot\alpha_{cf}$ 以及 $\rho_f\cdot\rho_s>\alpha_{fs}\cdot\alpha_{sf}$ 意味着式（2-4）

等号右边的最后一项决定了足够大的 $f(t)$ 值的动态。于是，上下文的变量都受到限制。

要检验定态稳定性，需要计算 Jacobi 矩阵。我们根据零的 $\check{f}$ 值对其进行排序并按 1、2、3 编号。对于第一个零和第三个零，式（2-2）、式（2-3）和式（2-4）暗示：

$$\left.\dfrac{\dfrac{df(t)}{dt}}{df(t)}\right|_{st}<0 \qquad \left.\dfrac{\dfrac{df(t)}{dt}}{dc(t)}\right|_{st}>0 \qquad \left.\dfrac{\dfrac{df(t)}{dt}}{ds(t)}\right|_{st}>0 \tag{A-6}$$

$$\left.\dfrac{\dfrac{dc(t)}{dt}}{df(t)}\right|_{st}>0 \qquad \left.\dfrac{\dfrac{dc(t)}{dt}}{dc(t)}\right|_{st}<0 \qquad \left.\dfrac{\dfrac{dc(t)}{dt}}{ds(t)}\right|_{st}=0 \tag{A-7}$$

和

$$\left.\dfrac{\dfrac{ds(t)}{dt}}{df(t)}\right|_{st}>0 \qquad \left.\dfrac{\dfrac{ds(t)}{dt}}{dc(t)}\right|_{st}=0 \qquad \left.\dfrac{\dfrac{ds(t)}{dt}}{ds(t)}\right|_{st}<0 \tag{A-8}$$

另外，下面的关系成立：

$$-\left.\dfrac{\dfrac{dc(t)}{dt}}{dc(t)}\right|_{st}>\left.\dfrac{\dfrac{dc(t)}{dt}}{df(t)}\right|_{st}, \quad -\left.\dfrac{\dfrac{ds(t)}{dt}}{ds(t)}\right|_{st}>\left.\dfrac{\dfrac{ds(t)}{dt}}{df(t)}\right|_{st} \tag{A-9}$$

和

$$-\left.\dfrac{\dfrac{df(t)}{dt}}{df(t)}\right|_{st}>\left.\dfrac{\dfrac{df(t)}{dt}}{dc(t)}\right|+\left.\dfrac{\dfrac{df(t)}{dt}}{ds(t)}\right|_{st} \tag{A-10}$$

条件（A-9）和条件（A-10）暗示：

$$-\left.\dfrac{\dfrac{df(t)}{dt}}{df(t)}\right|_{st}>-\dfrac{\left.\dfrac{df(t)}{dt}}{dc(t)}\right|_{st}\cdot\left.\dfrac{\dfrac{dc(t)}{dt}}{df(t)}\right|_{st}}{\left.\dfrac{\dfrac{dc(t)}{dt}}{dc(t)}\right|_{st}}+\dfrac{\left.\dfrac{\dfrac{df(t)}{dt}}{ds(t)}\right|_{st}\cdot\left.\dfrac{\dfrac{ds(t)}{dt}}{df(t)}\right|_{st}}{\left.\dfrac{\dfrac{ds(t)}{dt}}{ds(t)}\right|_{st}} \tag{A-11}$$

为了证明第一零和第三个零的所有特征值为负，现在表现出的是条件（A-11）与正特征值的假设相反。因此，我们假定存在正特征值 $\lambda > 0$。相应的特征值由 $v = (1, v_2, v_3)$ 表示。条件（A-6）、（A-7）和（A-8）暗示 $v_2 > 0$ 且 $v_3 > 0$。另外，$Jv = \lambda v$ 成立，其中，J 代表 Jacobi 矩阵。这个条件引出：

$$-v_2 \cdot \left. \frac{\frac{dc(t)}{dt}}{dc(t)} \right|_{st} < \left. \frac{\frac{dc(t)}{dt}}{df(t)} \right|_{st}, \quad -v_3 \cdot \left. \frac{\frac{ds(t)}{dt}}{ds(t)} \right|_{st} < \left. \frac{\frac{ds(t)}{dt}}{df(t)} \right|_{st} \qquad (A-12)$$

和

$$- \left. \frac{\frac{df(t)}{dt}}{df(t)} \right|_{st} < v_2 \cdot \left. \frac{\frac{df(t)}{dt}}{dc(t)} \right|_{st} + v_3 \cdot \left. \frac{\frac{df(t)}{dt}}{ds(t)} \right|_{st} \qquad (A-13)$$

条件（A-12）和（A-13）暗示：

$$- \left. \frac{\frac{df(t)}{dt}}{df(t)} \right|_{st} < - \frac{\left. \frac{df(t)}{dt}}{dc(t)} \right|_{st} \cdot \left. \frac{\frac{dc(t)}{dt}}{df(t)} \right|_{st}}{\left. \frac{\frac{dc(t)}{dt}}{dc(t)} \right|_{st}} + \frac{\left. \frac{\frac{df(t)}{dt}}{ds(t)} \right|_{st} \cdot \left. \frac{\frac{ds(t)}{dt}}{df(t)} \right|_{st}}{\left. \frac{\frac{ds(t)}{dt}}{ds(t)} \right|_{st}} \qquad (A-14)$$

与条件（A-11）相反。因此，第一个定态和最后定态的所有特征值都为负，且这些状态稳定。第二个定态中，条件：

$$\left. \frac{\frac{df(t)}{dt}}{df(t)} \right|_{st} < 0 \qquad (A-15)$$

不一定会成立。但是，特征值之积或者特征值之和为负，这样至少一个特征值为负。由于另外两个定态很稳定，至少第二个定态的特征值中有一个为正。因此，第二个定态是一个鞍点。

2. 引理 2 的证据

与变量 $f(t)$ 相关的定态位置由式（A-4）决定。定态数量等于式（A-4）的解的数量，且它们的稳定性由其数量决定。因此，无论何时式（A-4）对于两个系统相同，这些特征对于两个系统是一致的。显然，对于每个 a_{cf}、a_{fc}、α_{cf}、α_{fc} 和 ρ_c，可以选择 a_{ff}，这样在式（A-4）中 $a_{ff} \cdot \check{f}^{a_{ff}}$ 和 $a_{cf} \left(\dfrac{a_{fc}}{\phi_c} \right)^{\frac{a_{cf}}{\rho_c}} \check{f}^{\frac{a_{cf} \cdot a_{fc}}{\rho_c}}$ 一致。这对于 a_{sf}、

a_{fs}、α_{sf}、α_{fs} 和 ρ_s 以及在公式（A–4）中的相应项同样适用。

3. 引理 3 的证据

让我们假设 $a_{ff} \leqslant 1$。另外，根据定义 $a_{ff} > 0$ 成立。降阶模型的定态必须满足

$$a_{ff} \cdot \check{f}^{\alpha_{ff}} + a_{ef} \cdot e - a_{ef} \cdot \check{f} - \phi_f \cdot \check{f}^{\rho_f} = 0 \tag{A–16}$$

式（A–16）左手边的第二个导数读作：

$$a_{ff} \cdot \alpha_{ff} \cdot (a_{ff} - 1) \cdot \check{f}^{\alpha_{ff}-2} - \phi_f \cdot \rho_f \cdot (\rho_f - 1) \cdot \check{f}^{\rho_f-2} \tag{A–17}$$

对于所有 $\check{f}$ 值，其为负。因此，在 $\check{f} > 0$ 时，式（A–4）左手边最多有一个零（要记住在 $\check{f} = 0$ 时，该函数为正，在 $\check{f}$ 值足够大时，为负）。

4. 定理 2 的证据

再一次，所有由式（A–4）描述的定态可以由式（A–5）的形式给出。根据定理 2 的先决条件，$\eta < h_f$、h_c、$h_s < h_p$ 成立。我们假定 $\eta > 1$。由于 η 在不改变其含义的情况下可以翻倍，所以，这不会限制该分析。式（A–5）左边第一项的导数表示为：

$$h_f \cdot a_{ff} \cdot x^{h_f-1} - \eta \cdot a_{ef} \cdot x^{\eta-1} + h_c \cdot \left(\frac{a_{fc}}{\phi_c}\right)^{\frac{a_{cf}}{\rho_c}} x^{h_c-1} + h_s \cdot \left(\frac{a_{fs}}{\phi_s}\right)^{\frac{a_{sf}}{\rho_s}} x^{h_s-1} - h_\rho \cdot \phi_d \cdot x^{h_p-1} \tag{A–18}$$

此函数在 $f = 0$ 时为零，在 f 值很小时减小，且在 $f \to \infty$ 时为负。在 $f > 0$ 时，对于一些 x 值，如果第一项、第三项和第四项足够大到可以超过第二项和第五项，那么该公式包含一个零。基于 a_{ff}、a_{cf} 和 a_{sf}，当式（A–18）为最大时，可以算出 f_{max} 值。随之，a 可以被界定为 f_{max} 的式（A–18）的值。A 取决于 a_{ff}、a_{cf} 和 a_{sf}，且随这些参数单调递增。如果 $a > 0$，在 $f > 0$ 时，式（A–18）包含两个零，它意味着在 $f > 0$ 时，公式（A–5）左边的函数包含一个最大值和一个最小值。在 $f = 0$ 时，该函数等于 $a_{ef} \check{f}(e)$。当 f 值很小时，该函数会一直减小直至其最小值，之后它会不断增大直至其最大值，然后在 f 值很大时减小。上文提到，改变 $\check{f}(e)$ 值会在不改变其特性的情况下使函数上下浮动。当 $\check{f}(e) \to -\infty$ 时，对于所有 f 值，式（A–5）右边的函数皆为负。当 $\check{f}(e) \to \infty$ 时，对于所有 f 值，其皆为正。在这些情况中，如果 $f(t)$ 被限定为 $f(t) > 0$，式（2–2）、式（2–3）和式（2–4）所描

述的系统则有一个定态。同时，当公式（A-5）左边的函数最小值小于零并且它的最大值大于零时，我们可以得到 $\check{f}(e)$ 值。这意味着当 $f \geq 0$ 时，式（2-2）、式（2-3）和式（2-4）所描述的系统有两个稳定定态和一个不稳定定态。

（二）第三章的数学

式（3-6）界定的集群分布包含三个项。它们对该分布的贡献比重分别为 $(1-\xi_3-\xi_6)$、ξ_3 和 ξ_6。第一部分指数式减少的公式表示为：

$$\left[1 - \frac{\xi_1 \cdot s(r) \cdot \bar{f}(i)}{1 + \xi_1 \cdot s(r) \cdot \bar{f}(i)} \right] \cdot \left[\frac{\xi_1 \cdot s(r) \cdot \bar{f}(i)}{1 + \xi_1 \cdot s(r) \cdot \bar{f}(i)} \right]^f \tag{A-19}$$

该函数的平均值表示为：

$$\sum_{f=0}^{\infty} f \cdot \left[1 - \frac{\xi_1 \cdot s(r) \cdot \bar{f}(i)}{1 + \xi_1 \cdot s(r) \cdot \bar{f}(i)} \right] \cdot \left[\frac{\xi_1 \cdot s(r) \cdot \bar{f}(i)}{1 + \xi_1 \cdot s(r) \cdot \bar{f}(i)} \right]^f$$

$$= \left[1 - \frac{\xi_1 \cdot s(r) \cdot \bar{f}(i)}{1 + \xi_1 \cdot s(r) \cdot \bar{f}(i)} \right] \cdot \frac{\dfrac{\xi_1 \cdot s(r) \cdot \bar{f}(i)}{1 + \xi_1 \cdot s(r) \cdot \bar{f}(i)}}{\left[1 - \dfrac{\xi_1 \cdot s(r) \cdot \bar{f}(i)}{1 + \xi_1 \cdot s(r) \cdot \bar{f}(i)} \right]^2}$$

$$= \xi_1 \cdot s(r) \cdot \bar{f}(i) \tag{A-20}$$

集群分布的第二部分为 Boltzmann 分布，表示为：

$$\left[\frac{2 + \xi_2 \cdot s(r) \cdot \bar{f}(i)}{\xi_2 \cdot s(r) \cdot \bar{f}(i)} - 1 \right] \cdot \left[1 - \frac{\xi_2 \cdot s(r) \cdot \bar{f}(i)}{2 + \xi_2 \cdot s(r) \cdot \bar{f}(i)} \right] \cdot f \cdot \left[\frac{\xi_2 \cdot s(r) \cdot \bar{f}(i)}{2 + \xi_2 \cdot s(r) \cdot \bar{f}(i)} \right]^f \tag{A-21}$$

该分布的平均值为：

$$\sum_{f=0}^{\infty} f \cdot \left[\frac{2 + \xi_2 \cdot s(r) \cdot \bar{f}(i)}{\xi_2 \cdot s(r) \cdot \bar{f}(i)} - 1 \right] \cdot \left[1 - \frac{\xi_2 \cdot s(r) \cdot \bar{f}(i)}{2 + \xi_2 \cdot s(r) \cdot \bar{f}(i)} \right] \cdot f \cdot \left[\frac{\xi_2 \cdot s(r) \cdot \bar{f}(i)}{2 + \xi_2 \cdot s(r) \cdot \bar{f}(i)} \right]^f$$

$$= \left[\frac{2 + \xi_2 \cdot s(r) \cdot \bar{f}(i)}{\xi_2 \cdot s(r) \cdot \bar{f}(i)} - 1 \right] \cdot \left[1 - \frac{\xi_2 \cdot s(r) \cdot \bar{f}(i)}{2 + \xi_2 \cdot s(r) \cdot \bar{f}(i)} \right] \cdot$$

$$\frac{\dfrac{\xi_2 \cdot s(r) \cdot \bar{f}(i)}{2 + \xi_2 \cdot s(r) \cdot \bar{f}(i)} \cdot \left[1 + \dfrac{\xi_2 \cdot s(r) \cdot \bar{f}(i)}{2 + \xi_2 \cdot s(r) \cdot \bar{f}(i)}\right]}{\left[1 - \dfrac{\xi_2 \cdot s(r) \cdot \bar{f}(i)}{2 + \xi_2 \cdot s(r) \cdot \bar{f}(i)}\right]^3}$$

$$= 1 + \xi_2 \cdot s(r) \cdot \bar{f}(i) \tag{A-22}$$

集群分布的第三部分同样是 Boltzmann 分布，转为较大 f 值，表示为：

$$\begin{cases} CL(f) & \text{if} \quad f > \xi_4 \cdot s(r) \cdot \bar{f}(i) \\ 0 & \text{if} \quad f \leq \xi_4 \cdot s(r) \cdot \bar{f}(i) \end{cases} \tag{A-23}$$

和

$$CL(f) = \xi_6 \cdot \left[\frac{2 + \xi_5 \cdot s(r) \cdot \bar{f}(i)}{\xi_5 \cdot s(r) \cdot \bar{f}(i)} - 1\right] \cdot \left[1 - \frac{\xi_5 \cdot s(r) \cdot \bar{f}(i)}{2 + \xi_5 \cdot s(r) \cdot \bar{f}(i)}\right] \cdot$$

$$\left[f - (\xi_4 \cdot s(r) \cdot \bar{f}(i)) \bmod 1\right] \cdot \left[\frac{\xi_5 \cdot s(r) \cdot \bar{f}(i)}{2 + \xi_5 \cdot s(r) \cdot \bar{f}(i)}\right]^{[f - (\xi_4 \cdot s(r) \cdot \bar{f}(i)) \bmod 1]} \tag{A-24}$$

除了由模块 1：$\bar{f} = f - (\xi_4 \cdot s(r) \cdot \bar{f}(i))$ 产生的转化，函数 CL(f) 与函数（A-22）一致。因此，均值结果为：

$$(\xi_4 \cdot s(r) \cdot \bar{f}(i)) \bmod 1 + 1 + \xi_5 \cdot s(r) \cdot \bar{f}(i) \tag{A-25}$$

二、实证结果和数据

（一）关于产业集群的结果

下文列出了所有三位数产业和对其集群不同分析的结果。

表 A-1 列出三位数产业以及是否其空间分布可以由理论自然分布（"nat"）、理论集群分布（"cl"）或是不能由其中任何一个进行适当描述（"none"）的事实。如果似然率检验在 0.9、0.95（*）或 0.99（**）的显著性水平上显示出更好的结果，我们就取集群分布，而如果在 0.99 的显著性水平上被 Kolmogorov–Smirnov 检验拒绝，则报告理论分布为不适当。

产业	相对企业数量			绝对企业数量			动态
	1995 年	1997 年	2000 年	1995 年	1997 年	2000 年	
种植业	none	nat	nat	nat	nat	nat	平均化
畜牧业	cl**	cl**	cl*	cl**	cl*	cl*	其他
景观设计	cl*	nat	nat	cl	nat	nat	其他
商品蔬菜种植	nat	none	nat	nat	nat	nat	其他
葡萄种植	cl**	none	none	none	none	none	其他
林业	cl**	cl**	cl**	nat	nat	nat	平均化
渔业	cl**	cl**	cl**	cl**	cl**	cl**	集群现象
水产养殖	cl**	cl**	cl**	nat	nat	nat	其他
能源生产	none	none	none	nat	nat	nat	其他
黑煤开采	nat	nat	nat	nat	nat	nat	集群现象
褐煤开采	nat	nat	nat	nat	nat	nat	其他
矿床开采	nat	nat	nat	nat	nat	nat	平均化
石油和煤气	nat	nat	nat	nat	cl*	nat	集群现象
钾盐开采	cl**	cl**	cl**	cl**	cl**	cl	其他
基础化学品	nat	cl*	cl	nat	nat	nat	集群现象
塑料和聚合物	nat	nat	nat	nat	nat	nat	平均化
染料业	nat	nat	nat	nat	nat	nat	平均化
化肥	nat	nat	nat	nat	nat	nat	平均化
涂料和油漆	nat	nat	nat	cl	cl**	nat	其他
特殊化学品	nat	nat	nat	nat	nat	nat	其他
制药业	nat	nat	nat	cl	cl	nat	集群现象
化妆品	nat	nat	nat	nat	nat	nat	平均化
蜡制品和防腐剂	nat	nat	nat	nat	nat	nat	其他
石油化工业	nat	nat	nat	nat	nat	nat	平均化
合成纤维	nat	nat	cl*	nat	nat	nat	集群现象
石油加工	nat	nat	nat	nat	nat	nat	集群现象
塑料加工	nat	nat	nat	cl**	cl**	cl*	其他
橡胶	nat	nat	nat	nat	nat	nat	平均化
轮胎	nat	nat	nat	cl	nat	nat	平均化

产业	相对企业数量			绝对企业数量			动态
	1995 年	1997 年	2000 年	1995 年	1997 年	2000 年	
加硫化法	cl*	nat	nat	cl*	nat	nat	其他
石棉	nat	nat	nat	nat	nat	nat	平均化
天然石料	none	none	none	cl	nat	cl	平均化
砂岩和粗石	nat	nat	nat	nat	nat	nat	其他
水泥	cl	cl*	nat	cl*	cl	nat	平均化
其他石料	cl**	cl**	cl**	cl**	cl**	cl**	其他
砖窑	cl	nat	nat	nat	nat	nat	其他
陶器	nat	nat	nat	nat	nat	nat	平均化
混凝土	none	none	none	cl*	cl	cl*	其他
瓷器	cl**	cl	cl*	nat	cl	cl	集群现象
陶器	cl**	cl**	cl**	cl*	cl*	cl*	平均化
瓦器	cl**	cl**	cl**	nat	cl	nat	平均化
平板玻璃	nat	nat	cl*	nat	nat	nat	平均化
中空玻璃	nat	cl	cl**	nat	nat	nat	其他
玻璃织物	cl**	cl**	cl**	cl*	cl**	cl**	集群现象
热轧机	nat	nat	nat	nat	cl	nat	集群现象
锤磨机	cl*	cl*	cl**	cl*	nat	nat	集群现象
有色金属研磨机	nat	nat	nat	nat	cl*	nat	其他
有色金属中间体	nat	nat	nat	cl*	cl*	nat	集群现象
铸铁	cl*	nat	cl*	nat	nat	nat	集群现象
有色金属铸造	cl*	nat	cl*	nat	cl	nat	其他
冷轧机	cl*	nat	cl*	cl*	cl**	cl**	平均化
金属板	cl**	cl**	cl**	nat	cl**	cl**	集群现象
表面精华	cl**	cl**	cl**	nat	nat	nat	其他
锁匠行业	none	none	none	cl*	cl	cl	其他
金属工匠行业	cl*	nat	nat	nat	nat	nat	其他
轻金属	none	none	none	nat	nat	nat	其他
锅炉制造	cl*	cl**	cl*	cl	cl*	nat	平均化
火车制造	nat	nat	nat	cl*	nat	nat	平均化

产业	相对企业数量			绝对企业数量			动态
	1995 年	1997 年	2000 年	1995 年	1997 年	2000 年	
空调	none	none	none	none	none	none	其他
精密工具	nat	cl*	cl*	nat	cl	nat	集群现象
建筑机械	nat	nat	nat	nat	nat	nat	其他
农业机械	cl*	cl	cl*	nat	nat	nat	平均化
农业机械修理	cl**	cl**	cl**	nat	nat	nat	其他
食物加工机械	nat	nat	nat	nat	nat	nat	平均化
纺织机械	nat	nat	nat	nat	cl*	nat	集群现象
木材加工机械	nat	nat	nat	nat	nat	nat	平均化
印刷机械	nat	nat	nat	nat	nat	nat	平均化
洗衣设备	nat	nat	nat	nat	nat	nat	集群现象
齿轮	nat	nat	nat	nat	nat	nat	其他
其他机械	none	none	none	nat	nat	nat	其他
机动车和引擎	nat	nat	nat	nat	nat	nat	平均化
汽车底盘	nat	nat	nat	nat	cl*	nat	其他
车体和支撑物	none	nat	nat	nat	nat	nat	平均化
摩托车	nat	nat	nat	nat	nat	nat	平均化
自行车和婴儿车	nat	nat	nat	nat	nat	nat	平均化
马车	cl*	cl	cl	nat	nat	nat	其他
机动车修理	none	none	none	none	none	none	其他
机动车涂漆	none	none	none	cl*	cl	cl	其他
大型船舶	nat	nat	nat	cl**	cl*	cl**	集群现象
小型船舶	nat	nat	cl*	cl*	cl*	nat	其他
飞行器	nat	nat	nat	nat	nat	nat	平均化
办公设备	nat	nat	nat	nat	cl**	cl*	平均化
数据处理	nat	nat	nat	cl	cl	nat	其他
电子工程	nat	nat	nat	nat	nat	cl	其他
电池	nat	nat	nat	nat	nat	nat	平均化
大功率	nat	nat	nat	nat	nat	nat	其他
大型发电机	nat	nat	nat	nat	nat	nat	其他

本土产业集群

产业	相对企业数量			绝对企业数量			动态
	1995 年	1997 年	2000 年	1995 年	1997 年	2000 年	
电缆	cl*	cl*	cl*	nat	nat	nat	集群现象
电子用户产品	nat	nat	nat	cl	cl	cl	平均化
灯具	cl*	cl*	cl*	cl	cl*	cl**	其他
电视机和收音机	nat	nat	nat	cl*	cl	cl*	集群现象
电信	nat	nat	nat	cl*	cl	cl	平均化
电子	none	none	none	nat	nat	nat	集群现象
仪器	none	none	none	nat	cl	cl*	集群现象
光学	nat	nat	nat	cl*	cl**	cl**	平均化
钟表	cl**	cl**	cl**	cl**	cl**	cl**	平均化
钟表维修	nat	nat	cl**	nat	nat	nat	平均化
工具	cl*	cl**	cl**	cl**	cl**	cl**	其他
锁和配件	cl**	cl**	cl**	nat	nat	nat	其他
切削工具	cl*	cl**	cl**	cl**	cl**	cl**	集群现象
武器	cl*	cl**	cl*	nat	nat	nat	平均化
取暖和烹饪设备	cl	nat	nat	nat	nat	nat	平均化
白铁制品	nat	nat	nat	nat	nat	nat	平均化
钢制家具	cl*	none	none	none	none	none	集群现象
白铁制品包装	nat	nat	nat	nat	nat	nat	平均化
其他铁器	cl**	cl**	cl**	cl**	cl**	cl**	平均化
自行车零部件	nat	nat	nat	nat	nat	nat	平均化
乐器	cl*	nat	nat	nat	cl*	cl*	其他
玩具	cl**	cl**	cl**	cl**	cl**	cl**	平均化
运动器材	nat	cl	nat	nat	nat	nat	平均化
珠宝	cl**	cl**	cl**	cl**	cl**	cl**	其他
锯木机	cl**	cl**	cl**	c	cl	cl	平均化
胶合板	cl**	cl**	cl*	cl	cl	cl	平均化
建筑细木工制品	none	none	none	nat	nat	nat	其他
木制家具	nat	cl	nat	cl*	cl*	cl*	平均化
家具细木工制品	nat	nat	nat	nat	nat	nat	其他

产业	相对企业数量			绝对企业数量			动态
	1995 年	1997 年	2000 年	1995 年	1997 年	2000 年	
包装	nat	nat	nat	cl*	nat	nat	平均化
柳条制品和扫帚	cl**	cl**	cl**	cl**	cl**	cl**	集群现象
纸制品	cl*	cl*	nat	nat	nat	nat	平均化
纸张加工	nat	nat	nat	nat	nat	nat	平均化
硬纸盒	nat	nat	nat	nat	nat	nat	平均化
出版	nat	nat	nat	nat	nat	nat	平均化
印刷	nat	nat	nat	cl*	cl	cl	其他
化学镌版术	nat	nat	nat	cl**	cl	cl*	集群现象
鞣皮	nat	nat	nat	nat	nat	nat	平均化
皮具	cl**	cl**	cl**	cl**	cl**	cl**	平均化
鞋品	cl**	cl**	cl**	cl**	cl**	cl**	平均化
定做鞋品	none	none	none	cl*	cl	nat	平均化
洗毛	nat	nat	nat	nat	nat	nat	平均化
纺毛	cl	nat	nat	nat	nat	nat	其他
捻毛	nat	nat	nat	nat	nat	nat	集群现象
织毛	cl*	cl**	nat	nat	cl*	cl*	集群现象
纺毛和织毛	nat	nat	nat	nat	nat	nat	平均化
纺棉	nat	nat	nat	nat	nat	nat	平均化
捻棉	cl	nat	nat	nat	nat	nat	平均化
织棉	cl*	cl**	cl*	cl**	cl**	cl**	集群现象
纺棉和织棉	cl**	cl**	cl**	cl**	cl**	cl**	集群现象
丝绸加工	cl	cl*	nat	cl**	nat	nat	平均化
亚麻加工	nat	nat	cl	nat	nat	nat	集群现象
编绳	cl*	cl**	cl	nat	nat	cl	平均化
针织	cl**	cl**	cl**	cl**	cl**	cl**	平均化
织物精加工	nat	nat	nat	nat	nat	nat	其他
其他纺织品	cl**	cl**	cl**	nat	cl*	cl*	平均化
男式服饰	cl*	cl*	cl*	cl**	cl**	cl**	平均化
男式定制服饰	nat	nat	nat	nat	nat	nat	平均化

续表

产业	相对企业数量			绝对企业数量			动态
	1995 年	1997 年	2000 年	1995 年	1997 年	2000 年	
女式服饰	nat	nat	nat	nat	nat	nat	平均化
女式定制服饰	nat	nat	nat	cl**	cl**	cl**	平均化
工装	cl	cl	cl**	nat	nat	nat	平均化
胸衣	cl	cl*	nat	cl	nat	nat	其他
床用织品	nat	nat	nat	cl*	nat	nat	其他
帽	nat	nat	nat	nat	nat	nat	平均化
外衣和皮草	nat	nat	nat	nat	nat	nat	平均化
其他床上用品	cl**	cl**	cl**	cl*	cl**	cl*	集群现象
家居装饰	nat	nat	nat	nat	nat	nat	其他
糖	nat	nat	nat	nat	nat	nat	集群现象
果蔬	nat	nat	nat	nat	nat	nat	平均化
奶制品	cl**	cl**	cl**	cl*	cl	nat	平均化
鱼肉加工	cl**	cl**	cl**	cl**	cl**	cl**	平均化
面包	nat	nat	nat	nat	nat	nat	平均化
糖果	none	none	none	none	nat	nat	其他
食用油	nat	nat	nat	nat	nat	nat	其他
食物生产	nat	nat	nat	nat	cl	cl*	其他
磨粉机	nat	nat	nat	nat	nat	nat	其他
糖果	nat	nat	nat	cl**	nat	cl*	平均化
蛋糕	nat	nat	nat	nat	nat	nat	其他
屠宰	cl**	cl**	cl**	cl**	cl**	cl**	集群现象
公用屠宰	nat	nat	nat	nat	nat	nat	平均化
肉铺	none	none	none	nat	nat	nat	集群现象
酿酒厂	cl**	cl**	cl**	cl*	cl	cl	平均化
酒厂蒸馏室	cl**	cl**	cl**	nat	nat	cl	集群现象
矿泉水	cl**	cl**	cl*	nat	nat	nat	其他
卷烟	nat	nat	nat	nat	nat	nat	平均化
烟草	nat	nat	nat	nat	nat	nat	集群现象
建筑	none	none	none	nat	nat	nat	其他

产业	相对企业数量			绝对企业数量			动态
	1995 年	1997 年	2000 年	1995 年	1997 年	2000 年	
表面工程	nat	nat	nat	cl*	cl*	cl*	其他
地下工程	none	none	none	nat	nat	nat	其他
隔离层和喷泉	nat	nat	nat	cl*	cl*	cl*	其他
泥瓦匠	cl*	cl*	cl*	nat	nat	nat	集群现象
木工	nat	nat	none	nat	nat	nat	其他
屋顶工人	none	none	nat	nat	nat	nat	平均化
水暖工	none	none	none	nat	nat	nat	其他
电工	none	none	none	none	none	none	其他
上釉工	nat	nat	none	cl**	cl*	cl**	其他 ´
漆工	none	none	none	nat	nat	nat	平均化
瓷砖工	none	none	none	nat	nat	nat	平均化
炉灶装配工	cl**	cl**	cl**	cl	nat	nat	其他
脚手架	nat	nat	cl*	cl**	cl**	cl**	平均化
批发业	none	none	none	nat	nat	nat	平均化
批发代理	nat	none	none	cl*	cl*	nat	其他
百货商店	nat	nat	nat	nat	cl*	cl**	其他
超市	none	none	none	nat	nat	nat	平均化
邮购业务	nat	nat	nat	cl**	cl*	cl**	平均化
其他商店	none	none	none	none	none	none	其他
德国铁路	nat	nat	none	nat	nat	nat	平均化
其他铁路	cl	cl	cl*	nat	nat	cl**	平均化
德国邮政	none	none	none	none	cl**	none	其他
客运	none	none	none	nat	none	none	集群现象
货运	none	none	none	nat	nat	nat	其他
内河航运	cl**	cl**	cl**	cl**	cl**	cl**	平均化
海运	cl*	cl	cl*	cl**	cl**	cl**	集群现象
运输业	none	none	none	nat	cl	nat	平均化
航空	cl	nat	nat	cl**	cl**	cl*	其他
气动传输系统	nat	nat	nat	nat	nat	nat	平均化

本土产业集群

208

产业	相对企业数量			绝对企业数量			动态
	1995 年	1997 年	2000 年	1995 年	1997 年	2000 年	
旅行社	none	none	none	cl*	cl	nat	其他
运输经纪	cl*	cl*	cl**	cl**	cl**	cl**	其他
银行	none	none	none	nat	nat	nat	集群现象
保险	none	none	none	none	nat	none	平均化
酒店	none	none	none	nat	cl	cl*	平均化
非营利机构	cl*	cl	cl*	nat	nat	nat	平均化
社会保障机构	cl**	cl**	cl**	cl	nat	nat	平均化
饭店	none	none	none	none	none	none	其他
疗养所	nat	cl	cl*	nat	nat	nat	集群现象
非营利性疗养所	nat	none	none	nat	cl*	nat	平均化
社会保障疗养所	cl	nat	nat	nat	nat	nat	平均化
化学洗涤	none	none	none	cl*	cl*	cl*	集群现象
建筑清洁	none	none	none	cl	cl	cl	其他
烟囱清洁工	none	none	none	none	none	none	平均化
理发师	none	none	none	nat	none	none	平均化
美容院	nat	none	none	cl**	cl*	nat	平均化
图书馆	cl	nat	nat	cl**	cl**	cl**	其他
非营利性图书馆	cl*	cl	nat	cl*	cl*	cl*	平均化
社会保障图书馆	nat	nat	nat	nat	nat	nat	平均化
私立学校	cl	cl**	cl**	nat	nat	nat	集群现象
非营利性学校	cl*	cl	cl*	nat	nat	nat	其他
所属当地政府学校	none	none	none	cl	none	cl*	平均化
技校	cl**	cl**	cl**	cl**	cl**	cl**	其他
非营利性技校	nat	nat	nat	cl**	cl**	cl**	其他
所属当地政府技校	none	none	none	nat	nat	nat	其他
私立教育机构	none	none	none	none	none	none	其他
非营利性教育机构	nat	nat	nat	cl	cl*	cl**	集群现象
所属当地政府的教育机构	nat	nat	nat	cl	cl*	cl**	其他
私立改革学校	nat	nat	cl	cl**	cl*	cl*	平均化

产业	相对企业数量			绝对企业数量			动态
	1995 年	1997 年	2000 年	1995 年	1997 年	2000 年	
非营利性改革学校	nat	nat	nat	cl**	cl**	cl*	平均化
所属当地政府的改革学校	cl**	cl**	cl**	nat	nat	nat	平均化
私有运动场地	nat	none	none	cl*	cl	nat	平均化
非营利性运动场地	nat	nat	nat	nat	nat	nat	其他
所属当地政府的运动场地	cl*	cl*	nat	nat	nat	nat	其他
私有剧院	nat	nat	nat	nat	nat	cl**	其他
非营利性私有剧院	nat	nat	nat	nat	nat	nat	其他
所属当地政府的私有剧院	nat	nat	nat	nat	nat	nat	平均化
电影产业	nat	nat	nat	cl**	cl**	cl**	集群现象
电视机和收音机生产商	nat	cl	nat	nat	nat	nat	平均化
独立艺术家	nat	nat	nat	nat	nat	nat	集群现象
出版商	nat	nat	nat	cl**	cl**	cl**	平均化
公共图书馆	nat	nat	nat	nat	nat	nat	其他
非营利性公共图书馆	nat	nat	nat	nat	nat	nat	平均化
所属当地政府的公共图书馆	cl*	cl	cl	cl**	cl**	cl**	平均化
新闻社	nat	nat	cl*	cl**	cl**	cl*	其他
私人诊所医生	none	none	none	none	none	none	其他
私人诊所	nat	nat	nat	nat	nat	nat	其他
非营利性私人诊所	nat	nat	nat	nat	nat	nat	其他
所属当地政府的私人诊所	nat	nat	nat	nat	nat	cl*	其他
社会保障私人诊所	cl*	cl*	cl*	nat	nat	nat	集群现象
私人诊所高级兽医	nat	nat	none	nat	nat	nat	其他
法律咨询	none	none	none	cl*	cl*	cl	其他
特许会计师	none	none	none	none	cl*	none	其他

产业	相对企业数量			绝对企业数量			动态
	1995 年	1997 年	2000 年	1995 年	1997 年	2000 年	
建筑师	none	none	none	none	none	none	集群现象
化学实验室	cl*	nat	nat	cl**	cl**	cl**	其他
财产保管员	none	none	none	cl**	cl*	cl**	集群现象
广告	nat	nat	nat	cl**	cl**	cl**	其他
私营露天广场	nat	nat	nat	nat	cl	cl**	集群现象
所属当地政府的露天广场	nat	nat	nat	nat	nat	nat	集群现象
摄影师	none	none	none	cl**	cl**	cl**	集群现象
私营泳池	nat	nat	nat	nat	nat	nat	平均化
所属当地政府的泳池	nat	nat	nat	nat	nat	nat	平均化
私营清洁公司	nat	nat	nat	nat	nat	nat	其他
所属当地政府的私营清洁公司	nat	nat	nat	nat	nat	nat	其他
私营殡仪公司	none	none	none	cl*	cl	cl	平均化
所属当地政府的私营殡仪公司	cl**	cl**	cl*	cl*	cl	nat	集群现象
拍卖师	nat	nat	nat	cl*	nat	cl	其他
租赁业务	none	none	none	nat	nat	nat	其他
演艺行业	nat	nat	nat	cl*	cl*	cl**	平均化
安保部门	nat	nat	nat	cl**	cl**	cl**	其他
翻译	nat	nat	nat	cl**	cl**	cl**	集群现象
包装工作	cl*	cl	nat	cl	nat	cl*	其他
投注站和彩票	nat	nat	nat	cl**	cl*	cl**	平均化
就业签约机构	nat	nat	nat	nat	cl*	cl**	其他
专业协会	cl*	cl*	cl*	cl**	cl**	cl**	其他
工会	nat	nat	nat	cl**	cl**	cl**	平均化
贸易协会	nat	nat	nat	cl**	cl**	cl**	其他
慈善机构	none	none	none	nat	nat	nat	其他
政党	nat	nat	cl*	cl	cl*	cl*	其他
文化组织	nat	nat	nat	cl**	cl**	cl**	其他

产业	相对企业数量			绝对企业数量			动态
	1995 年	1997 年	2000 年	1995 年	1997 年	2000 年	
运动组织	none	nat	none	nat	nat	nat	集群现象
教堂	none	none	none	nat	nat	nat	集群现象
私有经济	none	none	none	cl**	cl**	cl**	集群现象
中央行政管理	none	none	none	nat	nat	nat	其他
法律体系	nat	nat	nat	nat	nat	nat	其他
其他公共行政管理	none	none	none	none	none	none	其他
国防	none	none	none	nat	nat	nat	集群现象
驻扎部队	cl	nat	nat	cl**	cl**	cl	平均化
社会保障	none	none	none	none	none	none	平均化
驻外大使馆和领事馆	cl**	cl**	cl**	cl*	cl*	cl**	集群现象

（二）第三章第五节的相关性表格

表 A–2 为第三章第五节中变量间的 Pearson 相关性。

表 A–2　各变量间的 Pearson 相关性

	PRODCYC	PRODINNO	PROCINNO	INNOEXP
PRODCYC	1	−0.307*	−0.80	−0.145
PRODINNO	−0.307*	1	0.663**	0.338**
PROCINNO	−0.80	0.663**	1	0.285*
INNOEXP	−0.145	0.338**	0.285*	1
REVNEW	−0.450**	0.727**	0.464**	0.335
INFOINNO	−0.141	0.451**	0.365**	0.286*
SCIEINNO	−0.141	0.508**	0.539**	0.314*
EMPNAT	−0.109	0.567**	0.513**	0.394**
EMPSOC	0.084	0.390**	0.364**	0.222
EMPTECH	−0.045	0.421**	0.335**	0.262*
COOPCOM	−0.061	0.197	0.306*	−0.082
COOPSUP	−0.107	−0.099	−0.035	−0.215
COOPUNI	−0.042	0.103	0.071	0.012
SPILLRATA	−0.101	0.500**	0.305*	0.360**
SPILLRATB	0.031	0.202	0.130	0.270*

本土产业集群

	REVNEW	INFOINNO	SCIEINNO	EMPNAT
PRODCYC	−0.450**	−0.141	−0.141	−0.109
PRODINNO	0.727**	0.508**	0.451**	0.567**
PROCINNO	0.464**	0.539**	0.365**	0.513**
INNOEXP	0.335**	0.314*	0.286*	0.394**
REVNEW	1	0.319*	0.458**	0.608**
INFOINNO	0.458**	1	0.404**	0.483**
SCIEINNO	0.319*	0.404**	1	0.432**
EMPNAT	0.608**	0.483**	0.432**	1
EMPSOC	0.317*	0.180	0.296*	0.543**
EMPTECH	0.382**	0.434**	0.489**	0.603**
COOPCOM	0.104	0.127	0.232	0.087
COOPSUP	−0.148	−0.144	−0.081	−0.083
COOPUNI	0.122	0.004	−0.108	0.069
SPILLRATA	0.485**	0.339**	0.348**	0.540**
SPILLRATB	0.254	0.080	0.107	0.182
	EMPSOC	EMPTECH	COOPCOM	COOPSUP
PRODCYC	0.084	−0.045	−0.061	−0.107
PRODINNO	0.390**	0.421**	0.197	−0.099
PROCINNO	0.364**	0.335**	0.306*	−0.035
INNOEXP	0.222	0.262*	−0.082	−0.215
REVNEW	0.317*	0.382**	0.104	−0.148
INFOINNO	0.180	0.434**	0.127	−0.144
SCIEINNO	0.296*	0.489**	0.232	−0.081
EMPNAT	0.543**	0.603**	0.087	−0.083
EMPSOC	1	0.300*	0.194	−0.048
EMPTECH	0.300*	1	0.149	−0.010
COOPCOM	0.194	0.149	1	0.190
COOPSUP	−0.048	−0.010	0.190	1
COOPUNI	0.046	0.166	0.070	−0.132
SPILLRATA	0.249	0.456**	0.034	−0.086
SPILLRATB	0.322*	0.169	−0.045	−0.162

	COOPUNI	SPILLRATA	SPILLRATB	
PRODCYC	−0.042	−0.101	0.031	
PRODINNO	0.103	0.500**	0.202	
PROCINNO	0.071	0.305*	0.130	
INNOEXP	0.012	0.360**	0.270*	
REVNEW	0.122	0.485**	0.254	
INFOINNO	0.004	0.339**	0.080	
SCIEINNO	−0.108	0.348**	0.107	
EMPNAT	0.069	0.540**	0.182	
EMPSOC	0.046	0.249	0.322*	
EMPTECH	0.166	0.456**	0.169	
COOPCOM	0.070	0.034	−0.045	
COOPSUP	−0.132	−0.086	−0.162	
COOPUNI	1	−0.009	0.037	
SPILLRATA	−0.009	1	0.573**	
SPILLRATB	0.037	0.573**	1	

注：* 表示在 0.05 的水平相关性显著，** 表示在 0.01 的水平相关性显著。